21世纪会计专业主干课程

Foreign-related Business Accounting

企业涉外会计

第七版

孙佐军 陈计专 编著

东北财经大学出版社 Dongbei University of Finance & Economics Press 大连

图书在版编目（CIP）数据

企业涉外会计 / 孙佐军，陈计专编著．—7版．—大连：东北财经大学出版社，2023.2（2024.7重印）
（21世纪会计专业主干课程教材）
ISBN 978-7-5654-4776-1

Ⅰ.企…　Ⅱ.①孙…②陈…　Ⅲ.外贸企业会计-高等职业教育-教材
Ⅳ.F740.45

中国国家版本馆CIP数据核字（2023）第020677号

东北财经大学出版社出版
（大连市黑石礁尖山街217号　邮政编码　116025）
网　址：http://www.dufep.cn
读者信箱：dufep@dufe.edu.cn

大连永盛印业有限公司印刷　　东北财经大学出版社发行

幅面尺寸：185mm×260mm　字数：402千字　印张：16.75　插页：1
2023年2月第7版　　2024年7月第2次印刷

责任编辑：包利华　　责任校对：张晓鹏
封面设计：冀贵收　　版式设计：钟福建

定价：42.00元

教学支持　售后服务　联系电话：（0411）84710309

如有印装质量问题，请联系营销部：（0411）84710711

第七版前言

在市场经济条件下，无严格意义的国内贸易与国际贸易之分，任何类型的企业经申请核准均可取得对外经营权，均可参与涉外经济循环，均可从事国际贸易或非贸易的营销业务活动。企业涉外经济业务活动的内容广泛、特点突出、环节较多、要求很高，但集中体现在对外的一面，涉及外币、外汇、结算、价格、货物、税款、劳务、融资、贷款及外币报表等诸多领域。

本书将《财务会计》书中的共性内容作为已知部分不重复涉及，集中阐释各类企业涉及外币、外汇并通过银行办理结算的涉外经济业务，及其实施的会计核算程序和财务处理方法，故名《企业涉外会计》。

本书依其业务性质和知识层次予以适当归集和链接，将概论、外汇、结算、价格等基础理论列在前；出口、进口货物为重点，紧随其次；而进出口货物的纳退税是一宗交易的延续，位列再次；其余企业的涉外会计核算各设专章居后讲解。为体现教材内容的完整性、系统性、知识性和可读性，各章还设计了“学习目标”、“小知识”、“小思考”、“补充阅读资料”、“本章小结”和“思考题”等栏目，供读者学习和运用。

本书读者群为应用型本科、高职高专会计专业和涉外经济管理专业学生，以及成人教育、在职培训人员。本书亦可供各类企业涉外业务人员和相关岗位工作人员学习参考。

本书由孙佐军和陈计专编著，第七版由陈计专进行修订。本书前六版都得到了读者的认可和欢迎，此次的第七版根据2021年以来新发布及修订的企业会计准则和最近发布的外贸、外汇、海关、税务法规进行了全面修订，并更新了相关案例。同时，本书配有电子课件，任课教师可登录东北财经大学出版社网站（www.dufep.cn）下载使用。

由于编著者水平有限，本书难免有不当之处，欢迎读者批评指正！

编著者

2023年2月

目　录

第一章　总　论

学习目标

本章为总论，顾名思义，就是对企业涉外会计基础知识和基本内容的概括性论述，使读者对企业涉外会计建立初步认知。通过本章学习，应当了解中华人民共和国成立以来企业涉外经济业务活动的发展壮大过程，涉外企业的管理原则、经营理念以及涉外会计管理体制的转换；明确企业涉外会计的含义及其与企业财务会计的区别和联系；掌握企业涉外会计的核算对象、任务和方法。

第一节　涉外企业会计的发展

中国共产党第十一届中央委员会第三次全体会议制定的“改革开放”伟大战略，开辟了中国特色社会主义道路。40年来，我国的综合国力有了显著的提高，向全世界展示了一个大国的光辉形象和中华民族的崭新风貌。

当前，我国已成为世界贸易大国，在全世界的贸易排行榜上，1989年为第15位、2006年为第3位、2007年为第2位，至2009年已跃居世界出口第1位，占世界出口的比重为9.6%。2014年2月26日，《大国大时代——中国经济报告会》——二月谈在北京召开，会议主题为“中国外贸量变到质变的拐点出现了吗？”。时任商务部新闻发言人沈丹阳在报告会中表示，从1978年到2013年的35年间，中国货物进出口总额从206亿美元上升到了41 600多亿美元，增长了201倍，在世界货物贸易的排名从比重不足1%上升到12%左右。

涉外企业的发展，始于中华人民共和国成立初期，创于对外贸易，中间实行过国家高度垄断的对外贸易。中国共产党第十一届中央委员会第三次全体会议开始了“以经济建设为中心，对外开放、对内搞活”的伟大转折，党的十四大确立了实行社会主义市场经济的伟大战略。党的十六大又发出了“深入改革开放，与时俱进，开拓创新”的伟大号召。

党的第十七届五中全会通过的“关于制定国民经济和社会发展第十二个五年规划建议”的说明中，提出了“十二五”期间实施互利共赢的开放战略，进一步提高对外开放水平。中国对外开放进入由出口为主向进口和出口并重、由吸收外资为主向吸收外资和对外投资并重、由注重数量向注重质量转变的新阶段，创造我国参与世界合作与竞争的新优势，扩大和深化同各方面的共同利益，以开放促发展、促改革、促创新。2022年党的二十大报告中传递出中国开放政策新信号。其一，报告提出要推进高水平对外开放，稳步扩大规则、规制、管理、标准等制度型开放。这是“制度型开放”首次写入党代会报告。其二，报告提出要加快建设贸易强国，与十九大报告相比多了“加快”二字。其三，报告提及“维护多元稳定的国际经济格局和经贸关系”，这在党代会报告中尚属首次。

随着我国经济和社会的发展，涉外企业的经营机制、经营理念和管理模式也在与时俱进，不断改革创新，日臻完善。涉外企业的信息系统、会计环境、会计标准和核算原则都在不断发生变化，特别是1993年推行中国会计与国际会计并轨，执行《国际会计准则》，以此为契机，促进了中国经济进一步融入了全球经济大循环，为我国的进出口货物贸易、吸收外资、对外投资、劳务合作、国际旅游以及各个领域的涉外经济活动开辟了广阔的道路。我国涉外经济和企业的发展历程，可概括为以下三个时期：

一、中华人民共和国成立后的高度垄断时期

中华人民共和国成立至中国共产党第十一届中央委员会第三次全体会议前，我国实行的是计划经济制度，进出口贸易采取垄断制。当时的进出口贸易业务由国家外贸部下属的几大公司（粮油、食品、化工、机械设备、五金矿产、土畜产品、服装等）垄断经营。这个时期的外贸企业与内贸企业泾渭分明、各司其职，与此相适应的会计管理体制也富有高度集中的色彩，国家统收统支、统负盈亏，企业是政府的附属机构，做的是“官买卖”，吃的是“大锅饭”。

二、对外开放的初始时期

自1978年中国共产党第十一届中央委员会第三次全体会议至1988年前后，为适应以经济建设为中心的伟大战略转移和开展“四个现代化”建设的需要，国家的进出口贸易和对外经济合作有了相应发展。国家开始对原来的外贸体制进行改革，扩大了各有关部门、地方和企业外贸经营的权限，除中央主管的商品继续由对外专业公司经营出口外，某些商品经国务院批准可由生产部门自营出口；属于地方管理的商品，凡是有条件的地区，由省、自治区、直辖市经营出口。随后，又有了新兴的外商独资企业、中外合资企业、中外合作企业等“三资企业”加入涉外企业行列，开创了由国家垄断经营向有条件的部门、地方或其他行业转移的多头经营涉外和外贸业务的新局面，新兴的涉外和外贸企业蓬勃发展。

这个时期的涉外企业会计管理体制（除“三资企业”和其他所有制企业外），虽然在不同时间对不同部分进行了改革，但基本上还是未突破统收统支的旧框子、老模式，企业的自主权和经营积极性尚未得到很好地发挥，企业的经济效益观念仍未提到应有的高度，即涉外企业不以利润最大化为经营目标。

三、中国特色社会主义经济时期

1989年召开党的十三届三中全会，在已取得改革开放成就的基础上，国家对涉外企业开展了两项根本性的改革：一是1988—1990年在外贸企业中普遍推行承包经营责任制，并在轻工、工艺、服务三大外贸行业实行自负盈亏试点；二是从1991年1月1日起，通过调整汇率、统一外汇留成等措施，取消了对外贸企业的出口补贴，创造平等的竞争环境，从而在涉外企业的会计管理上开始打破“吃大锅饭”的旧体制。

1993年7月1日起，全国统一执行企业会计准则和行业会计制度，开创了我国企业会计与国际会计接轨的新纪元。1994年1月1日，实行外汇管理体制改革，取消了外汇额度管理与外汇内部调剂市场，实行汇率并轨，完善了外汇的结、售汇制度，出台相关的公司法、合同法、证券法以及新的出口退税制度和金融制度，逐步形成和完善了配套法规。2001年，我国成为WTO成员国，我国对外经营方针政策、涉外法规制度和国际

待遇等方面的提升和改变，为开展和扩大涉外经济活动创造了前所未有的良好环境。

2004年7月1日，新的《中华人民共和国对外贸易法》（简称《对外贸易法》）开始实施，对在中国境内注册的所有内资企业，在进出口经营资格管理方面实行统一政策，放宽对企业注册资本金的要求，凡是取得中华人民共和国进出口企业资格证书的企业，可以按照其经营范围，以国家规定的各种贸易方式自由从事进出口业务。

2005年7月21日，中国人民银行宣布，经国务院批准，为建立和完善我国社会主义市场经济体制，充分发挥市场在资源配置中的基础性作用，自2005年7月21日开始实行以市场供求为基础，参考“一篮子货币”进行调节、有管理的浮动汇率制度。自此，人民币汇率不再盯住单一美元，而是形成了更富有弹性的人民币汇率制度。

近年来，经国务院批准，由财政部、国家税务总局、商务部、海关总署联合发布并数次调整出口商品退税率的文件，为控制出口速度和规模，缓解我国贸易顺差带来的矛盾，优化出口商品结构，抑制高能耗、高污染、资源性产品出口，促进外贸增长方式转变和进出口贸易平衡，起到了积极的作用，达到了预期的目标。

2011年9月9日，国家外汇管理局、国家税务总局、海关总署联合发布《关于货物贸易外汇管理制度改革试点的公告》，进一步促进对外贸易便利化，加强涉外企业的管理，简化外汇结算手续，优化升级出口收汇与退税制度，完善有关部门间信息共享机制。

改革开放以来，在国际国内相关法规的规范下，在自主经营、科学管理的原则下，我国的企业涉外会计的环境有了质的变化，日益宽松，日新月异，日臻完善，企业涉外会计为国内外利益相关者提供了真实、及时的信息资料，发挥了应有的积极作用。毋庸置疑，今日中国的企业涉外会计已与世界的“通用商业语言”全面接轨。

综上可知，本书不仅仅涉及原有的经营进出口的外贸企业，还应包含其他新兴的涉外企业，如对外工程承包、对外劳务合作、国际旅游服务、国际书店，以及其他行业的跨国公司、多国集团等涉外企业。然而，面对如此众多而又各具特色的涉外企业，一本教材实难全部涵盖。为避免以偏概全，只能以生产企业、流通企业为代表，并就有关服务行业设专章予以叙述。

补充阅读资料1-1

2021年进出口规模首次突破6万亿美元——“十四五”外贸开局良好

刚刚过去的2021年，我国外贸交出了一份亮眼成绩单。海关总署2022年1月14日发布的数据显示，2021年，我国货物贸易进出口总值39.1万亿元，比2020年增长21.4%。其中，出口21.73万亿元，增长21.2%；进口17.37万亿元，增长21.5%。与2019年相比，我国货物贸易进出口、出口、进口分别增长23.9%、26.1%、21.2%。

“总的来看，‘十四五’对外贸易实现了良好开局。”海关总署新闻发言人、统计分析司司长李魁文表示，2022年外贸面临的不确定不稳定不均衡因素增多，但也要看到，我国经济韧性强、长期向好的基本面不会改变，将继续为稳外贸提供有力支撑。

资料来源 顾阳．二〇二一年进出口规模首次突破六万亿美元——“十四五”外贸开局良好［EB/OL］．［2022-01-15］．http：//www.gov.cn/shuju/2022-01/15/content_5668288.htm.

第二节 企业涉外会计的含义、对象和特点

企业涉外会计，按学科性质，属于专业会计范畴。而专业会计的命名，常规的称谓是用于何种行业即称作何种会计，如工业会计、农业会计、流通会计、银行会计、行政事业会计等。本书内容不局限于某一特定行业，而是将生产、流通、服务等企业中涉外的经济业务归集而成的一种专业会计。

一、企业涉外会计的含义

企业涉外会计是专业会计的特殊领域，是专业会计的组成部分，是应用于各个行业核算和监督涉外经济业务的会计。具体说，企业涉外会计是在财务会计基础上，对企业涉及外币、外汇的经济业务，按照会计法规、制度和国际惯例，采取复币式核算的一种会计。

企业涉外会计只是企业财务会计的一部分，企业涉外会计的实施融于企业财务会计，同步操作；其与企业财务会计的不同之处是采取复币核算，期末编制会计报告时仍纳入企业统一财务报表。这就是说，企业涉外会计不是在财务会计之外再搞一套凭证、账簿、报表单独核算，而是企业财务会计涉及外币、外汇核算的有关内容，如企业进出口货物、加工贸易、补偿贸易、对外承包工程、劳务出口、国际旅游服务、短期融资、外汇贷款等。

有人说，在现实情况下，人民币不是可自由兑换货币，外国货币又不许在我国流通，所以才存在外币业务和两种货币间的兑换问题；将来，一旦人民币可以自由兑换，人民币能够作为外汇流通，就不存在复币式核算了，那时企业涉外会计也就不复存在了。这种说法，只看到了人民币成为可自由兑换货币（或外汇）会给涉外会计带来便捷的一面，而未看到企业涉外会计的全部。可以肯定的是，只要企业发生的经济业务中还存在着两种或两种以上货币的结算关系，在会计核算上还存在着记账本位币与其他货币的不同，乃至在全世界未实行“国际货币”之前，企业涉外会计将被广泛运用，始终是企业财务会计核算中不可或缺的组成部分。

二、企业涉外会计的对象

会计的对象是指会计核算的内容。因此，会计理论中的会计对象，是会计反映和监督的内容；企业会计准则中的资产、负债、所有者权益、收入、费用和利润等会计要素称为会计的内容；专业会计的对象是反映和监督的该行业的资金运动。这些表述虽用词不同，其实质是一致的。按照专业会计的诠释，生产企业的资金运动分为供应过程、生产过程和销售过程，沿着“货币资金⟶储备资金⟶生产资金⟶成品资金⟶货币资金”的程序，周而复始，循环不已。而每一次循环后取得的“货币资金”的量应大于开始时投入的“货币资金”的量，从而体现生产企业资金运动的成果。因此，生产企业的资金运动是生产企业的会计对象。

而商品流通企业经营的是商品的购入和销售业务，其资金运动分为购进过程和销售过程，沿着“货币资金⟶商品资金⟶货币资金”的程序，一次次循环，一次次周转，持续进行，同生产企业的资金运动一样，最后也要实现经济效益。因此，商品流通企业的会计对象是商品流通企业的资金运动。

那么，涉外企业的资金运动是何种类型？由哪些过程组成？现实经济活动中的涉外企

业类型比较复杂，所属行业也较多，其中有的属于生产企业的资金运动，有的属于商品流通企业的资金运动。应该指出的是，任何类型、行业的涉外企业的资金运动均与企业的资金运动不同，表现出明显的涉外特点，即在企业资金运动的每个过程中都要进行记账本位币与外币的换算。因此，为区别涉外会计对象与一般会计对象，也只能将企业经济活动中属于涉外业务的部分作为涉外会计的对象，而不能将企业财务会计的共性内容作为涉外会计的对象。据此界定，涉外会计的对象具体包括：

❶资产中以外币表示的部分，如生产企业、商品流通企业、服务企业的外汇资产、外汇投资、货物贸易和服务贸易中的外汇债权（应收账款、预付外汇账款）等。

❷负债中以外币表示的部分，如外汇长期和短期借款、融资外汇借款、货物贸易和服务贸易中的债务（应付账款、预收外汇账款）等。

❸所有者权益中以外币表示的部分，如外方投入的外汇资本、资本公积、所分得的外汇红利转外汇资本等。

❹收入中以外币表示的部分，如生产企业、商品流通企业、服务企业的出口货物外汇收入、劳务外汇收入、其他营业外汇收入、营业外外汇收入等。

❺费用中以外币表示的部分，如生产企业、商品流通企业、服务企业以外汇支付的国外运费、保险费、各项佣金、处理违规赔款等。

❻利润中以外币表示的部分，即上述外币营业收入和其他各种外币收入之和减去上述外币费用之后的外币余额。

为反映和监督企业涉外经济业务，根据企业会计准则的规定，在不影响会计核算要求和财务报表指标汇总，以及对外提供统一财务报告的前提下，可以按照涉外企业实际情况自行增设、减少或合并相应会计科目。

三、企业涉外会计的特点

由于涉外经济活动与国内经济活动两者存在显著差别，所以涉外企业的经营和管理有其特点。如一项交易涉及两个国家（或地区），一笔款项涉及两种或两种以上货币，且各国的法律法规互不相同，从而决定了企业涉外会计的多方面特点。但归结到一点上，主要表现在其对外一个方面。比如“商品价格”这一名词，在国内，众所周知，是指商品的单位价格；然而，在国际贸易中的货物价格，除规定的计量单位和价格外，还包括使用何种货币、在何地交接货物，以及费用风险负担等相关内容。国际贸易中使用的货物价格，称为“价格术语”或“贸易术语”（详见第三章有关内容）。再如，国际贸易中的双方国家（或地区）的货币管理制度不同，有关货物、劳务的款项收付，需要通过双方银行办理结算，方能收入或支出款项。在办理结算过程中，因为汇率的浮动，还会出现“汇兑损益”等，均需采用一定的会计方法予以处理。由此可知，企业涉外会计与一般财务会计相互对照，具有许多特殊之处。

因为涉外经济业务跨出了国门，涉及两个国家（或地区），使用两种（或两种以上）货币，加之我国人民币不能充当外汇使用，不能对外作为支付手段，涉外的一切款项往来（除A类企业的货物贸易外汇外，见第二章外汇管理的规定），一律执行结汇、售汇制度。该制度总的要求是：银行对企业的外汇按收支两条线进行结算，即当企业收入外汇时，将外汇售给外汇银行兑成人民币存入银行；当企业需要支付外汇时，以人民币向外汇银行购买外汇，然后再对外支付。具体结汇、售汇流程如图1-1所示。

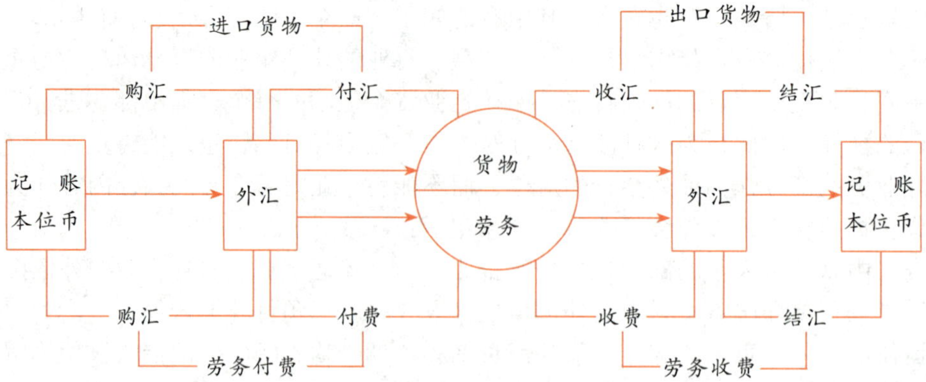

图1-1　结汇、售汇流程

从图1-1可见，涉外企业发生的经济业务，都涉及两种货币间的换算，不是以记账本位币换算为外汇，就是以外汇换算为记账本位币，而且是通过银行办理结汇或售汇实现的。显然比国内经济业务活动多出了一个结算环节。由于多出了这个环节，便出现了会计处理中的“四个两次”：

❶进口货物时，买两次，一买外汇，二买货物，即首先以人民币购买外汇，再以外汇购买货物，即进口为“双买”。

❷出口货物时，卖两次，一卖货物，二卖外汇，即首先卖出货物取得外汇，再将外汇按规定卖给银行，即出口为“双卖”。

❸支付外币费用时，付两次，一付人民币，二付外汇，即首先支付人民币购买外汇，再以外汇对外支付费用，即付费为“双付”。

❹收取外币费用时，收两次，一收外汇，二收人民币，即首先收取外汇，再将外汇售给银行收取人民币，即收费为“双收”。

通过全面、正确地在会计处理中反映银行办理结汇、售汇的“双买、双卖、双付、双收”的业务过程，显现了企业涉外会计的以下特点：

❶采取复币式核算，涉外会计既算记账本位币账，又算外汇账。

❷由于汇率波动，涉外会计既算营业损益，又算汇兑损益。

❸为及时提供信息，涉外会计既算期间损益，又算批次损益。

❹为满足前三个特点的核算要求，会计涉外的凭证、账簿、报表均为复币格式。

此外，企业涉外会计还有政策性强、手续凭证复杂、考核指标特殊、会计核算方法要适应涉外业务等特点，此处不再一一论述。

关于上述涉外会计的特点，在当前国家逐步放宽外汇管制，准许一部分企业在银行开立外币存款账户，鼓励企业将出口外汇存放国外，特别是大型跨国公司的业务经营涉及多种外币采取“分账制”核算的情况下，还是否存在“双买、双卖、双付、双收”？还有没有“四大特点”？

回答是：随着客观形势发展变化，管理企业的外部（国家的及国际的）法规和措施将会不断改进和简化，而企业的内部管理和控制不能随之放宽或简化，但不排除核算程序的创新和会计处理的科学化。如允许企业在外币收支业务处理中，平时只记外币有关账户（辅以账外登记），期末再以确定的汇率折算为记账本位币，进行试算平衡，编制报表。从期末角度（或计算批次损益角度）看，仍为复币核算，仍明显体现着涉外会计的特点。

抛开形式就本质而论，“双买、双卖、双付、双收”可谓是复币核算的原生态，是采取复算制会计处理的母型，无论涉外会计核算程序和会计处理方法如何创新和演进，都是在此基础上的衍生和时代化。

小思考 1-1

图 1-1 为进出口货物或劳务款项结汇、售汇过程。两端方框中的货币为什么是“记账本位币”而不是“本币”?

第三节 企业涉外会计的职能

自改革开放之始，我国各种所有制企业通过改章建制推行现代企业管理模式，实施现代化企业管理，建立健全了企业内部管理规章制度，完善了各项管理措施，并针对各类人员建立了岗位责任制。在现代企业中，财务与会计有明确分工，各有专责，但其工作任务和目标是一致的，都是为企业当好家、理好财，对内外及时、正确地提供各种经济信息，为企业取得最佳效益服务。

一、涉外会计的职能

会计的职能一般是指会计应具备的功能，是会计本质的体现。会计最基本的职能是核算（也称反映）和监督。会计的具体职能应包括哪些方面，在会计理论界尚有分歧，总体而言包括反映、控制、分析、预测、提供信息等方面。在实际工作中，结合涉外企业的特点和经营管理的要求，企业涉外会计的职能如下：

1.建立和完善企业内部经济核算制度

在企业内部实施健全的经济核算制度是现代企业实行科学管理的基础。完善的内部经济核算制度，使各部门、各单位以及每位职工的权、责、利紧密结合，将企业的总体经济责任层层分解、逐级落实、严格考核，同时辅以相关文化教育宣传、精神鼓励、物质奖励，实现企业各项经济业务的良性发展。

2.改进和健全企业会计信息系统

企业会计信息是企业信息的基础，企业信息大部分来自会计信息系统。涉外企业会计信息系统的改革和完善是市场化管理和竞争的要求。改革的主要目的是充分发挥涉外会计的职能和作用，即在企业经营管理的全过程中发挥会计的反映职能、监督职能和参与决策职能，主动向有关方面及时提供信息，满足不同会计信息使用者的需要。

3.调整和改变会计的服务目标

在现代企业制度下，由于实行了政企分开，国家利用经济杠杆调节经济资源的分配和运行，既给企业提供了公平竞争的环境，又使企业的一些信息成为商业秘密：成本费用水平只能向企业管理者提供，作为决策的依据，不宜对外公开；收益作为企业经营的成果，不仅为现有投资者所关心，更是吸引潜在投资者的重要依据。因此，企业会计向有关方面提供信息具有重要意义。

4.加强信息标准化

企业会计加强和完善会计管理制度的重点是按照“一致性原则”促进会计信息标准

化，与国家有关规定一致，与国际相关系统趋同。我国成为WTO成员方后，有义务向国际有关方面提供会计信息。要使会计信息成为国际通用的商业语言，其处理程序和口径应符合国际惯例，以使境内外的投资者及债权人能按同一标准对企业经济实力进行比较、作出评价。

5.会计信息手段现代化

企业实行现代化管理和参与国际市场竞争，对于提供信息的时效性要求不断增强，会计信息处理手段的现代化乃至组建全国联网的会计信息中心迫在眉睫。由于采取了引进、开发等多种形式，计算机硬件条件已经具备，会计电算化软件也有了极大改进。因此，加速提高会计信息处理手段，培养操作人员是当务之急。

二、涉外会计的方法

企业涉外会计运用的方法，离不开会计基础理论中叙述的一整套会计方法。但是，为适应经营涉外业务的特点，涉外会计核算除应用一般的会计方法外，还要采用一些特殊方法。

特殊方法之一，有关涉外经济业务的凭证、账簿、报表为复币格式，进行复币式核算，提供人民币和外币双重信息。

特殊方法之二，有关进出口货物（物资材料）和外汇的核算，根据经营特点和管理需要，进行账内与账外核算相结合，如批次损益的核算就是在账外逐笔编表核算的。

特殊方法之三，应用两种核算原则，提供不同信息。例如，进出口销售收入的确认按企业会计准则的确认原则，以发票金额作为销售入账价格；而按涉外企业管理要求，则需将不同的进出口入账价格统一为会计核算价格（出口统一为FOB价格，进口统一为CIF价格，详见第四、五两章）。

特殊方法之四，为实现出口货物统一为FOB价格和进口货物统一为CIF价格，发生的国外有关进出口费用不作费用处理，而分别作减少销售收入或增加销售成本处理。

特殊方法之五，涉外业务的原始凭证大量来自境外，且多为电传和报文形式，格式繁多，规格不一，内容包含境内外业务，款项既有外币又涉及人民币，受理单证除正规种类外，还有许多特需单证、票据、核准件等，必须加以分类，妥善保管。

特殊方法之六，为考核涉外企业的经济效益，设置特定指标，如“出口每美元换汇成本”“进口每美元赚赔额”“工缴费换汇成本”等。

此外，由于涉外业务的复杂性，一项经济业务涉及方方面面，为反映的完整性，在记账凭证中常见多借多贷会计分录，或为便于计算采取同借同贷的半红半蓝会计分录。还有为便于进出口销售成本核算采用按批次计算和结转，有关进出口货物和材料按批次、品名、单价分别建立明细账户，进行分地、分库、分垛保管等。

综上可见，企业涉外会计方法与国内企业的会计方法相比，具有特殊之处，构成了一套完整的涉外会计方法。

补充阅读资料 1-2

2021年对主要国家和地区货物进出口数据

国家和地区	出口额（亿元）	比上年增长（%）	占总出口比重（%）	进口额（亿元）	比上年增长（%）	占总进口比重（%）
东盟	31 255	17.7	14.4	25 489	22.2	14.7
欧盟	33 483	23.7	15.4	20 028	12.1	11.5
美国	37 224	19	17.1	11 603	24.2	6.7
日本	10 722	8.5	4.9	13 298	10.1	7.7
韩国	9 617	23.5	4.4	13 791	15.1	7.9
中国香港	22 641	20.3	10.4	627	30.2	0.4
中国台湾	5 063	21.7	2.3	16 146	16.5	9.3
巴西	3 464	43.4	1.6	7 138	20.3	4.1
俄罗斯	4 364	24.7	2	5 122	28.2	2.9
印度	6 302	36.6	2.9	1 819	25.1	1
南非	1 365	29.4	0.6	2 147	49.4	1.2

资料来源 国家统计局.

本章小结

我国的涉外企业，始于中华人民共和国成立初期的对外贸易；改革开放后，扩大了企业的对外经营权，各种所有制、各种形式的企业走出国门，参与国际市场竞争。我国进出口贸易额连年迅增，从2009年起至2010年，连续两年跃居世界贸易出口总值第一位。2012年，中国的贸易总额首次超过美国，成为世界贸易规模最大的国家。2021年，中国以2.39万亿美元的绝对优势在世界对外贸易出口额中排名第一。

涉外企业的不断发展壮大，会计管理体制的转换，为企业涉外会计提供了用武之地，随之要求也越来越高。企业涉外会计是企业财务会计的组成部分，是企业经营涉外经济业务的归集和企业涉外经济信息的综合。本章围绕企业涉外会计的含义、对象、特点、职能进行了全面论述，并分析了企业涉外会计与其他专业会计的异同。

思考题

1. 简述我国涉外企业的发展和企业涉外会计管理体制的变化过程及当前状况。
2. 简述企业涉外会计的含义及其与企业财务会计的区别和联系。
3. 现代企业制度下企业涉外会计的具体任务是什么？
4. 企业涉外会计采用的特殊方法有哪些？

第二章　外汇与汇率

学习目标

外汇与汇率是涉外会计的核心，无章不论，无节不谈。通过本章学习，应当了解外币、外汇、汇率、汇兑损益等基本概念；熟悉外汇核算的两种观点、两种做账制、两种结转方法；掌握记账汇率的选择和确定、汇兑损益的列支、外汇核算的会计处理程序和核算方法。

第一节　外汇与汇率概述

随着经济全球化进程的加快和我国跻身国际经济大循环广度与深度的扩大，企业涉外经济业务活动日益增多。目前，经营涉外经济业务的企业，经营国内经济业务的企业，乃至个人都经常涉及外币、外汇、汇率等这些名词术语。

一、外币与外汇的概念

外币，一般而言，是指除本国或本地区发行的货币以外的其他国家或地区的货币。如在我国，人民币以外的美元、日元、欧元、英镑、瑞士法郎等均称作外币。然而，从企业会计角度来说，外币是指“记账本位币”以外的其他货币。在我国，企业一般情况下以人民币为记账本位币，但也允许经济业务中使用某种外币较多的企业选用该种外币为记账本位币。我国境内以外币（如美元）为记账本位币的企业会计业务中将人民币视为外币。

外汇的原意是指外国货币，现在通常指以外币表示的用于国际结算的支付凭证。外汇有动态和静态之分。动态外汇是指把一个国家的货币兑换成另一个国家的货币，借以清偿国际债务的一种经营活动；静态外汇是指国际结算中使用的信用工具和有价证券，其中包括可自由兑换的外国钞票，国外银行存款、银行汇票，外国政府债券及其他可在国外兑换的凭证等。

《中华人民共和国外汇管理条例》（以下简称《外汇管理条例》）第三条规定，外汇是指下列以外币表示的可以用作国际清偿的支付手段和资产：❶外币现钞，包括纸币、铸币；❷外币支付凭证或者支付工具，包括票据、银行存款凭证、银行卡等；❸外币有价证券，包括债券、股票等；❹特别提款权；❺其他外汇资产。

从外汇的概念及范围可以看出，外币与外汇是两个不同的概念。外币是外国货币的简称；外汇包括外币。一般来说，同时具备以下三个条件就构成外汇：❶以外币表示的国外资产；❷在国外能得到偿付的货币债权；❸可以兑换成其他支付手段的外币资产。

二、外汇的种类

外汇根据划分标准的不同，可以分为以下几类：

1.根据外汇来源与用途不同，可分为贸易外汇和非贸易外汇

贸易外汇，亦称有形外汇，是指来源于或运用于进出口货物买卖的外汇，包括进出口贸易中发生的商品价款、运费、保险费、佣金、广告费等一切收支外汇。

非贸易外汇，亦称无形外汇，是指不属于贸易范畴的收支外汇，包括侨汇以及旅游、交通、民航、邮电、教育、科研、外交等方面的收支外汇。

2.根据外汇能否自由兑换，可分为自由外汇和记账外汇

自由外汇，又称现汇，指在国际结算中能广泛使用，在国际金融市场可以自由买卖，不受限制地兑换成其他国家货币的外汇，如美元、欧元、日元等。

记账外汇，又称协定外汇，指两国政府间签订贸易支付协定，并以本国政府名义分别在对方国家指定的银行开立结算账户，规定双方进出口贸易不使用现汇清算。这种外汇只能用以支付从对方国家购进商品的货款，而不能自由运用。

3.根据外汇交易交割期的不同，可分为即期外汇和远期外汇

即期外汇，是指即期收付的外汇。一般情况下，即期外汇交易的成交双方在两个营业日内办理交割。

远期外汇，是指进出口企业或外汇交易市场买卖外汇双方预先签订合同，商定交易外汇数量、汇率和期限，到约定日期进行交割收付的外汇。

4.根据外汇的形态，可分为现汇和现钞

现汇，又称转账外汇，是指用于国际结算和国际非现金结算、清偿国际债务的外汇。

现钞，是指库存的各种外币钞票、铸币。

三、外币折算

外币折算，是指将不同的外币金额换算成记账本位币或特定外币等值的程序，是会计上对原有外币金额的重新表述。外币交易之所以要进行折算，是因为会计计量需要有一个单一的尺度。外币交易中，原始计量货币是不同的，在记入账册之前，必须将外币金额折算为本国等值货币。否则，用不同货币单位表述的金额不可能总括反映经济事项和编制财务报表。

外币折算会计必须解决三个关键问题：如何确定记账本位币；如何选择折算汇率；如何确认与计量汇率变动带来的损益（见本章后续部分的说明）。

四、外币兑换

外币兑换，是指将外币换成本国货币或将本国货币换成外币，或将不同的外币互换。外币兑换是货币之间的实际交换，不同于外币折算。外币兑换通过商业银行等金融机构办理，当企业兑出外币时，银行需要买入外币；企业兑入外币时，银行需要卖出外币。因此，外币兑换时的汇率有买入价和卖出价之分。买入价与卖出价之间的差额就是银行经营外币兑换业务的毛利。因此，外币兑换是指企业从银行等金融机构购入外币（银行则是卖出外币）或售出外币（银行则是买入外币）。

五、外汇的表示方法

按照国际惯例，常用货币都有固定的货币符号和简写、代号及进位规定。各种货币的符号系惯用的符号，简写系国际标准化组织规定的简写字母。目前，两者均可使用，逐渐统一使用简写字母。常用货币的符号及简写见表2-1。

表 2-1 常用货币的符号及简写

货币名称	符号	简写	货币单位
人民币	¥	CNY	1元=10角 1角=10分
港币	HK$	HKD	1元=100分
美元	US$	USD	1元=100分
英镑	£	GBP	1镑=100便士
瑞士法郎	SF	CHF	1法郎=100分
新加坡元	SS	SGD	1元=100分
瑞典克朗	SKR	SEK	1克朗=100欧尔
日元	J¥	JPY	1日元*
加拿大元	CANS	CAD	1元=100分
澳大利亚元	AS	AUD	1元=100分
欧元	€	EUR	1欧元=100（欧）分
尼泊尔卢比	NRS	NPR	1卢比=100派司
记账人民币	C¥		1元=10角 1角=10分
阿尔巴尼亚列克	LER	ALL	1列克=100昆塔
罗马尼亚列依	LEI	ROL	1列依=100巴尼
朝鲜币	WON	KPW	1圆=100分
越南盾	D	VND	1盾=100分
匈牙利福林	FT	HUF	1福林=100菲勒
保加利亚利瓦	LEV	BGL	1列瓦=100斯托丁基
捷克克朗	KCS	CSK	1克朗=100赫勒
波兰兹罗提	ZLS	PLZ	1兹罗提=100格罗希
俄罗斯卢布	RBS	SUR	1卢布=100戈比
蒙古图格里克	FUG		1图格里克=100蒙戈
澳门元	PAT	MOP	1元=100分
菲律宾比索	P	PHP	1比索=100分
缅甸币	K	BUK	1元=100分
泰国铢	TC	THB	1铢=100萨当
印度卢比	IRS	INR	1卢比=100派司
新西兰元	NZS	NZD	1元=100分

注：带*的，记账时小数点以下不计。

第二节 汇率与标价

企业经营涉外经济业务，必须熟悉市场动态，分析和掌握变化趋势，把握机遇，了解国内国际货物价格、汇率浮动情况，规避风险，争取最佳效益。其中，了解外汇市场、掌握汇率变化是关键。

一、汇率的含义

汇率，是指以一国货币表示另一国货币的价格，即以一国货币折算成另一国货币的比率。外汇是一种特殊的商品，它可以进行买卖，外汇买卖时的价格就表现为汇率。因此，汇率有时也称为汇价、牌价、市价、行市等。汇率是涉外企业办理外汇结算的折算依据。

二、汇率的标价

汇率的标价方式有两种：一是以外国货币来表示本国货币的价格，简称直接标价法；二是以本国货币表示外国货币的价格，简称间接标价法。

1.直接标价法

直接标价法，又称应付标价法，采取以一定单位（如以一个、一百、一万等）的外国货币为标准折算为若干单位本国货币的一种方法。在直接标价法下，外国货币的数额固定不变，本国的货币数额随着外国货币或本国货币的币值变动而变动。我国是采用直接标价法的国家之一。以美元为例，美元数额固定不变，人民币数额上下浮动，如1美元=7.210元人民币，或1美元=6.370元人民币。在此标价法下，外币数额不变，本币数额增多表示本币贬值、外币升值；反之，本币数额减少则表示本币升值、外币贬值。

2.间接标价法

间接标价法，又称应收标价法，采取以一定单位的本国货币为基准折算为若干单位外国货币的一种方法。在间接标价法下，本国货币的数额固定不变，外国货币数额随着本国货币或外国货币币值的变化而变动，如英国（采用间接标价法）伦敦外汇市场某日的标价为1英镑=1.780美元或1英镑=1.760美元。在此标价法下，本币数额不变，外币数额增多表示外币贬值、本币升值；反之，外币数额减少表示外币升值、本币贬值。

汇率的两种标价方法虽然基础不同，但所表示的一国货币对外币汇率高低的意义却是相同的，而且直接标价法和间接标价法的汇率互为倒数，如1美元=6.370元人民币，则1元人民币=0.1570美元。

三、汇率的分类

根据汇率的不同作用和不同要求，有以下多种分类：

1.按银行买卖外汇的价格划分，有买入汇率、卖出汇率、中间汇率三种

买入汇率，又称买入价，是银行向客户买入外币时使用的汇率。涉外企业出口结汇时使用买入汇率。

卖出汇率，又称卖出价，是银行向客户卖出外币时使用的汇率。它与买入汇率一般相差1‰~5‰，构成银行买卖外汇的利润。涉外企业在进口购汇时使用卖出汇率。

中间汇率，又称中间价，是指银行买入汇率与卖出汇率之间的平均汇率。它适用于银行同业之间的外汇买卖。

显而易见，买入汇率及卖出汇率是以银行为主体，即银行在向客户买卖外汇时所使用

的汇率。这两种汇率由于适用于银行与客户进行结算，又称为商业汇率。而中间汇率主要适用于银行与银行的外汇交易，因此又称为银行间汇率或外汇市场汇率。

涉外企业出口结汇及进口购汇时，分别使用买入汇率和卖出汇率，不涉及外汇买卖的转账外汇业务。

2.按企业记账依据的汇率划分，有记账汇率与历史汇率两种

记账汇率，是指企业发生外币经济业务进行会计账务处理时所采用的汇率。记账汇率可以是会计记录当日的市场汇率，也可以是会计记录当期期初的汇率（如月初、年初）。

历史汇率，又称账面汇率，是指企业以往发生的外币业务已经登记入账时所采用的汇率，即过去的记账汇率。

3.按外汇买卖交割期划分，有即期汇率与远期汇率两种

即期汇率，又称现汇汇率，是指外币买卖双方成交后立即交割时所使用的汇率，即买卖现汇所使用的汇率。

远期汇率，是指外币买卖双方成交后约定在以后的一定期限内交割时所使用的约定汇率，即远期外汇或期货外汇买卖时所采用的预期汇率。

4.按国际汇率制度划分，有固定汇率和浮动汇率两种

固定汇率，又称法定汇率或官方汇率，是指政府为稳定外汇市场而规定的汇率。自20世纪后半期已基本不使用这种汇率，但是2001年欧元上市后，在欧盟内部国家间实行固定汇率。

浮动汇率，又称市场汇率，是指按市场供求关系变动的汇率。浮动汇率为当前各国所普遍采用。

四、现行人民币汇率制度

自1994年外汇体制改革以来，我国实行以市场供求为基础的、单一的、有管理的浮动汇率制度。其要点有：❶以市场供求为基础。外汇市场供求状况及汇率水平是决定人民币汇率的主要依据，国家外汇管理局公布的人民币汇率是全国主要外汇调剂市场的加权平均价。❷单一的汇率。全国只有一个统一的由国家外汇管理局公布的人民币汇率，各商业银行根据这一基准汇率在规定的幅度内自主确定对客户的外汇买卖汇率。❸有管理的汇率。中国人民银行通过国家外汇管理局对人民币汇率实施宏观调控和监管，主要是通过实施货币政策和吞吐外汇来干预外汇市场，保持人民币汇率在合理水平上的基本稳定。❹浮动的汇率。外汇管理局每日公布的汇率是浮动的；各家商业银行制定的对外挂牌外汇买卖汇率，可在国家外汇管理局公布的汇率及规定的幅度范围内浮动。

2005年7月，经国务院批准，为建立和完善我国社会主义市场经济体制，充分发挥市场在资源配置中的基础性作用，中国人民银行根据市场发育状况和经济、金融形势适时调整了汇率浮动区间，进一步体现以市场供求为基础，参考“一篮子货币”汇率变动，对人民币汇率进行管理和调节，以保持人民币汇率在合理、均衡水平上的基本稳定。

现阶段，每日银行间外汇市场美元对人民币的交易价仍在人民银行公布的美元交易中间价上下3‰的幅度内浮动，非美元货币对人民币的交易价在人民银行公布的该货币交易中间价上下一定幅度内浮动。

补充阅读资料 2-1

中国银行外汇牌价

2022 年 11 月 17 日

货币名称	现汇买入价	现钞买入价	现汇卖出价	现钞卖出价	中行折算价
英镑	842.2	816.03	848.4	852.15	834.62
港币	90.49	89.77	90.85	90.85	89.92
美元	708.07	702.31	711.07	711.07	703.63
瑞士法郎	748.46	725.37	753.72	756.95	745.42
新加坡元	516	500.08	519.62	522.21	513.15
瑞典克朗	67.36	65.28	67.9	68.23	67.11
丹麦克朗	98.69	95.65	99.49	99.96	97.83
挪威克朗	70.61	68.43	71.17	71.51	70.32
日元	5.0697	4.9122	5.107	5.1149	5.0606
加拿大元	530.24	513.49	534.15	536.5	529.92
澳大利亚元	476.28	461.48	479.79	481.91	475.45
欧元	734.58	711.76	740	742.38	727.93
澳门元	87.96	85.01	88.31	91.25	87.66
菲律宾比索	12.29	11.87	12.432	12.99	12.29
泰国铢	19.74	19.13	19.9	20.53	19.78
新西兰元	433.84	420.45	436.88	442.89	432.95

资料来源　中国银行网站.

第三节 外汇的核算方法

外汇的核算内容，有货币间的折算、记账汇率的选择、复币制核算、应用的账内账外账户、汇兑损益的结转时间等问题。这些问题如何进行处理，在会计理论界和实际工作中论述颇多，见仁见智，各有主张。根据企业会计准则的规定和会计实践，不外乎两种做账制、两种记账汇率和两种结转方法三个问题。所谓“两种做账制”，即外汇统账制和外汇分账制；“两种记账汇率”，即当日汇率与期初汇率；“两种结转方法”，即逐笔结转法与集中结转法。无论采取何种方式、方法，在浮动汇率制度下，由于汇率的变动，都不可避免地产生折算或兑换差额，即汇兑损益。下面分别说明这三个问题。

一、外汇业务的“两种做账制”

目前企业应用的外汇交易核算方法，可分为外汇统账制和外汇分账制两种。2006 年颁布的《企业会计准则第19号——外币折算》及其应用指南规定，采用统账制核算外币交易，同时也规定了外币交易频繁及外币币种较多的金融企业也可以采用分账制记账法进行日常核算。

1.外汇统账制

外汇统账制，是以本国货币为记账本位币，将发生的其他货币经济业务折合为人民币反映，外币在账簿上只作辅助记录。这种方法对于涉及外币种类比较少且外汇业务不多的企业比较适用。时下除了经办外币业务的金融企业外，一般都采用外汇统账制。

在外汇统账制下，企业应该将有关外币金额折合为记账本位币金额记账，由此必然涉及汇率的选择问题。按照国际惯例，一般采用业务发生当日的汇率或期初的汇率作为折合汇率。在我国，除了企业接受投资者投入外币资本另有规定外，企业发生的外币业务应以业务发生当日的汇率作为记账汇率。期末，企业将所有外币账户余额按期末汇率折合为记账本位币金额，其折合后与原来账面上记账本位币金额之间的差异，作为汇兑损益计入当期损益。

在外汇统账制下，汇兑损益的结转方法有逐笔结转法和集中结转法两种。这两种方法的运用见本节的举例。

2.外汇分账制

外汇分账制，是在外汇交易发生时直接用原币记账，平时不进行折算，也不反映记账本位币金额，如果涉及两种货币的交易，则用“货币兑换”账户作为账务处理的桥梁，分别与原币的有关账户对转。期末将所有以外币记账的各账户按期末市场汇率折算成记账本位币金额，并汇总确认汇兑损益。

采用外汇分账制时，企业应按货币种类设置货币性项目账户和“货币兑换”账户，发生的外币业务如果同时涉及不同币种的货币性项目或者同时涉及货币性项目和非货币性项目，应按原币记入相应的货币性项目账户和相同币种的“货币兑换”账户；同时涉及货币性项目和非货币性项目的，还应按业务发生当日或当月月初汇率，将对应的非货币性项目折算为编制财务报表所用货币（以下简称报表货币）的金额记入相应的账户，并同时记入报表货币的“货币兑换”账户；发生的外币业务如果只涉及相同币种的货币性项目，则分别记入相应的货币性项目账户，不通过“货币兑换”账户进行核算。期末，企业应将报表货币以外的其他货币的“货币兑换”账户余额，按期末汇率折算为报表货币金额，折算金额与报表货币的“货币兑换”账户余额的差额即为汇兑差额，分别记入有关账户。

二、外汇核算的“两种记账汇率”

《企业会计准则第19号——外币折算》规定，外币业务核算中将外汇折合为记账本位币入账时所采用的汇率，可以是业务发生时当日的即期汇率，也可以采用按照系统合理的方法确定的、与交易发生日即期汇率近似的汇率，期末（月末、季末、年末）按期末汇率对有关外汇资产、负债账户的余额进行调整，将调整后的本位币余额与账面记账本位币余额之间的差额转入“汇兑损益”账户。采取当日汇率记账，会计核算必然实行逐笔结转汇兑损益，其应用的记账汇率必然是当日汇率，两者是相互联系的。

采取期初汇率记账，期内汇率固定，待期末时集中结转汇兑损益。请注意，在集中结转法下的记账汇率，可以是期初汇率，也可以是当日汇率，绝不能笼统地理解为集中结转法下的汇率必然是期初汇率。

三、汇兑损益的“两种结转方法”

1.汇兑损益的产生

汇兑损益是企业在持有外币货币性资产和负债期间，由于外币汇率变动而引起的外币货币性资产和负债的价值发生变动而产生的损益。它包括外币折算差额、外币兑换差额和期末调整的差额三个部分。

（1）外币折算差额，是指企业各外币账户的记账本位币由于折算的时间不同，采用的折算汇率不同而产生的差额。外币折算差额应当分外币货币性项目、外币非货币性项目和外币投入资本项目进行会计处理。

❶外币货币性项目。货币性项目是指企业持有的货币资金和将以固定或可确定的金额收取的资产或者偿付的负债。外币货币性项目是指以外币计量的货币性项目。货币性项目分为货币性资产项目和货币性负债项目。货币性资产项目包括库存现金、银行存款、应收账款、其他应收款和长期应收款等；货币性负债项目包括短期借款、应付账款、长期借款、应付债券和长期应付款等。

对于外币货币性项目，因结算或采用期末的即期汇率折算而产生的汇兑差额，计入当期损益，同时调增或调减外币货币性项目的记账本位币金额。

❷外币非货币性项目。非货币性项目是指货币性项目以外的项目，包括存货、长期股权投资、固定资产、无形资产等。外币非货币性项目是指以外币计量的非货币性项目。以外币计量的非货币性项目根据计量基础不同又可分为两类：一是以历史成本计量的外币非货币性项目。如存货，由于已在交易发生日按当日即期汇率折算，期末不应改变其原记账本位币金额，不产生汇兑差额。二是以公允价值计量的外币非货币性项目。如交易性金融资产等，采用公允价值确定日的即期汇率折算，折算后的记账本位币金额与原记账本位币金额的差额，作为公允价值变动（含汇率变动）处理，计入当期损益。

❸外币投入资本项目。企业收到投资者以外币投入的资本，应当采用交易发生日的即期汇率折算，不得采用合同约定汇率或即期汇率的近似汇率折算，外币投入资本项目与相应的货币性项目的记账本位币金额之间不产生外币资本折算差额。

（2）外币兑换差额，是外币与记账本位币之间的兑换或不同外币之间的兑换，由于实际兑换汇率与记账汇率不同而产生的差额。

实际兑换汇率是指企业兑入外币金额时的银行卖出价和企业兑出外币金额时的银行买入价。记账汇率是指外币业务发生当日的市场汇率的中间价。因此，实际兑换汇率与记账汇率之间必然存在差异，从而产生了外币兑换差额。

（3）期末调整的差额，是按规定在月末、季末、年末根据期末的汇率调整所有外币货币性资产和外币货币性负债账户的余额，调整后人民币余额与原账面的人民币余额之间的差额。

2.汇兑损益的处理

企业在生产经营过程中发生的汇兑损益，根据其发生阶段和性质，做不同的归属和会计处理：

❶企业在筹建期间发生的汇兑损益，应归属于“管理费用——汇兑损益”账户。

❷企业因日常购进、销售货物和接受、提供劳务而发生的汇兑损益，应归属于“财务费用——汇兑损益”账户。

❸为购建固定资产而发生的汇兑损益，在固定资产达到预定可使用状态前发生的，应归属于固定资产的购建成本；在固定资产达到预定可使用状态后发生的，应归属于“财务费用——汇兑损益”账户。

❹为购置无形资产而发生的汇兑损益，应归属于无形资产的购置成本。

❺支付境外投资者股利或利润发生的汇兑损益，应归属于“投资收益——汇兑损益”账户。

3.汇兑损益的结转方法

汇兑损益的结转方法，按汇兑损益计算和结转的时间不同，可以分为逐笔结转法和集中结转法两种。

（1）逐笔结转法。

逐笔结转法，是指企业每收付一次外汇就计算并结转一次汇兑损益的方法。

采用逐笔结转法，平时发生的外币业务按当日的市场汇率折算，如与原账面汇率不同时立即计算并结转该笔业务的汇兑损益，期末再将所有外币账户的期末余额按当日汇率中间价折算，该余额与外币账户原记账本位币余额之间的差额，作为汇兑损益转销。

（2）集中结转法。

集中结转法，是指企业平时结汇时按当日的市场汇率核销相关的外币账户，将汇兑损益集中在期末结转的方法。

采用集中结转法，企业在平时结汇时按当日汇率结转相关的外币账户，不计算汇兑损益，期末再将所有的外币账户的期末余额按当日汇率中间价折算，该余额与外币账户原记账本位币余额之间的差额，作为汇兑损益予以集中一次转销。

在账务处理中怎样确立做账制、用何种汇率记账、怎样计算和结转汇兑损益，三者紧密结合、互相联系、互为因果，共同构成涉外会计的整体内容。由于不同企业的选择和应用不同，因此科学、合理、正确地选择相关方式、方法至关重要。具体核算方法，见本章第四节中的汇兑损益核算举例说明。

第四节 外汇的核算

前已述及，涉外企业的一切收支款项，货币兑换均须根据国家《外汇管理条例》的规定，通过银行办理结算，并进行复币核算，这是涉外会计的特点。本节将具体叙述外汇核算的依据、记账本位币的确定、外币账户的设置和外汇的具体核算及账务处理。

一、外汇核算的依据

外汇核算的依据，是指涉外会计账务处理应该遵守的方针、政策、法律法规。国际方面主要有国际惯例、WTO协议或公告、国际结算方式和贸易术语等；国内方面主要有《对外贸易法》、《外汇管理条例》、《结汇、售汇及付汇管理规定》和企业会计准则等。这些国际、国内的法规是办理涉外会计处理的准绳和核算的依据。

随着国家经济的发展、综合国力的增强、外汇储备的增多，国家对企业实施的外汇管理措施也逐渐放宽。2020年4月，国家外汇管理局发布了《国家外汇管理局关于优化外汇

管理 支持涉外业务发展的通知》，主要内容如下：

为进一步改善营商环境，服务实体经济高质量发展，国家外汇管理局决定优化外汇业务管理，完善外汇服务方式，提升跨境贸易投资便利化水平。现就有关事项通知如下：

一、优化外汇业务管理

（一）全国推广资本项目收入支付便利化改革。在确保资金使用真实合规并符合现行资本项目收入使用管理规定的前提下，允许符合条件的企业将资本金、外债和境外上市等资本项目收入用于境内支付时，无需事前向银行逐笔提供真实性证明材料。经办银行应遵循审慎展业原则管控相关业务风险，并按有关要求对所办理的资本项目收入支付便利化业务进行事后抽查。所在地外汇局应加强监测分析和事中事后监管。

（二）取消特殊退汇业务登记。货物贸易外汇收支企业名录分类为A类的企业，办理单笔等值5万美元（含）以下的退汇日期与原收、付款日期间隔在180天（不含）以上或由于特殊情况无法原路退汇的业务，无需事前到外汇局办理登记手续，可直接在金融机构办理。金融机构在为企业办理以上免于登记的退汇业务时，应在涉外收支申报交易附言中注明“特殊退汇”。

（三）简化部分资本项目业务登记管理。将符合条件的内保外贷和境外放款注销登记下放至银行办理。非金融企业内保外贷责任已解除且未发生内保外贷履约的情况下，可到其所属分局（外汇管理部）辖内银行直接办理内保外贷注销登记。非金融企业境外放款期限届满且正常收回境外放款本息的情况下，可到其所属分局（外汇管理部）辖内银行直接办理境外放款注销登记。

（四）放宽具有出口背景的国内外汇贷款购汇偿还。出口押汇等国内外汇贷款按规定进入经常项目外汇结算账户并办理结汇的，企业原则上应以自有外汇或货物贸易出口收汇资金偿还。在企业出口确实无法按期收汇且没有其他外汇资金可用于偿还上述国内外汇贷款时，贷款银行可按照审慎展业原则，为企业办理购汇偿还手续，并于每月初5个工作日内向所在地外汇局报备有关情况。

二、完善外汇业务服务

（五）便利外汇业务使用电子单证。银行按规定以审核电子单证方式办理货物贸易外汇收支的，取消企业分类为A类以及成立满2年的条件。银行按规定以审核电子单证方式办理服务贸易、初次收入和二次收入外汇收支的，可不打印电子交易单证。银行办理个人结售汇业务时，可不打印“结汇/购汇通知单”。银行办理上述业务，应确保电子单证的真实性、合规性以及使用的唯一性，并留存电子单证或电子信息5年备查。

（六）优化银行跨境电商外汇结算。支持更多的银行按照《国家外汇管理局关于印发〈支付机构外汇业务管理办法〉的通知》（汇发〔2019〕13号），在满足交易信息采集、真实性审核等条件下，凭交易电子信息为跨境电子商务市场主体提供结售汇及相关资金收付服务。

（七）放宽业务审核签注手续。金融机构按规定审核经常项目外汇收支时，可根据内控要求和实际业务需要，按照实质合规原则，自主决定是否在单证正本上签注收付汇金额、日期并加盖业务印章，但需按现行规定留存审核材料备查。

（八）**支持银行创新金融服务。**鼓励银行通过多种方式科学评估企业资信状况，对客观不可控因素造成涉外收付困难的企业区别分类，对发展前景良好的中小微涉外企业在外汇贷款方面给予贷款延期、手续简化等倾斜。支持银行利用数字外管平台开放的企业资信、收付汇率等信息，开展合规经营和业务创新，做好对中小微涉外企业的金融服务。

二、记账本位币的确定

记账本位币是指企业经营所处的主要经济环境中的货币，通常是企业主要收支现金的经济环境中的货币。例如，我国企业一般以人民币为记账本位币。我国会计上所称的记账本位币与国际会计准则中的功能性货币，虽然名称不同，但实质内容是一致的。

《中华人民共和国会计法》（简称《会计法》）规定，业务收支以人民币以外的货币为主的单位，可以选定其中一种货币作为记账本位币，但是编报的财务会计报告应当折算为人民币反映。企业选定记账本位币，应当考虑下列因素：❶该货币主要影响商品和劳务销售价格，通常以该货币进行商品和劳务销售的计价和结算；❷该货币主要影响商品和劳务所需人工、材料和其他费用，通常以该货币进行上述费用的计价和结算。企业在选定记账本位币时，上述两个因素应综合考虑，不能仅考虑其中一项。

企业选择的记账本位币一经确定，不得改变，除非与确定记账本位币相关的企业经营所处的主要经济环境发生了重大变化。企业因经营所处的主要经济环境发生重大变化，确需变更记账本位币的，应当采用变更当日的即期汇率将所有项目折算为变更后的记账本位币金额，折算后的金额作为新的记账本位币历史成本。变更记账本位币的，应当在附注中披露变更的理由。

三、外币账户的设置

外币业务是指企业以记账本位币以外的货币进行款项收付、往来结算的经济业务，包括企业购买和销售以外币计价的货物或劳务、借入或借出外币资金、承担或清偿以外币计价的债务等。

在核算外币业务时，企业应当设置相应的外币账户。外币账户具体包括外币库存现金、外币银行存款以及以外币结算的债权和债务账户。以外币结算的债权账户包括应收账款、应收票据和预付账款等；以外币结算的债务账户包括短期借款、长期借款、应付账款、应付票据、应付职工薪酬、预收账款等。不允许开立现汇账户的企业，可以设置外币库存现金和外币银行存款以外的外币账户。

四、外汇的具体核算和账务处理

当前，在国家外汇管理局对企业实施A、B、C三类管理的情况下，涉外企业的外汇核算大致有两种核算形式：一是A类在银行开立外币存款（含国外存款）账户的企业，平时可以简化核算程序，将收入或付出的外汇直接登入银行存款外币账户，期末，再根据确定的汇率，乘以外币账户的余额，求得记账本位币的数额，据以试算平衡，填制报表。二是除在银行开立外币存款账户的企业外，一般涉外企业（大部分为B、C类）严格执行银行的结汇、售汇制度，收入和付出外汇时均通过银行办理结算，按确定的汇率逐笔进行复币核算，逐笔按记账本位币的数额登入相互对应的两个或两个以上账户。

补充阅读资料 2-2

人民币汇率（年平均价）

单位：人民币元

年　份	100 美元	100 日元	100 港元	100 欧元
1985	293.66	1.25	37.57	
1986	354.28	2.07	44.22	
1987	372.21	2.58	47.74	
1988	372.21	2.91	47.70	
1989	376.51	2.74	48.28	
1990	478.32	3.32	61.39	
1991	532.33	3.96	68.45	
1992	551.46	4.36	71.24	
1993	576.20	5.20	74.41	
1994	861.87	8.44	111.53	
1995	835.10	8.92	107.96	
1996	831.42	7.64	107.51	
1997	828.98	6.86	107.09	
1998	827.91	6.35	106.88	
1999	827.83	7.29	106.66	
2000	827.84	7.69	106.18	
2001	827.70	6.81	106.08	
2002	827.70	6.62	106.07	800.58
2003	827.70	7.15	106.24	936.13
2004	827.68	7.66	106.23	1 029.00
2005	819.17	7.45	105.30	1 019.53
2006	797.18	6.86	102.62	1 001.90
2007	760.40	6.46	97.46	1 041.75
2008	694.51	6.74	89.19	1 022.27
2009	683.10	7.30	88.12	952.70
2010	676.95	7.73	87.13	897.25
2011	645.88	8.11	82.97	900.11
2012	631.25	7.90	81.38	810.67
2013	619.32	6.33	79.85	822.19
2014	614.28	5.82	79.22	816.51
2015	622.84	5.15	80.34	691.41
2016	664.23	6.12	85.58	734.26

注：欧元自 2002 年开始进入市场流通。

资料来源　国家统计局.

应该说明的是，自此以后的叙述和举例，绝大部分是以后者为例进行说明的，前者较简便，可参照处理。

1.外汇收入的核算

根据货物贸易外汇管理制度改革的相关规定，对于从事货物贸易的A类企业，不再办理出口收汇核销手续，由国家外汇管理局实施非现场总量核查，必要时，实施现场核查；进口付汇单证简化，凭进口报关单或合同等任何一种单证，即可办理付汇。对B、C类企业的外汇收支单证审核、业务类型、结算方式等实施严格监管，对B类企业由银行实施电子数据核查，对C类企业实施逐笔登记办理。而对于非货物贸易的外汇收支如何管理，不在试点法规之列，仍按现行法规执行办理。

当A类企业收入外汇时，根据审核无误的有关单证，向银行办理收汇手续，取得银行存款回单；凭以借记"银行存款——外币"账户，贷记有关收入账户即可，这里不具体举例说明。

B、C类企业，多数采用外币统账制、逐笔结转汇兑损益，而且多为以人民币为记账本位币，现举例说明。

【例2-1】境内企业与外商签订投资经营协议，收到资本金20 000美元，汇率USD1=CNY6.1418，编制会计分录如下：

借：银行存款——美元（USD20 000×6.1418）	122 836	
贷：实收资本		122 836

【例2-2】企业向外汇银行借入周转金10 000欧元，汇率EUR1=CNY8.1145，编制会计分录如下：

借：银行存款——欧元（EUR10 000×8.1145）	81 145	
贷：短期借款——欧元		81 145

【例2-3】境内企业出口一批货物，已办理交单手续，应收货款80 000美元，汇率USD1=CNY6.14（为计算简便，以下汇率均采用元以下两位小数），编制会计分录如下：

借：应收账款——应收外汇账款（××客户）（USD 80 000×6.14）	491 200	
贷：主营业务收入——自营出口销售收入		491 200

数日后，银行通知，出口货款结来，汇率仍为USD1=CNY6.14，不考虑银行手续费，编制会计分录如下：

借：银行存款——美元（USD 80 000×6.14）	491 200	
贷：应收账款——应收外汇账款（××客户）		491 200

【例2-4】企业收到香港委托客户代理手续费2 000港币，汇率HKD1=CNY0.79，编制会计分录如下：

借：银行存款——港币（HKD2 000×0.79）	1 580	
贷：其他业务收入		1 580

2.外汇支出的核算

相关法规规定：A类企业凭有效单证办理付汇；B类企业实施电子数据核查；C类企业须经外汇管理局逐笔登记后办理付汇。

外汇局根据企业贸易外汇收支的合规性及其与货物进出口的一致性，将企业分为A、B、C三类。在分类管理有效期内，对A类企业贸易外汇收支，适用便利化的管理措施。

对B、C类企业的贸易外汇收支，在单证审核、业务类型及办理程序、结算方式等方面实施审慎监管。

A类企业办理付汇的有效单证包括：

❶在信用证或保函方式下的进口付汇，需提供进口合同、进口付汇核销单、开证申请书等有效商业单证。

❷在跟单托收方式下的进口付汇，除提供❶方式下的单证外，还需提供付汇通知书及跟单托收结算方式要求的有效单证。

❸在汇款结算方式下的进口付汇，除提供❶方式下的单证外，还需提供发票、正本进口货物报关单等有效单证。

❹进口预付货款的付汇，需提供进口合同，且不得超过规定的比例、数额。

❺进口货物运输费、保险费的付汇，需提供正本运输费收据和保险费收据。

B、C类企业凭核准证明付汇，包括：

❶进口项下超过合同总金额的15%或超过等值10万美元的预付货款。

❷出口项下超过合同总金额2%的暗佣和5%的明佣或者超过等值1万美元的佣金。

❸转口贸易项下先支后收的外汇支付。

❹偿还外债利息的用汇。

❺提取超过等值1万美元的现钞。

随着涉外经济业务的增长及数额的扩大，上述规定在不断放宽。有些会逐步取消，但是在现时情况下还需严格遵守和执行。

【例2-5】某企业的外币核算实行统账制，以当日汇率记账，逐笔结算汇兑损益，从国外进口原材料一批，计价USD30 000，不考虑进口税费，当日汇率为USD1=CNY6.15，货到入库，货款未付，编制会计分录如下：

借：原材料　　184 500
　贷：应付账款——应付外汇账款（××客户）（USD30 000×6.15）　　184 500

数日后，通过银行向国外客户支付货款，当日汇率为USD1=CNY6.14，编制会计分录如下：

借：应付账款——应付外汇账款（××客户）（USD30 000×6.15）　　184 500
　贷：银行存款（USD 30 000×6.14）　　184 200
　　务费用——汇兑损益 300

【例2-6】某企业按进口合同规定和有效单证开出票据，支付进口预付货款USD5 000，汇率为USD1=CNY6.15，编制会计分录如下：

借：预付账款——预付外汇账款（××供应商）（USD5 000×6.15）　　30 750
　贷：银行存款　　30 750

【例2-7】经核准以USD1 000支付国外广告宣传费，汇率为USD1=CNY6.14，编制会计分录如下：

借：销售费用——广告费（USD1 000×6.14）　　6 140
　贷：银行存款　　6 140

3.外币兑换的核算

外币兑换又称汇兑，是指将某种外币兑换成另一种外币的交易行为，如将甲种外币兑换为乙种外币，其会计核算为：被兑入的乙种外币增加时借记乙种外币，兑出的甲种外币减少时贷记甲种外币。

企业发生的外币兑换业务或涉及外币兑换的交易事项，应当以交易实际采用的汇率，即银行买入价或卖出价折算，汇率变动产生的折算差额计入当期损益。

【例 2-8】某外商投资企业将20万美元结汇，开户银行美元买入价为USD1=CNY6.12，中国人民银行美元中间价为USD1=CNY6.14。其结汇业务的会计处理为：

借：银行存款——人民币（USD200 000×6.12）	1 224 000	
财务费用——汇兑损益	4 000	
贷：银行存款——美元（USD200 000×6.14）		1 228 000

【例 2-9】某外商投资企业向银行购入1 000万元港币，开户银行港币卖出价为HKD1= CNY0.79，中国人民银行港币汇率中间价为HKD1= CNY0.78。其购汇业务的会计处理为：

借：银行存款——港币（HKD10 000 000×0.78）	7 800 000	
财务费用——汇兑损益	100 000	
贷：银行存款——人民币（HKD10 000 000×0.79）		7 900 000

【例 2-10】某外商投资企业将10万元港币兑换日元，开户银行港币买入价为HKD1= CNY0.78，日元卖出价为JPY1= CNY0.060，外汇汇率中间价为HKD1= CNY0.79、JPY1= CNY0.058。

❶10万元港币换得人民币：100 000×0.78= CNY78 000

用换得的人民币再换入日元：78 000÷0.060= JPY1 300 000

❷按外汇汇率中间价HKD1= CNY0.79、JPY1= CNY0.058折算：

100 000元港币折算人民币：100 000×0.79= CNY 79 000

1 300 000元日元折算人民币：1 300 000×0.058= CNY 75 400

外币兑换业务的会计处理为：

借：银行存款——人民币（HKD100 000×0.78）	78 000	
财务费用——汇兑损益	1 000	
贷：银行存款——港币（HKD100 000×0.79）		79 000
借：银行存款——日元（JPY1 300 000×0.058）	75 400	
财务费用——汇兑损益	2 600	
贷：银行存款——人民币（HKD100 000×0.78 ）		78 000

或合并成一笔分录：

借：银行存款——日元（JPY1 300 000×0.058）	75 400	
财务费用——汇兑损益	3 600	
贷：银行存款——港币（HKD100 000×0.79）		79 000

4.外汇损益的核算

根据本章第三节讲述的外币“两种做账制”、“两种记账汇率”和“两种结转方法”，结合业务实际，举例说明如下。

【例 2-11】某涉外企业实行外币业务统账制核算，按当日汇率记账，分别采取两种结转方法结转汇兑损益。其有关涉外经济业务资料如下（为简化计算，汇率保留两位小数，下同）：

20×1年11月初“应收账款”美元户余额如下：

甲客户余额：USD10 000，汇率为USD1=CNY6.18，CNY61 800。

乙客户余额：USD8 000，汇率为USD1=CNY6.18，CNY49 440。

11月5日，银行通知甲客户结来USD5 000，汇率为USD1=CNY6.15，CNY30 750。

11月18日，银行通知乙客户结来USD2 000，汇率为USD1=CNY6.19，CNY12 380。

11月30日，汇率为USD1=CNY6.18。

12月8日，进口货物一批，应付丙客户USD4 000，汇率为USD1=CNY6.16，CNY24 640。

12月20日，预付丁客户货款USD2 000，汇率为USD1=CNY6.15，CNY12 300。

12月28日，偿付丙客户应付款USD2 000，汇率为USD1=CNY6.16，CNY12 320。

12月31日，期末汇率为USD1=CNY6.15，以此汇率将外币账户余额进行调整。

下面分别将汇兑损益按“逐笔结转法”和“集中结转法”各进行一次账务处理。

（1）逐笔结转法的有关账务处理如下：

❶11月初，“应收账款”余额见账户2-1、账户2-2“余额”栏的登记数额。

❷11月5日，甲客户结来款项USD 5 000时：

借：银行存款——美元（USD5 000×6.15）		30 750
财务费用——汇兑损益		150
贷：应收账款——应收外汇账款（甲客户）（USD5 000×6.18）		30 900

此处需说明一点，因在浮动汇率制度下外汇核算的汇兑差额较多，故也可将“汇兑损益”子目提升为总账科目核算，待期末编制财务报表时，仍归于“财务费用”项目下。

❸11月18日，乙客户结来款项USD2 000时：

借：银行存款——美元（USD2 000×6.19）	12 380	
贷：应收账款——应收外汇账款（乙客户）（USD2 000×6.18）		12 360
财务费用——汇兑损益		20

❹11月30日，采用逐笔结转法，月末不作调整，但年终需调整。

❺12月8日，进口应付丙客户货款USD4 000时：

借：在途物资——×××	24 640	
贷：应付账款——应付外汇账款（丙客户）（USD4 000×6.16）		24 640

❻12月20日，预付丁客户货款USD2 000时：

借：预付账款——预付外汇账款（丁客户）（USD2 000×6.15）	12 300	
贷：银行存款——美元		12 300

❼12月28日，偿付丙客户货款USD2 000时：

借：应付账款——应付外汇账款（丙客户）（USD2 000×6.16）	12 320	
贷：银行存款——美元		12 320

❽12月31日，按年终汇率6.15调整外汇账户余额时：

“应收账款——甲客户”账面余额：$5 000，¥30 900

按年终汇率6.15调整为：¥30 750

调整差额 ¥150

“应收账款——乙客户”账面余额：$6 000，¥37 080

按年终汇率6.15调整为： ¥36 900

调整差额 ¥180

“应付账款——丙客户”账面余额：$2 000，¥12 320

按年终汇率6.15调整为： ¥12 300

调整差额 ¥20

“预付账款——丁客户”账面余额：$2 000，¥12 300

按年终汇率6.15调整为： ¥12 300

调整差额 0

根据年终调整各外汇账户的差额，编制如下调整分录：

借：财务费用——汇兑损益 330

　贷：应收账款——应收外汇账款（甲客户） 150

　　　　　　——应收外汇账款（乙客户） 180

借：应付账款——应付外汇账款（丙客户） 20

　贷：财务费用——汇兑损益 20

将上述❶至❽会计分录及年终调整分录，登入应收（付）各明细账户，见账户2-1至账户2-5。

账户 2-1　　应收账款——甲客户

借方		贷方		余额	
$	¥	$	¥	$	¥
初 10 000	61 800			10 000	61 800
❷		5 000	30 900	5 000	30 900
❽			150	5 000	30 750

账户 2-2　　应收账款——乙客户

借方		贷方		余额	
$	¥	$	¥	$	¥
初 8 000	49 440			8 000	49 440
❸		2 000	12 360	6 000	37 080
❽			180	6 000	36 900

账户 2-3　　应付账款——丙客户

借方		贷方		余额	
$	¥	$	¥	$	¥
❺		4 000	24 640	4 000	24 640
❼ 2 000	12 320			2 000	12 320
❽	20			2 000	12 300

账户 2-4 预付账款——丁客户

借方		贷方		余额	
$	¥	$	¥	$	¥
⑥2 000	12 300			2 000	12 300

账户 2-5 财务费用——汇兑损益 单位：元

借方	贷方	余额	
②150	③20		
⑧330	⑧20		
		借	440

（2）集中结转法的有关账务处理如下：

①11月初，“应收账款”余额见账户2-6、账户2-7余额栏的登记数额。

②11月5日，甲客户结来款项时：

借：银行存款——美元（USD5 000×6.15） 30 750
　贷：应收账款——应收外汇账款（甲客户） 30 750

③11月18日，乙客户结来款项时：

借：银行存款——美元（USD2 000×6.19） 12 380
　贷：应收账款——应收外汇账款（乙客户） 12 380

④11月30日，按月末汇率6.18对有关外汇账户进行调整：

“应收账款——甲客户”账面余额：$5 000，¥31 050
按月末汇率6.18调整为： ¥30 900
调整差额 ¥150
“应收账款——乙客户”账面余额：$6 000，¥37 060
按月末汇率6.18调整为： ¥37 080
调整差额 ¥-20

根据月末调整各外汇账户差额，做如下账务处理：

借：财务费用——汇兑损益 150
　贷：应收账款——应收外汇账款（甲客户） 150
借：应收账款——应收外汇账款（乙客户） 20
　贷：财务费用——汇兑损益 20

⑤12月8日，发生应付外汇账款时：

借：在途物资——××× 24 640
　贷：应付账款——应付外汇账款（丙客户）（USD4 000×6.16） 24 640

⑥12月20日，预付丁客户货款时：

借：预付账款——预付外汇账款（丁客户）（USD2 000×6.15） 12 300
　贷：银行存款——美元 12 300

⑦12月28日，偿付丙客户货款时：

借：应付账款——应付外汇账款（丙客户）（USD2 000×6.16） 12 320
　贷：银行存款——美元 12 320

⑧12月31日，按年终汇率6.15调整有关外汇账户时：

“应收账款——甲客户”账面余额：$5 000，¥30 900
按年终汇率6.15调整为：¥30 750
调整差额 ¥150

“应收账款——乙客户”账面余额：$6 000，¥37 080
按年终汇率6.15调整为：¥36 900
调整差额 ¥180

“应付账款——丙客户”账面余额：$2 000，¥12 320
按年终汇率6.15调整为：¥12 300
调整差额 ¥20

“预付账款——丁客户”账面余额：$2 000，¥12 300
按年终汇率6.15调整为：¥12 300
调整差额 0

根据调整结果，做年终外汇调整账务处理如下：

借：财务费用——汇兑损益 330
　贷：应收账款——应收外汇账款（甲客户） 150
　　　　　　——应收外汇账款（乙客户） 180
借：应付账款——应付外汇账款（丙客户） 20
　贷：财务费用——汇兑损益 20

将上述会计处理记入有关外汇账户，见账户2-6至账户2-10。

账户 2-6 应收账款——甲客户

借方		贷方		余额	
$	¥	$	¥	$	¥
初 10 000	61 800			10 000	61 800
②		5 000	30 750	5 000	31 050
④			150	5 000	30 900
⑧			150	5 000	30 750

账户 2-7 应收账款——乙客户

借方		贷方		余额	
$	¥	$	¥	$	¥
初 8 000	49 440			8 000	49 440
③		2 000	12 380	6 000	37 060
④	20			6 000	37 080
⑧			180	6 000	36 900

账户 2-8 **应付账款——丙客户**

借方		贷方		余额	
$	¥	$	¥	$	¥
⑤		4 000	24 640	4 000	24 640
⑦2 000	12 320			2 000	12 320
⑧	20			2 000	12 300

账户 2-9 **预付账款——丁客户**

借方		贷方		余额	
$	¥	$	¥	$	¥
⑥2 000	12 300			2 000	12 300

账户 2-10 **财务费用——汇兑损益** 单位：元

借方	贷方	借或贷	余额
④150	20		
⑧330	20		
		借	440

由【例2-11】可见，逐笔结转法是在平日逐笔计算、逐笔结转、一笔一清（年终一次调整），工作量较大；集中结转法平日不计算汇兑损益，而在期末集中一次结转，如果外汇账户繁多，似乎也不轻松。在实践中应根据企业外汇业务量定夺：一般而言，前者适合规模小、业务量少的涉外企业采用；后者适合规模较大、业务量较多的涉外企业采用。

【例2-11】核算的结果表明，虽然采用的两种汇兑损益结转时间和方法不同，但核算的最终结果是一致的，两个“汇兑损益”账户余额均为440元人民币。尽管在实际账务处理中集中结转汇兑损益比逐笔结转汇兑损益简便了许多（特别是在外币业务量大且汇率浮动频繁的情况下），但“万变不离其宗”。

补充阅读资料 2-3

中国历年外汇储备金额

单位：亿美元

年份	金额
2008	19 460.30
2009	23 991.52
2010	28 473.38

年份	金额
2011	31 811.48
2012	33 115.89
2013	38 213.15
2014	38 430.18
2015	33 303.62
2016	30 105.17
2017	31 399.49
2018	30 727.12
2019	31 079.24
2020	32 165.22
2021	32 501.66

资料来源 国家外汇管理局网站.

本章小结

外币、外汇、汇率、汇兑损益及其核算自始至终是企业涉外会计的主要内容；而规范和指导外汇核算的国内法规、国际惯例较多，且变动较快，应注意学习，紧跟客观形势的迅猛发展。

法规、制度、惯例虽时有变化，但本章叙述的“两种做账制”、“两种记账汇率”和“两种结转方法”是相对稳定的，当然也不排除有新的理论、新的观点、新的方法的创新。企业可结合行业特点、管理要求和会计人员素质条件，在法规、制度允许的范围内选择外汇核算模式和方法。

思考题

1.汇兑损益是怎样产生的？其会计处理原则是什么？

2.简述企业外币核算采取的“记账本位币”、“外汇统账制”和“外汇分账制”的具体会计处理方法及适用的企业类型。

3.记账汇率有几种？简述各自的利弊及会计处理。

4.比较汇兑损益的“逐笔结转法”和“集中结转法”的异同，企业在会计处理中如何选择？

5.国家外汇管理局和银行对外汇的结汇、售汇有哪些规定？近年发布的试点法规有哪些新规定？今后的趋势如何？

6.简述外汇收支的类型，以及不同企业、不同类型的会计处理。

第三章　贸易术语与结算方式

学习目标

贸易术语与结算方式对涉外会计而言，犹如车之两轮、鸟之两翼。通过本章学习，应了解贸易术语和国际结算方式的概念、种类及有关惯例，掌握在不同贸易术语下买卖双方的责任、费用、风险的界限和处理依据，掌握常用的汇款、托收、信用证和银行保函等结算方式的具体运用。

第一节　贸易术语

贸易术语，又称贸易条件，是指用一个简短的概念或简短的外文缩写字母表明货物价格的构成和买卖双方各自承担的责任、费用和风险，有时也被称为价格术语或价格条件。

一、进出口商品价格

价格是进出口业务的一个重要组成部分，也是买卖双方洽商的一项重要内容。在国际贸易中，商品价格是以贸易术语来表示的。贸易术语通常是指商品的单价，即以某一种货币表示的商品每一计量单位的价格。进出口商品价格，除了表明每一计量单位的价格金额外，还要表明买卖双方在货物交换过程中有关的费用负担、责任划分。所以，价格条件一般包括计价和结算的货币名称、计量单位、单价、费用、责任和风险的划分以及某些附加条件等。如“每公吨100美元CIF纽约”，表示计量单位为公吨，单位价格为100，计价货币为美元，价格条件为纽约到岸价，既表明了商品价格，又划分了双方的责任。

在国际贸易中使用的价格条件种类很多，常用价格条件有以下几种：

1.装运港船上交货（FOB … named port of shipment）价格

FOB是Free on Board的缩写，在我国通常称“船上交货价”，又称“离岸价格”。船上交货价是指卖方在合同规定的港口和期限内把货物装到买方指定的船上，并及时向买方发出装船通知，负担到装船为止的一切费用和风险。装船前的一切费用，如出口税、商检和国内运杂费等均由卖方负责；装船后的一切费用，如国外运费、运输途中的保险费和杂费等由买方负责。

2.成本加保险费、运费（CIF … named port of destination）价格

CIF是Cost Insurance Freight的缩写，在我国通常称为“成本加运、保费价格”，又称“到岸价格”。成本加运、保费价格是指由卖方负责租船订舱，将货物装运往约定的目的港，支付装船前一切费用和运费，办理保险和支付保险费，双方风险的划分则与装运港船上交货价格完全一致。应注意，由于习惯上把CIF称为到岸价格，人们往往容易将其误解为卖方承担货物自装运港至目的港所发生的一切风险。

3.成本加运费（CFR … named port of destination）价格

CFR与CIF的不同之处仅在于它不包括保险费，买方自行投保及支付保险费。

上述三种常用价格条件的共同点都是装运港交货，买卖双方的风险划分都是以船舷为界限，其主要区别是双方负责办理的手续和支付的费用不同。

4.某些附加条件的价格

除上述三种常用价格条件外，还有一些在常用价格条件后面附加条件的价格。例如，CIFC是CIF加佣金（Commission）的价格，CIFW是CIF加保战争险（War Risk）的价格，CIF Landed是指货物到达目的港后包括驳船费和码头捐在内的卸货费用均由卖方负担的CIF等。

价格条件是为适应国际贸易的需要而逐渐形成的，每种价格条件都有自己的特定含义，在实际工作中有重要的作用。

二、合同中的价格

国际货物买卖合同中的价格条款一般包括单价和总值或总金额两个项目。

1.单价

国际货物买卖合同中的单价比国内贸易的单价要复杂，它由计量单位、单位价格、计价货币和价格条件四项内容组成。例如，USD200 per Metric Ton CIF London（每公吨200美元CIF伦敦）这一贸易术语包含以下四项内容：

每公吨	200	美元	CIF伦敦
计量单位	单位价格	计价货币	价格条件

单价各个组成部分必须表达明确、具体，不能有误，并且应注意四个部分在中、外文书写上不同的先后次序，不能任意颠倒。

2.总值

总值是单价和数量的乘积。在总值项下一般也同时列明贸易术语。如果一份合同中有两种以上不同的单价，即有两个以上的金额，应将几个金额相加得出总值。总值除需用阿拉伯数字列示外，还要用文字表述。

小知识3-1

各种价格之间的换算

1.FOB换算为CFR

FOB通常也称为成本价，CFR即成本加运费价。因此，由FOB换算为CFR的关系式如下：

CFR=FOB+运费

2.FOB及CFR换算为CIF

CIF比FOB增加了运费和保险费内容，其换算公式如下：

CIF=FOB+运费+保险费

CIF=CFR+保险费

$$CIF=\frac{CFR}{1-(1+\text{投保加成率})\times\text{保险费率}}$$

3.CFR、CIF换算为FOB

在已知CFR和CIF的情况下求FOB，是前三项公式的逆运算，分别如下：

FOB=CFR-运费

FOB=CIF-运费-保险费

CFR=CIF-保险费

资料来源　徐景霖. 国际贸易实务［M］. 11版. 大连：东北财经大学出版社，2019.

第二节　国际结算方式

目前，国际结算已形成了一些定型的方式，多年来都无变化。国际结算方式与国内结算方式有很大的差别。在国内结算方面，我国虽已采用了以本票、汇票、支票为主的结算方式，但从世界范围来看，与国际结算所形成的惯例还是有较大的差别。国际贸易中常用的结算方式有四类，如图3-1所示。

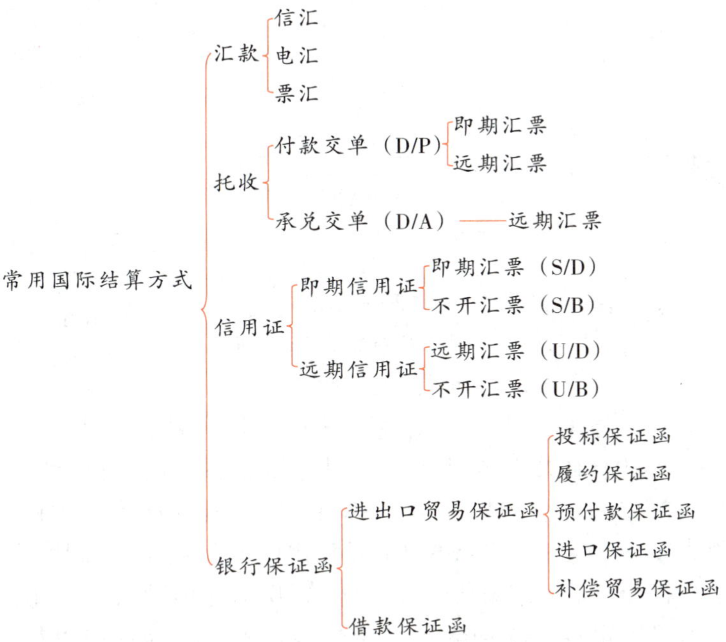

图3-1　常用的国际结算方式

根据图3-1所示，现将各种常用的结算方式逐一说明。

一、汇款结算方式

汇款结算方式比较简便，在国际结算中使用较多。例如，寄售或售后出口货款的归还，预付货款和定金，汇交和退回履约金，以及汇付佣金、代垫费用、索赔款和欠款等，都以此种结算方式办理结算。

1.汇款的含义

汇款又称汇付，是付款人（进口人）通过银行将货款汇交收款人的一种结算方法。

办理汇款需要由汇款人向汇出行填交汇款申请书，汇出行有义务按申请书上的要求，通过它的代理行（汇入行）给收款人解付货款。随着国际贸易的发展，有时国外买方直接将票据寄给卖方出口公司，出口公司接到票据后应及时送交银行，办理收汇。

2.汇款的种类

汇款结算方式，根据所用结算工具和传递方式的不同又分为电汇、信汇和票汇。

（1）电汇，简称T/T，是指汇出行应进口人的申请，用电报或电传委托国外的汇入行向出口人汇款。采用电汇，对出口人来说收汇迅速，但手续费较高，只在紧急或金额较大时使用。

（2）信汇，简称M/T，是指汇出行应进口人的申请，用银行信件委托国外的汇入行向出口人付款。采用信汇，收汇比电汇慢，但费用比电汇低。

电汇和信汇结算的程序如图3-2所示。

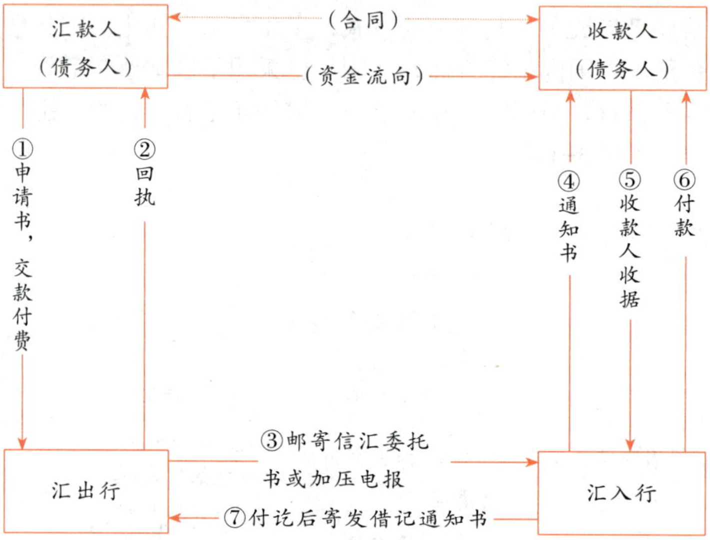

图3-2 电汇、信汇结算业务程序图

当前，有一家专门办理快速汇款结算的银行，名称是环球银行间金融通信协会，缩写为SWIFT。该组织于1977年5月开办专用电传业务，进行银行间的全部外汇、拆放、债券业务及大部分的资金划拨业务。SWIFT分为紧急及普通两种。普通SWIFT可替代信汇，被称为国际汇款；紧急SWIFT可替代电汇，被称为特快国际汇款。SWIFT效率高，可靠性强，而且收费低于航邮或电传。我国的中国银行、中国农业银行、中国工商银行、中国建设银行、交通银行、中信银行等已成为环球银行金融通信协会的会员。

（3）票汇，简称D/D，是汇出行根据汇款人的申请，开出以汇入行为付款人的银行汇票，交由汇款人自行寄给收款人，由收款人凭汇票自行到汇入行领取款项的一种汇款方式。它的特点是收款人在必要时可将汇票背书转让，流通很便利，一般汇款人多选用这种方式。

票汇结算的程序如图3-3所示。

此外，国外客户有时以国外银行支票或旅行支票、信用卡结算小额货款和样品款或非贸易支付（宾馆住宿费等），也属此类结算。

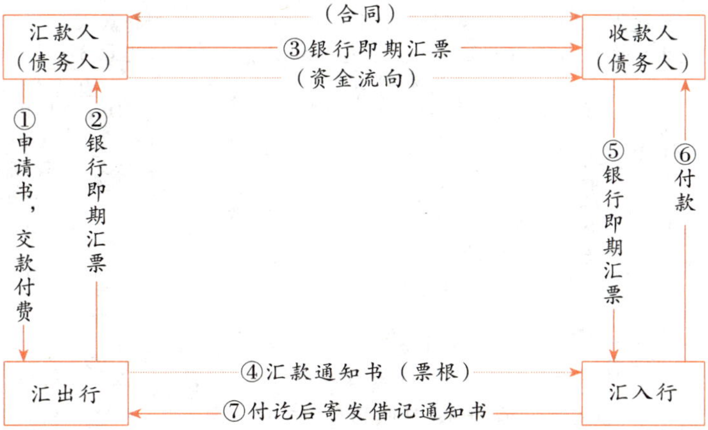

图3-3 票汇结算业务程序图

汇款方式的优点是手续最简单，费用最低（各国通常只收取1‰的汇费）。其缺点是双方费用负担不平衡，买卖双方中只有一方负担整个交易过程中的费用，而且风险较大，先汇付的一方完全依赖于对方的信用，弄不好会钱货两空。

二、托收结算方式

托收，是由供货方先发货，再向进口方办理收款手续的一种结算方式。

1.托收的含义

托收是指出口人于货物装运后开具以进口人为付款人的汇票，连同有关单据委托当地银行通过国外的分支行或代理行向进口人收取货款的方式。

托收的性质属于商业信用，虽然通过银行办理，但此时银行只是出口商的代理人，处于代办收款手续的地位，货款收到或收不到与银行无关。

2.托收方式的种类

托收方式依据汇票是否随附装运单据，分为光票托收与跟单托收两种。

（1）光票托收，是指出口人在收取货款时，仅凭汇票，不随附任何装运单据。这种方式一般用于收取信用证项下余额、代垫费用、佣金以及样品费等。

（2）跟单托收，依据交单条件的不同又可分为付款交单和承兑交单。

❶付款交单，简称D/P，是指出口人的交单以进口人的付款为条件，即出口人将汇票连同装运单据交给银行托收时，指示银行只有在进口人付清货款时才能交出装运单据。

❷承兑交单，简称D/A，是指出口人在货物装运后开具远期汇票连同装运单据交给当地银行，通过银行向进口人提示进口人承兑远期汇票之后即可取得装运单据、提取货物，待汇票到期再付清货款。在这种方式下，出口人通过银行向进口人交单是以进口人承兑远期汇票为条件的，所以对出口人来说属于赊销，风险较大。

托收结算方式的程序如图3-4所示。

托收结算方式较之汇款的优点，一是相对安全，二是资金负担在D/P时略为平衡。出口商可能利用跟单向银行融资，但不论D/P还是D/A，最终都要依靠进口商的信用取得货款。一般除双方各自负担本国银行的手续费外，最后汇付时还要支付汇费，双方共负担三笔支出。

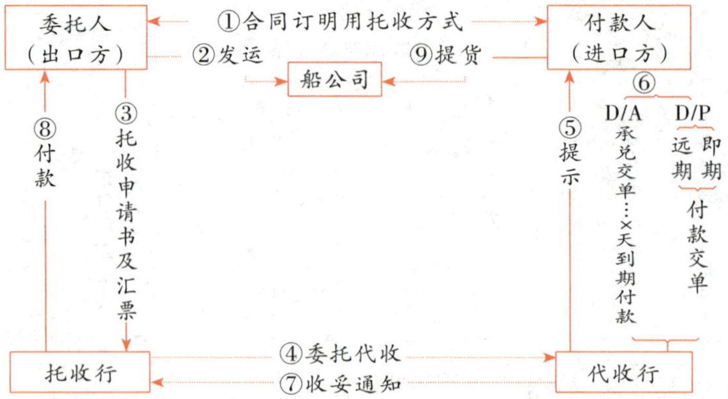

图3-4 托收结算业务程序图

小知识3-2

顺汇与逆汇

按资金的流向和结算工具传递的方向，国际结算方式可分为顺汇和逆汇。顺汇是由债务人或付款人主动将款项交给银行，委托银行使用某种信用工具、支付一定金额给债权人或收款人的结算方式。因其结算工具的传送方向与资金的流动方向相同，故名顺汇，又称汇付法，即银行的汇款业务。

逆汇是由债权人以出具票据的方式委托银行向国外债务人收取款项的结算方式。因其结算工具的传送方向与资金的流动方向相反，故名逆汇，又称出票法，如银行托收业务和信用证业务。

资料来源　方士华. 国际结算［M］. 3版. 大连：东北财经大学出版社，2012.

三、信用证结算方式

信用证，简称L/C。在国际贸易中，由于双方相距遥远，互相之间缺乏了解，一旦发生问题，就会“鞭长莫及”，因此交易双方均有后顾之忧。于是在国际结算方式中出现了L/C方式，由银行作为第三者起中间保证作用，使双方各让一步，促成双方交易。对买方来说，银行在取得货运提单后即办理付款。对卖方来说，只要完成L/C所规定的供货条件，交出货运单据，就可及时从银行取得货款。这样，双方都获得了安全保障，而且在资金头寸的负担上也是进出口方各分担一半，比较公平。

1.信用证的含义

信用证，是开证银行根据开证申请人的请求以自身的名义向受益人开立的在一定金额和一定期限内凭规定的单据承诺付款的一种银行有条件地承诺付款的书面文件。

信用证是一项约定，不论其名称或描述如何，都由银行依照客户的要求和指示或自己主动在符合信用证条款的条件下，凭规定单据完成以下业务：❶向第三者（受益人）或其指定方付款，或承兑并支付受益人开出的汇票；❷授权另一银行进行该项付款，或承兑和支付汇票；❸授权另一银行议付。

根据以上三条规定，银行付款可采取三种形式：❶开证行直接或指定另一银行对单据进行付款（包括即期付款和延期付款）；❷开证行直接或指定另一银行先承兑受益人开来的远期汇票，然后予以支付，或是在受单时支付即期汇票；❸授权另一银行议付（先垫付，后向开证行索偿）。

2. 信用证结算的程序

使用信用证结算货款，从开证申请人向银行申请开立信用证到开证银行付清货款需要经过很多业务环节，并需办理各种手续。信用证种类不同，条款规定及业务环节和手续也不尽相同，但主要环节是一致的（如图3-5所示）。

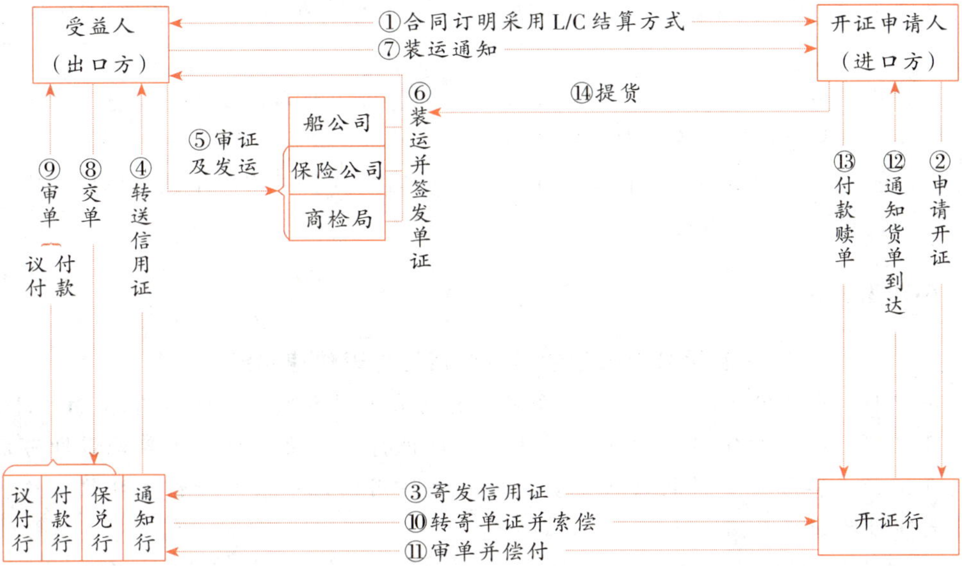

图3-5　信用证结算程序图

3. 信用证的种类

信用证按其性质不同，可分为不可撤销信用证和可撤销信用证两种。不可撤销信用证，是指信用证一经开出，在信用证的有效期内，开证银行未经受益人或有关当事人的同意不得随意修改或撤销信用证的内容。可撤销信用证，是指开证银行开出的信用证在信用证有效期内，开证银行可不经受益人或其他有关当事人的同意修改和撤销信用证的内容。因此，对信用证分类是以不可撤销信用证作为基础的。

此外，信用证从不同角度还可分为：

（1）光票信用证与跟单信用证。光票信用证是指受益人根据信用证的要求，在收取货款时只需开具汇票即可索回货款的信用证。跟单信用证是指受益人根据信用证的要求，在议付货款时除开具汇票还要随附货运单据的信用证。

（2）即期信用证与远期信用证。凡信用证规定受益人可凭即期汇票收取货款的即为即期信用证。远期信用证是指按规定凭远期汇票收取货款的信用证。使用远期信用证，如果远期汇票贴现，其贴现费用和延期付款利息均由受益人承担。

（3）可转让信用证与不可转让信用证。可转让信用证是指信用证的受益人（第一受益人）可以要求授权付款、承担延期付款责任、承兑或议付的转让银行，或当信用证自由议付时可以要求信用证中特别授权的转让银行，将该信用证全部或部分转让给一个或数个受益人（第二受益人）使用的信用证。不可转让信用证是指受益人不能将信用证的权利转让给他人使用的信用证。凡信用证中未注明“可转让”字样者，均不能转让。

（4）保兑信用证与非保兑信用证。保兑信用证是指开证行开出请另一银行保证对符合信用证条款的单据履行付款义务的信用证。对信用证承担保证兑付义务的银行称为保兑行。非保兑信用证是指未经另一银行保证兑付的信用证。非保兑信用证通常是不可撤销的信用证。

（5）循环信用证。循环信用证是指当受益人全部或部分使用完信用证的金额以后，其信用金额又恢复原金额再被受益人使用，直至达到规定次数或累计总金额为止。循环信用证主要用于长期供货，开证申请人为免交多次开证费用和节省开证押金才使用此种信用证。

（6）对开信用证。在对等贸易中，交易双方互为买卖双方，双方对其进口部分向对方开出信用证，这两个信用证称为对开信用证。

此外，还有背对背信用证、预支信用证、备用信用证、付款信用证、承兑信用证和议付信用证等，此处不一一叙述。

小知识3-3

利用带电报索偿条款信用证办理快速收汇

在即期信用证中加列“电报索偿条款”称为带电报索偿条款的信用证（L/C.T/T），它是开证银行将最后审单付款的权利交给议付银行，只要议付行审单无误即可以电报向开证行或其指定的付款行索偿货款。这种信用证比一般即期信用证收汇快，有时当天即可收回货款。

资料来源　徐景霖．国际贸易实务［M］．11版．大连：东北财经大学出版社，2019.

四、银行保证函结算方式

信用证结算方式手续繁复，而且银行在“开证→通知→保兑→改证→付款”的过程中，每一环节都要收取费用。例如，开证就要按信用证金额计收手续费1‰~1.5‰、通知费1‰、议付费1‰~1.5‰、保兑费2‰、付款费1.5‰、承兑费2‰，还有修改费、邮费或电报费等按笔计收。可见信用证结算方式手续繁杂、费用高，因此有了以投保信用保险来替代信用证的结算方式，即银行保证函，简称L/G。

1.银行保证函的含义

银行保证函，又称银行保证书或银行保函，是银行根据委托人的申请，向受益人开立的担保履行某项义务的有条件地承担经济赔偿责任的书面承诺文件。

2.银行保证函的种类

银行保证函按其用途不同，可分为进出口贸易保证函与借款保证函两大类。

（1）进出口贸易保证函，是银行代替进口人或出口人向对方开立的以对方为受益人的保证承担付款、签约或履约的书面文件。

（2）借款保证函，是指在使用出口信贷时，担保银行应借款人的请求开立给贷款人的保证函。

3.银行保证函的主要内容

银行保证函的用途不同，其具体内容也不尽相同，但基本格式是一致的，主要应该包括：

（1）保证函的名称与性质。名称如“履约保证函”“投标保证函”等，性质如“不可撤销保证函”等。

（2）保证函的当事人。

（3）保证函编号与开立日期及有关合约号。

（4）工程项目名称和（或）标的物名称。

（5）担保金额。

（6）银行保证责任条款。银行保证责任条款是银行承担的责任。银行承担的责任常常以委托人是否履约或受益人是否履约为前提条件。银行保证责任条款是保证函的主要内容。

（7）索偿佐证文件。索偿佐证文件是在保证函中规定，证明委托人已经违约的证据应由受益人提供。

（8）索偿期限与保证函到期失效。

（9）保证函的退还。

在涉外业务中如何选择和运用各种不同的支付方式，是非常重要的问题。应在贯彻执行我国对外贸易方针政策的前提下，做到安全收汇和妥善付汇，加速资金周转和扩大贸易。为此，必须及时了解和掌握国际市场各种惯用的支付方式和近期新出现的支付方式，结合我国的实际情况，灵活运用。

小知识3-4

保函的基本格式和内容

一、保证担保条款

保证担保条款是保证人出具的保函的组成部分，与保函具有同等法律效力。保证担保条款一般规定的是保证人所承担责任的范围、除外责任、保函失效、保函终止、权益转让、争议处理等事项。

二、保函的种类

保函的种类有投标保函、承包商履约保函、业主支付保函、工程质量保修保函等。

三、出具保函要满足的条件

申请人通过保证人的资信审核后，与保证人签订委托保证担保合同，交纳约定保费，同时存入一定的反担保保证金或落实其他的反担保措施，然后由保证人出具保函。

四、保函金额

保函金额是指保函所担保的最高赔偿额，一般为主合同金额的一定比例。

五、保函的有效期间

保函的有效期间即保证担保的期间。保证人只对在保函有效期间内发生违约事件并在保函有效期间内提出索赔的情况下才承担保证责任。保函的有效期间一般都长于其所担保的合同的有效期。

六、保费的计算方法

实际上，保证人提供了保函就意味着承担了风险。每一个保函都是一种资金信用，保费就是保证人提供这种信用时收取的费用。承担的风险越大，收取的保费也就越高。保证人一般要求申请人于保函出具前一次性支付保费。

保费=保函金额×费率×保证期间

七、保函失效退还

按惯例，保函只有原件一份，保函失效后，保证人承担保证的责任终止，保函要退还保证人，并办理注销手续。

第三节 结算方式与核算

在涉外经济业务往来中使用的结算方式不同，其信用性质、票据种类、款项收付时间也不同，在会计核算中设置的账户、核算过程和会计处理也存在差别。现将常用的几种国际结算方式的会计处理分别举例说明。

一、汇款方式的核算

如前所述，采用汇款方式的涉外业务一般为零星小额款项，如预付订金、购买样品、汇付佣金、结算尾数、支付手续费等。这类经济业务应用的会计科目与国内结算相同，一般在“其他货币资金”账户下分设外汇汇票以及电汇、信汇的在途资金等明细账户核算，既可表示库存与在途资金的差别，又能说明已经指定用途，不可挪作他用。

汇款结算方式下的原始凭证，均属于汇出款项方面的凭证，大致有三类：❶电汇、信汇、票汇申请书的回单联；❷购买外汇的转账支票存根；❸结（售）汇水单。

企业采用汇款方式的账务处理包括汇出汇款账务处理和汇入汇款账务处理两种。

1.汇出汇款的账务处理

【例 3-1】某企业根据进口合同按货款总值USD20 000预付订金10%，即USD2 000，汇率为USD1=CNY6.15，采用外汇汇票付款，同时以人民币支付银行手续费150元，编制会计分录如下：

借：预付账款——预付外汇账款（USD2 000×6.15）	12 300	
财务费用——手续费	150	
贷：银行存款——人民币		150
其他货币资金——外汇汇票		12 300

当进口货物到达入库，补付其余货款时，因金额较大按合同规定的信用证或保函结算方式付款，会计分录为：借记“在途物资”或“库存商品”账户，贷记“预付账款”及“银行存款”等账户（见第六章的进口货物核算举例）。

【例 3-2】某企业赴国外参加商品博览会，以电汇方式支付参展费USD800，汇率为USD1=CNY6.12，根据支票存根及有关单证编制会计分录如下：

借：销售费用	4 896	
贷：其他货币资金——在途资金（USD800×6.12）		4 896

【例 3-3】某企业于月初时，采用电汇方式预付驻外办事处日常经费EUR20 000，汇率为EUR1=CNY8.10，根据有关单证编制会计分录如下：

借：其他应收款——备用金（EUR20 000×8.10）	162 000	
贷：其他货币资金——在途资金		162 000

月末，接到国外代办处实际支付各项费用单证若干张，合计金额EUR19 500，汇率不

变，编制会计分录如下：

借：管理费用　　157 950
　贷：其他应收款——备用金（EUR19 500×8.10）　　157 950

2.汇入汇款的账务处理

按制度规定，属于结汇制的企业（不含在银行开立结算账户的A类企业），在汇款结算方式下汇入汇款的单证有两大类：❶付款银行开具的电汇、信汇的汇入汇款通知书；❷电汇、信汇、票汇方式下，由银行出具的结汇水单或收账通知书。

【例3-4】某出口公司收到国外进口方根据合同规定的货物总值USD30 000的15%预付货款，即USD4 500，汇率为USD1=CNY6.16，收款方式为电汇，根据有关单证编制的会计分录如下：

借：其他货币资金——在途资金（USD4 500×6.16）　　27 720
　贷：预收账款——预收外汇账款（××客户）　　27 720

当出口货物装运后，凭有关单证向银行交单结汇时，按合同规定的结算方式办理，借记“应收账款”（总值-预收部分）和“预收账款”账户，贷记“主营业务收入”账户（详见第五章的出口货物核算举例）。

【例3-5】某企业收到国外客户以电汇方式寄来的样品款USD200，当日汇率为USD1=CNY6.15，编制会计分录如下：

借：其他货币资金——在途资金（USD200×6.15）　　1 230
　贷：其他业务收入　　1 230

二、托收及信用证结算方式的核算

采用托收或信用证结算方式的一般是大宗贸易货款。前已述及，托收结算方式分承兑交单（D/A）方式、付款交单（D/P）方式，而信用证结算方式又分即期L/C方式、远期L/C方式。尽管采取的结算方式不同，但在向银行办理交单结汇时均应首先记入“应收账款”账户。随后收到货款时，根据结汇入账时间的不同和发生费用支出的不同，通过不同账户，分门别类地进行账务处理。

因为托收和信用证两种结算方式是用于货款结算的主要方式，其核算与进出口货物息息相关、紧密结合，这里不作详细举例核算，只说明和指出账务处理中的对应账户。具体举例核算，见第五章出口货物的核算和第六章进口货物的核算。

1.承兑交单（D/A）方式的核算

在D/A方式下，先承兑后付款。承兑时一般出具远期汇票，如30天、60天、90天，乃至180天、360天。接到银行通知，根据对方承兑的汇票从原记入的“应收账款”账户转出，编制如下会计分录：

借：应收票据
　贷：应收账款

承兑交单项下的远期汇票，可商请银行办理押汇（其分录见L/C议付），此时押汇利息按远期天数计算，而且风险稍大于L/C押汇，利率也稍有差异。如不作押汇，则等待远期汇票到期，由国外代收行划转结汇后，凭结汇水单编制如下会计分录：

借：银行存款
　　财务费用

贷：应收票据

2.付款交单（D/P）方式的核算

采用D/P方式，交单与付款是同时的。在这种方式下，托收银行或代理银行向进口方收取货款，再划给出口方结汇办理入户，出口方根据结汇水单编制如下会计分录：

借：银行存款
    财务费用
  贷：应收账款

办理托收时，记入“应收账款”账户的外币折合人民币数额与付款交单时、收到外汇入账时的数额可能有差异，该折算差额作为汇兑损益处理。

3.即期L/C方式的核算

即期L/C方式，是收汇最快速的一种方式，当出口方发运货物，向L/C指定的付款行交单，经银行审单无误，2～3天即可收取货款，既不需等待时日又不需扣付利息，在会计处理上直接根据结汇通知单、结汇水单编制如下会计分录：

借：银行存款
    财务费用
  贷：主营业务收入

4.即期L/C议付（押汇）方式的核算

即期L/C议付的实质是融资（议付行要为出口方扣息垫付），是一笔有追索权的贷款，而不是L/C的最终付款，议付行向开证行索偿遭到拒付时，议付行仍要向出口方收回垫款、利息和有关费用。

（1）议付结汇时，编制如下会计分录：

借：银行存款
    财务费用——利息或手续费
  贷：短期借款——押汇

（2）向开证行偿付时，编制如下会计分录：

借：短期借款——押汇
  贷：银行存款

议付结汇与偿付时汇率有变化，其外币折算差额作为汇兑损益处理。

5.远期L/C方式的核算

采用远期L/C方式收款与D/A方式相同，账务处理也相同。但远期L/C是银行信用，风险较D/A小；而且D/A的承兑方必须是进口人，而远期L/C的承兑人除进口方外，还可以是出口国的承兑银行或进口国的开证银行。

远期L/C也可用上述议付形式，在已承兑汇票未到期前按一般票据流通的办法在各类银行贴现，以取得现款。远期L/C在接到银行通知已获承兑后，应该转入“应收票据”账户。

（1）以远期汇票贴现时，编制如下会计分录：

借：银行存款
    财务费用——贴现息
  贷：应收票据

（2）以远期汇票押汇（议付）时，编制如下会计分录：

借：银行存款

　　财务费用——手续费

　贷：短期借款

在贴现、押汇的过程中，如有汇率发生变动，其折算人民币的差额作为汇兑损益处理。

以上只对各种结算方式下的账务处理进行了简单说明，具体举例见进出口货物的核算。

补充阅读资料3-1

境内外汇账户管理规定（节选）

第六条　下列经常项目外汇，可以开立外汇账户保留外汇：（一）经营境外承包工程、向境外提供劳务、技术合作的境内机构，在其业务项目进行过程中发生的业务往来外汇；（二）从事代理对外或者境外业务的境内机构代收代付的外汇；（三）境内机构暂收待付或者暂收待结项下的外汇，包括境外汇入的投标保证金、履约保证金、先收后支的转口贸易收汇、邮电部门办理国际汇兑业务的外汇汇兑款、铁路部门办理境外保价运输业务收取的外汇、海关收取的外汇保证金、抵押金等；（四）经交通部批准从事国际海洋运输业务的远洋运输公司，经外经贸部批准从事国际货运的外运公司和租船公司的业务往来外汇；（五）保险机构受理外汇保险、需向境外分保以及尚未结算的保费；（六）根据协议规定需用于境外支付的境外捐赠、资助或者援助的外汇；（七）免税品公司经营免税品业务收入的外汇；（八）有进出口经营权的企业从事大型机电产品出口项目，其项目总金额和执行期达到规定标准的，或者国际招标项目过程中收到的预付款及进度款；（九）国际旅行社收取的、国外旅游机构预付的、在外汇局核定保留比例内的外汇；（十）外商投资企业在外汇局核定的最高金额以内的经常项目项下外汇；（十一）境内机构用于偿付境内外外汇债务利息及费用的外汇；（十二）驻华机构由境外汇入的外汇经费；（十三）个人及来华人员经常项目项下收入的外汇；（十四）境内机构经外汇局批准允许保留的经常项目项下的其他外汇。

资料来源　中国人民银行. 境内外汇账户管理规定，银发〔1997〕第416号，1997.

本章小结

本章叙述了两则国际贸易惯例。首先，说明了贸易术语的含义、种类、选用和合同中的价格条款四个问题；从涉外会计应用角度侧重介绍了各种贸易术语的价格构成和费用负担，合同中价格条款的内容与书写，以及有关会计核算的知识。其次，介绍了收付货款的结算工具和结算方式的有关内容；从会计应用角度介绍了汇款、托收、信用证和银行保函等方式的运用。

思考题

1. 简述贸易术语的含义及在国际贸易中的意义和作用。

2. 常用的贸易术语有哪些？在不同贸易术语下风险责任划分和费用负担是怎样的？

3. 企业在交易中选择使用贸易术语应把握什么原则？

4. 简述合同中价格条款的四个组成部分的顺序、书写方法。
5. 简述汇款的含义、种类、程序、特点。
6. 简述托收的含义、种类、程序、优缺点。
7. 简述信用证的含义、种类、程序、基本内容、特点。
8. 简述银行保证函的含义、种类、内容及与信用证的异同。
9. 各种支付方式的适用业务范围是怎样的？如何选择运用？

第四章　国外费用与国内成本的核算

学习目标

通过本章学习，应当进一步明确国内成本和国外费用的意义；掌握国外运费、保险费、佣金、理赔的计算和处理原则；掌握销售成本计算方法及其适用条件，以及国外费用和国内成本的会计处理方法。

第一节　国外费用的核算

涉外企业在经营过程中发生的费用，有国内费用和国外费用之分。两者发生的经营环节不同，使用的计价货币也不同，在会计核算中，为正确计算成本、费用和收益，必须严格予以区分，按规定分别进行账务处理。

国内费用，一般是以人民币支付的销售费用、管理费用和财务费用（不含外币部分），统称为国内三项费用。此三项费用发生时，一方面在账内进行核算，与一般企业费用处理相同；另一方面在账外以表单独核算，按直接认定或比例摊销法，逐笔或期末一次计入有关进出口货物项下，构成进出口总成本的组成部分，以便与进出口净收入相匹配，在表上求得每项进出口业务的盈亏。可见，涉外会计关于国内费用的核算是采取账内核算与账外核算相结合的双轨制。国内三项费用的账内核算参见企业财务会计的费用核算。

国外费用，一般是指以外币支付的国外运输费、保险费、佣金，统称为国外三项费用，此外还可能包括理赔款等支出。涉外业务发生的国外费用，在会计核算中并不设置专门账户进行独立核算，而是分别作冲减出口销售收入或增加进口销售成本处理。

这样处理的目的，是根据配比原则，将进出口的有关收入和成本进行归集和匹配，对照核算。因此，必然要求将不同贸易术语下的出口销售收入都换算为FOB价，故称FOB价是出口业务的会计核算价。同理，将不同贸易术语下的进口价都统一为CIF价，故称CIF价是进口业务的会计核算价。只有会计核算价格统一，方能开展进出口批次损益考核和评价。

由于进出口货物采取的货物转移手段和方式不同，装卸时间、装卸港和目的港不同，合同条款规定的双方权利、义务不同，进出口货物发生的国外费用也有差别。一般主要费用不外乎以下四项：

一、国外运输费用

进出口货物运输方式有海洋运输、国际铁路联运、航空运输、邮政运输和联合运输等。在实际业务中，要根据进出口货物的特点、货运量大小、自然条件和装卸港口的具体情况，以及国际政治局势等因素，选择合理的运输方式，以保证安全、迅速、准确地顺利完成运输任务。

1.海洋运输

海洋运输是指利用商船在国内外港口之间通过一定的航区和航线进行货物运输的一种方式。海洋运输是国际贸易中历史最悠久的运输方式。目前，国际贸易货物总量约2/3是采用海洋运输方式的。按照船舶的经营方式，海洋货物运输可分为班轮运输和包租船运输。

（1）班轮运输。班轮是指按照固定的航行时间表，沿着固定的航线，停挂固定的港口，收取固定运费的运输船舶。班轮运输是国际航运的一种主要货物运输方式。

班轮运费的计算标准如下：❶按货物的毛重计收，计量单位为重量吨，分为1公吨、1长吨或1短吨，视船公司采用公制或英制或美制而定。❷按货物的体积计收，计量单位为尺码吨。1尺码吨一般为1立方米或40立方英尺（合1.1328立方米）。❸按货物的价格计收，即依货物在装运地FOB价按比例收取，一般不超过5%，俗称从价运费。❹按货物的个数计收，如卡车以辆、活牲畜按头数。❺由船方与货主临时议价，主要是在承运粮谷、矿石、煤炭等大宗货物时采用。

班轮运费是按照班轮运价表的规定来计算的。国际班轮运价表有航运公司运价表、班轮公司运价表和双方运价表等。运费按采用的运价表计算求得。此外还有超重附加费、超长附加费、直航附加费、转船附加费和绕航附加费等。附加费一般按基本运费的百分比计收。

（2）包租船运输。包租船是指租船人向船东租赁整船运输货物。包租船有定程租船、定期租船和光船租船等数种。

包租船运费，一般是根据船级吨位和租船市场的运费行市等条件在租船合同中具体规定。计算包租船运费的方法有三种：按装货吨数计算，按卸货吨数计算，按包干运费包价计算。

2.国际铁路联运

国际铁路联运是《国际铁路货物联运协定》（以下简称“国际货协”）所规定的铁路联运。根据规定，参加国的进出口货物由始发站至终到站，不论经过几个国家，只需办理一次托运手续，有关国家的铁路根据一张运单负责将货物一直运到终到站交给收货人。国际铁路联运的主要运输单据是运单和运单副本，这也是铁路与货主之间的运输契约。

3.航空运输

航空运输是利用飞机运送进出口货物。它是现代化的运输方式，具有以下特点：交货速度快、时间短，安全性能高，货物破损率小，节省包装费、保险费和储藏费；航行便利，不受地面条件限制，可以通往世界各地，将货物运至收货人所在地或接近收货人所在地的机场，特别是对鲜活商品、易腐易烂商品和季节性较强商品的运送更为有利。

航空运输单据，即货运单，是航空货物运输正式凭证，是承运人与托运人之间的运输契约。货物运到目的地机场后，收货人凭航空承运人的到货通知提取货物。

航空运输主要有班机运输、包机运输、联合运输、集中托运和航空快递等方式。

4.邮政运输

邮政运输是通过邮局寄交进出口货物的一种运输方式。邮政运输比较简便，只要卖方根据买卖合同中双方约定的条件和邮局的有关规定向邮局办理寄送包裹手续，付清邮费，取得收据，即可完成交货任务。

国际邮政运输分为普通邮包和航空邮包两种，对每件邮包的重量和体积都有一定的限制。如一般规定每件长度不得超过1米，重量不得超过20千克，但各国规定也不完全相同，可随时向邮局查询。邮政运输一般适合于量轻体小的货物，如精密仪器、机械零配件、药品、样品和生产上急需的各种小件物品等。

5.联合运输

联合运输是指使用两种或两种以上的运输方式完成一项进出口货物运输任务的综合运输方式。它包括陆海联运、陆空联运（陆空陆联运）、海空联运等方式。

6.集装箱运输

集装箱运输是将一定数量的单件货物装入集装箱内，以集装箱作为一个运送单位所进行的运输。

集装箱运输交货有两种方式：第一种是使用FOB、CIF、CFR贸易术语实行“港港交货”的传统运输交货方式；第二种是使用FCA、CPT、CIP贸易术语实行“门到门交货”的运输交货方式。采用第二种方式，发货人在工厂门口或仓库门口将货物装入集装箱或由承运人代为装箱并运往集装箱堆场，也可以在集装箱运输站拼箱，再由承运人负责通过联合运输方式，一直运至收货人的商店或工厂或仓库门口。现在普遍使用的是第二种方式，它给发货人和收货人及相关方面带来很多便利，提高港口吞吐能力，加速船舶运转；减少货损、货差，降低营运成本；简化运输手续，便利货物运输。

二、保险费

国际贸易中的保险不是一般意义的保险。进出口货物在运输、装卸和储存过程中可能遭致各种风险，发生货物损坏或支付额外费用。为使发生的损失得到经济补偿，一般需要投保货物运输险，即国际贸易中的保险。

在承保责任范围条款里规定的保险险别，分为基本险和附加险两大类。现以海运保险为例说明如下：

1.基本险

基本险，也称主险，是可以独立承保的险别。海洋货物运输保险的基本险分为平安险、水渍险和一切险三种。

（1）平安险（简称FPA），原意是“单独海损不赔”。“平安险”一词为我国保险业的习惯叫法，沿用已久，其责任范围如下：

❶被保险货物在运输途中由于恶劣气候、雷电、海啸、地震、洪水等自然灾害造成整批货物的全部损失和推定全损。

❷由于运输工具遭受搁浅、触礁、沉没、互撞、与流冰或其他物体碰撞以及失火、爆炸等意外事故造成货物的全部或部分损失。

❸在运输工具已经发生搁浅、触礁、沉没、焚毁等意外事故的情况下，货物在此前后又在海上遭受恶劣气候、雷电、海啸等自然灾害所造成的部分损失。

❹在装卸或转运时由于部分或整件货物落海造成的全部或部分损失。

❺由于上述事故引起的共同海损的牺牲、分摊和救助费用，以及为抢救遭受危险的货物和防止或减少货损而支付的合理费用。

⑥运输契约订有“船舶互撞责任”条款的，根据该条款规定应由货方偿还船方的损失。

（2）水渍险（简称WPA），也是我国保险业务中的一种习惯叫法，其原意为“负责单独海损责任”。它的承保范围包括上述平安险的各项责任，并负责被保险货物由于恶劣气候、雷电、海啸、地震、洪水等自然灾害所造成的部分损失。

（3）一切险，除包括平安险和水渍险的责任外，还负责由于一般外来原因所致的全部损失或部分损失。一切险实际上是平安险、水渍险与偷窃、提货不着、淡水雨淋、短量、混杂、玷污、渗漏、碰损、破碎、串味、受潮受热、钩损、包装破裂和锈损等附加险责任的总和。

2.附加险

附加险是不能单独承保的险别，它必须依附于基本险，即只有投保基本险中的一种之后，才可增保附加险，并需另外支付一定的保险费。附加险分为一般附加险和特殊附加险。

此外，还有战争险、出口货物到香港特别行政区或澳门特别行政区存仓火险、卖方利益险等。

3.承保责任的起讫期限

基本险（平安险、水渍险和一切险）的承保责任的起讫期限，采用国际保险业惯用的“仓至仓条款”（简称W/W）规定，保险责任自被保险货物运离保险单所载明的启运地发货人仓库开始生效，包括正常运输过程中的海上运输和陆上运输，直至该项货物到达保险单所载明的目的地收货人仓库为止。

4.保险金额的确定与保险费的计算

保险金额是被保险人向保险公司申报的被保险货物的价额，是保险公司承担保险责任的标准，既是在被保险货物发生保险范围内损失时保险公司赔偿的最高限额，也是保险公司计收保险费的基础。保险金额原则上应该是被保险货物的实际价值，但在国际贸易实践中，准确地核定进出口货物的实际价值是比较困难的。因此，各国保险法及国际贸易惯例都允许进出口贸易运输保险的保险金额可在CIF基础上适当加成，一般是加成10%。据此，保险金额的计算公式为：

保险金额=CIF×（1+投保加成率）

对CFR合同项下货物进行投保，需先把CFR变成CIF，再加成计算保险金额。以CFR为基础换算为CIF时，可用下列计算公式：

$$CIF=\frac{CFR}{1-(1+\text{投保加成率})\times \text{年保险费率}}$$

如果按FOB进口，则按平均运费率和平均保险费率直接计算保险金额：

保险金额=FOB×（1+平均保险费率+平均运费率）

被保险人投保时需向保险公司交纳一定金额的保险费，双方的契约关系才能成立。被保险人交纳保险费是保险合同生效的重要条件，保险公司只有在收到保险费后才能承担相应的保险责任。

出口货物保险费可按以下公式计算：

保险费=CIF×（1+投保加成率）×保险费率

进口货物的保险金额按进口货物的CIF计算，保险费的计算分两种情况：

❶以FOB成交的进口货物：

保险金额=FOB×（1+平均保险费率+平均运费率）

保险费=保险金额×平均保险费率

❷以CFR成交的进口货物：

保险金额=CFR×（1+平均保险费率）

保险费=保险金额×平均保险费率

5.保险单

保险单，俗称大保险单或正式保险单，是使用最多的普通保险单，用于承保一个指定的航区内某一批货物发生的损失。凡是指明航程或指明一批货物都可出示这种保险单。世界各地保险公司签发的海上货物运输保险单，格式互有差异，但其内容基本一致。

6.保险索赔

保险索赔，也称提赔，是指被保险货物遭受承保范围内的风险损失后，被保险人依据保险合同向保险人要求赔偿的行为。被保险人发现货损时，必须依据索赔的要求和程序处理提赔事宜。

三、佣金

佣金是指按价格条件或合同规定，付给代理商或其他中间商介绍交易的报酬。佣金额按成交额乘以佣金率求得。

1.佣金的种类

在国际贸易中常用的佣金有三种：明佣、暗佣、累计佣金。

（1）明佣，是指在价格条件中规定的佣金，是卖方按原价给买方一定的减让，已在发票内扣除，所以卖方不另行支付。在明佣方式下，会计处理按扣除佣金后的净收入登账，而对佣金不进行反映。

（2）暗佣，又称发票外佣金。在暗佣方式下，合同中应订明佣金率和付佣方法，也有的在合同外以备忘录形式或口头形式确认，而在出口发票上只列商品销价总金额，不列佣金额。当卖方结算出口货款时，由银行按规定的佣金率在结汇货款中扣除付给国外代理人，或在卖方收到全部货款结汇时，再以汇付方式通过银行汇给国外代理人。

（3）累计佣金，是为鼓励代理商更努力地推销货物，在代理协议中约定，根据一定时期内累计的销售金额，按累计的佣金率汇总支付佣金，即销售额越大，佣金率越高，以奖励代理商扩大销售。如果销售中有折扣，应扣减折扣后再计算佣金。如发票上加列利息等其他费用，也应扣减后再计算佣金。

2.佣金的计算

佣金的计算，分别采用两种计算基础：一是按成交价格计算；二是按FOB计算。因此，必须在合同中明确规定采用哪一种计算基础，以免在实际结算时发生争执。

（1）按成交价格计算，也就是按发票金额计算。我们目前大多采用此法。但因我国出口交易绝大多数按CIF或CFR价格条款成交，从而连运费甚至保险费都被纳入佣金的计算基础，导致佣金支付偏多。

（2）如果成交价为CIF或CFR，而合同约定佣金按FOB计算，则必须从CIF或CFR中减去运费、保险费等，推算出FOB价，亦可等实际运费、保险费资料齐全后再计算佣金，但这样将使中间商难以及时取得佣金收入。另可采用估算法，即根据历史资料中的运费、保险费，估算出一个FOB占CIF（或CFR）总值的百分比，将每笔成交价换算为FOB价。这一比例可以统一确定，也可按不同商品、不同地区分别确定。

3. 佣金的支付方式

佣金的支付方式，主要有票扣、汇付、议扣三种。

（1）票扣，即在发票上减除佣金。采用信用证结算方式，在信用证上规定有扣除佣金的字句，即通常的“明佣”。

（2）汇付，即由卖方收到全额货款后，再向中间商汇付佣金。我国以汇付结算方式对外支付佣金，这也是当前最多见的一种付佣方式。

（3）议扣，即在信用证议付时扣除佣金。信用证开具全部货款金额，并规定议付银行在议付单据时扣除佣金，这也是汇付形式的收后再付的简化，议付行只议付不含佣货款，佣金由开证行径付中间商。

我国有关外汇管理规定，要求贯彻“先收货款，后付佣金”的原则；明佣在5%以内，暗佣在2%以内，可以不经审批直接购汇付佣。

小知识4-1

佣金和折扣

佣金是卖方或买方付给中间商作为其对货物的销售或购买提供中介服务的酬金。折扣是卖方给予买方的一定的价格减让。佣金通常由企业收到全部货款后再支付给中间商或代理商；折扣一般由买方在支付货款时直接扣除。

资料来源　郑光贵. 国际贸易理论与实务［M］. 7版. 大连：东北财经大学出版社，2022.

四、理赔

理赔是合同或协议违约方受理受损方提出赔偿要求的表示。进出口贸易中，任何一方违反合同或协议规定，不按合同或协议履约，一般即构成违约。违约的一方要承担损害赔偿责任，对方有权提出赔偿要求，甚至解除合同。只有当履约过程中发生不可抗力事件，致使一方不能履约或不能按期履约时，才可根据合同或协议的约定或法律的规定免责。

理赔的金额由受损方根据实际损失情况据实向违约方提出，经双方协商认定后执行，如果当事双方不能达成共识，可提交仲裁机构处理解决。

第二节　国内成本的计算和结转

出口货物的国内成本，在流通企业由货物的购进价加应分摊的国内费用和出口未退税部分构成；在生产企业则由生产成本加应分摊的各项管理费和国内费用以及出口未退税部分构成。

对于国内费用的处理原则前已述及，本节重点介绍出口货物国内进价的计算和结转。

一、出口货物成本的计算

出口货物在销售实现时结转销售成本，这是涉外会计的特点之一。目前进口货物大部分采取"以销定进"的经营方式整进整出，因此成本采用"一笔一清"，销售一笔、结转一笔成本的配比结转法。这样不仅保证成本结转及时，同时也防止了重转、错转、漏转成本情况的发生。

企业可用的成本计算方法有先进先出法、月末一次加权平均法、移动加权平均法和个别认定法。涉外企业使用的主要是个别认定法。以下具体说明出口销售成本的不同计算方法。

【例4-1】某涉外公司20×1年12月份A商品进、销、存资料见表4-1。

表4-1 A商品库存明细资料

摘要	收入		发出		结存数量（件）
	数量（件）	单价（元/件）	数量（件）	单价（元/件）	
期初结存	300	2			300
12月8日购进	200	2.2			500
12月14日发出			400		100
12月20日购进	300	2.3			400
12月28日发出			200		200
12月31日购进	200	2.5			400

根据表4-1所列的资料，分别按各种成本计算方法依次计算销售货物成本。

1.个别认定法

个别认定法，又称分批计价法或分批实际成本法，是按每一批销售货物的购进成本分别进行认定的一种方法。采用个别认定法要具备两个前提条件：一是货物必须按批次单独保管，以便于认定销售的批次；二是存货必须有详细的记录，以便了解和分清存货的具体情况。销售成本个别认定法又分逐批认定和期末一次认定两种方法，下面结合表4-1的资料分别说明。

（1）逐批认定销售成本法。

❶假设12月份第一批销售商品数量400件中的250件，经认定是从期初结存商品中付出的，单价为2元/件（见表4-1），则250件的销售成本为500元。

❷如果第一批销售商品数量400件中的另150件，经认定是从12月8日购进的商品中付出的，单价为2.2元/件，则此150件的销售成本为330元。第一批商品销售成本合计为830元。

❸第二批销售商品数量为200件，经认定，是从12月20日购进的商品中付出的，单价为2.3元/件，则第二批商品销售成本为460元。

依此类推，分别认定，说起来简单，举例也一目了然，但实际运作需业务部门、仓储部门、财会部门手续健全，三账（保管账、业务数量账、财会商品明细账）齐备。

（2）期末一次认定销售成本法。

期末一次认定销售成本法，采取的是“以存计销，倒挤成本”。具体操作分两步进行：

第一步，按表4-1的资料认定期末结存400件的批次数量构成，以各该批次结存数量乘以相应进价得出期末结存金额。

第二步，按公式倒挤计算销售成本。

本期销售成本=期初结存金额+本期购进金额-期末结存金额

由表4-1可知期末商品结存数量为400件，经个别认定，其中有期初结存100件，第一批购进50件，第二批购进200件，第三批购进50件，则期末结存商品的进价成本计算见表4-2。

表4-2 期末结存商品成本

批次	数量（件）	单价（元/件）	金额（元）
期初存货	100	2	200
第一批购货	50	2.2	110
第二批购货	200	2.3	460
第三批购货	50	2.5	125
期末存货	400		895

根据“以存计销，倒挤成本”的原则计算：本期销售成本=期初结存金额600元+本期购进金额1 630元-期末结存金额895元=1 335（元）。

通过上述举例可知，个别认定法适用于整批购进、整批销售，或整批购进、分批销售而且能分清批次的商品。采用这一方法时，库存商品应按品种和每一购进批次保管并分设明细分类账户。按个别认定法计算商品销售成本，便于及时结转销售成本，但计算工作比较繁重。

2.先进先出法

销售成本计算的先进先出法，是假定商品入库在先的即是销售在先的成本流转顺序对发出和结存货物进行计价。因此，先进先出法是对于发出的商品以最早进货的那批价格进行计价的一种计算方法，即在每次发出时都是假定发出的是库存最久的货物，期末货物则是最近入库的货物。

根据表4-1所示的资料，该企业期末A商品结存数量为400件，如果采用先进先出法，从最后一批购进商品依次向前推算，算至达到结存400件为止，计算如下：

第三批购进　数量200　单价2.5元/件　金额500元

第二批购进　数量200　单价2.3元/件　金额460元

期末结存　　　　　　　　　　　　　　金额960元

现代企业对商品物资的管理，一般均采取永续盘存制，以便通过账面及时掌握商品物资的库存信息。在永续盘存制下，入出库商品物资必须逐笔收支，及时计算结存数量和金额。永续盘存制下的A商品进、销、存明细资料见表4-3。

表 4-3 A商品进、销、存明细资料

日期	收入			发出			结存		
	数量（件）	单价（元/件）	金额（元）	数量（件）	单价（元/件）	金额（元）	数量（件）	单价（元/件）	金额（元）
期初							300	2	600
12月8日	200	2.2	440				300 200	2 2.2	600 440
12月14日				300 100	2 2.2	600 220	100	2.2	220
12月20日	300	2.3	690				100 300	2.2 2.3	220 690
12月28日				100 100	2.2 2.3	220 230	200	2.3	460
12月31日	200	2.5	500				200 200	2.3 2.5	460 500
合计	700		1 630	600		1 270	400		960

根据本期的A商品进、销、存明细资料，按照销售成本的计算公式，即可求得本期销售成本：

本期销售成本=期初结存金额+本期购进金额-期末结存金额=600+1 630-960=1 270（元）

3.月末一次加权平均法

月末一次加权平均法是在货物按实际成本进行明细分类核算时，以本期各批收货数量和期初存货数量为权数计算商品平均单位成本的一种方法，即以本期收货数量和期初存货数量之和，去除本期收货成本和期初存货成本之和，来确定加权平均单位成本，从而计算出本期销售货物及期末结存货物的成本。相关计算公式如下：

$$加权平均单价=\frac{期初结存金额+本期购进金额-本期非销售付出金额}{期初结存数量+本期购进数量-本期非销售付出数量}$$

期末结存金额=期末结存数量×加权平均单价

本期销售成本=期初结存金额+本期购进金额-本期非销售付出金额-期末结存金额

根据表4-3的资料，按月末一次加权平均法计算本期销售成本的过程如下：

$$加权平均单价=\frac{600+1\ 630}{300+700}=2.23（元/件）$$

期末结存金额=400×2.23=892（元）

本期销售成本=600+1 630-892=1 338（元）

4.移动加权平均法

移动加权平均法是每当新的一次进货单价与账面结存单价不一致时，就使用计算加权平均单价的公式重新计算一次结存商品平均单价的一种方法。

根据表4-3的资料，按移动加权平均法计算本月各批次进货后的移动加权平均单价如下：

第一批购货后的平均单价$=\dfrac{300\times2+200\times2.2}{300+200}=2.08$（元/件）

第二批购货后的平均单价$=\dfrac{100\times2.08+300\times2.3}{100+300}=2.245$（元/件）

第三批购货后的平均单价$=\dfrac{200\times2.245+200\times2.5}{200+200}\approx2.37$（元/件）

遇到移动加权平均单价有除不尽小数时，可四舍五入保留到分位，用移动加权平均单价先计算结存货物金额，然后倒挤本月销售成本，将尾差计入本期销售成本。这样计算的结果是948元（2.37×400），与原账面结存金额949元相差1元，作调整本月（或本次）结转的销售成本处理。

综上可见，本期销售成本分别为：个别认定法1 335元，先进先出法1 270元，月末一次加权平均法1 338元，移动加权平均法948元。有的基本一致，有的相差较大。所以企业会计准则规定了"一致性原则"，为保证会计核算的可比性和稳健性，要求企业一旦选择某种方法计算销售成本，不能轻易变更，更不宜在期中变更。

二、商品销售成本的结转

企业会计核算常用的销售成本结转方法，有以下两种：

（1）分散结转法。分散结转，是在存货明细账上逐一按品名登记销售成本和期末结存金额，然后将各账户销售成本加计，编制会计分录，在总账结转。

（2）集中结转法。集中结转，是只在存货明细账上逐一登记期末库存金额，不登记销售成本，再逐一按品名将期末库存金额加计，然后倒挤出商品销售成本，编制会计分录，在总账一笔结转。

当逐笔或期末结转销售成本时，根据上述计算的销售成本结果编制会计分录：

借：主营业务成本

　贷：库存商品（或发出商品）

小思考4-1

采用半红半蓝（同借同贷）会计分录时，与其相适应的出口商品销售明细账的参考格式如下：

出口商品销售明细账

商品类别：　　　　　　　　商品名称：

<table>
<tr><th colspan="2" rowspan="2">年</th><th rowspan="3">记账凭证号</th><th rowspan="3">出口发票号</th><th rowspan="3">客户名称</th><th rowspan="3">商品品种规格</th><th rowspan="3">价格条件及出口地区</th><th colspan="2" rowspan="2">借：主营业务成本</th><th colspan="8">贷：主营业务收入</th><th rowspan="3">盈亏金额（余额）</th></tr>
<tr><th colspan="3">原币</th><th rowspan="2">折人民币收入金额</th><th colspan="3">减：国外费用</th><th rowspan="2">人民币销售净收入</th></tr>
<tr><th>月</th><th>日</th><th>单价</th><th>金额</th><th>币别</th><th>单价</th><th>金额</th><th>佣金</th><th>运费</th><th>保险费</th></tr>
<tr><td></td><td></td><td></td><td></td><td></td><td></td><td></td><td></td><td></td><td></td><td></td><td></td><td></td><td></td><td></td><td></td><td></td><td></td></tr>
<tr><td></td><td></td><td></td><td></td><td></td><td></td><td></td><td></td><td></td><td></td><td></td><td></td><td></td><td></td><td></td><td></td><td></td><td></td></tr>
</table>

这种二合一的格式，优点显而易见（节省账册，便于逐笔核算，盈亏情况一目了然），但如何与总账、二级账核对？如何填报表？请认真思考。

本章小结

本章内容线条比较清晰，只有国外费用和国内成本两方面。

国外费用方面，在分清国内外费用的基础上，重点讲解了进出口货物发生的各种运费、保险费的计费方法，三种佣金的区别及付佣方式，以及发生进出口理赔的会计处理。

国内成本方面，阐明了正确计算与结转成本的重要性，几种成本计算方法及结转会计处理，并推荐了比较适于涉外企业的个别认定法及其相关的要求。

思考题

1.国外三项费用与国内三项费用的界限如何划分？其在会计处理上的表现有何不同？

2.进口货物的运费、保险费的计算依据是什么？简述其支付时间、会计入账的原始凭证。

3.简述进出口佣金的种类、依据、支付环节，以及出口佣金与进口佣金会计处理的区别。

4.发生进出口货物索、理赔的原因是什么？它与国内发生的违约赔款或罚金在会计处理上有何区别？

5.比较几种已销货物的成本计算方法，说明其适用的对象。

6.涉外企业常用的个别认定法，在实际操作中应具备什么条件？

7.进出口货物的销售成本在流通企业和生产企业有何区别？流通企业除购进价外，生产企业除生产成本外，进出口货物销售成本还应包括什么成本内容？

8.几种成本计算法的计算结果是否完全相同？企业在选用时应遵循什么原则？

第五章　出口货物的核算

学习目标

在一个国家（地区）或一个企业的对外贸易中，出口是基础、关键，只有扩大出口，才能保证进口。通过本章学习，应当了解出口货物的经营类型、出口程序和相关手续凭证；熟悉出口货物的现行国际法规、国际惯例和我国的有关方针政策、制度规定；掌握流通企业、生产企业自营出口以及其他各种方式出口销售收入、销售成本的计算和会计处理原则及核算方法。

第一节　出口货物概述

改革开放以来，经过40多年对外贸易体制的改革和完善，我国出口贸易企业发展呈多元化趋势，形成了大外贸的局面。各种所有制、各行各业的大小企业，经申请核准均可从事涉外经营。这些涉外企业，性质不同，行业有别，规模不一。

一、出口货物的经营类型

根据出口货物的性质，出口货物的经营类型可以划分为贸易出口、援外出口、加工补偿出口等。

1.贸易出口

贸易出口是进出口双方经过磋商，达成协议，签订合同，通过办理结算、销售货物，取得货款的一种交易行为。贸易出口按不同标准，还可以划分为具体的贸易出口经营方式。

（1）按出口货物经营权利、责任和盈亏负担划分，有自营出口、代理出口、委托出口等。

自营出口是指企业自己经营出口业务，发生的经营盈亏由企业自己负担，纳入本企业的盈亏核算。

代理出口是指企业代理其他单位经营出口业务，发生的经营盈亏由委托单位负担，代理企业只收取一定比例的手续费。

委托出口是指企业将出口货物委托其他涉外经营企业代为办理出口业务。委托出口与代理出口的会计核算相似但方向相反。

（2）按出口货物经营方式划分，有直接出口、转口贸易、托售出口、易货出口等。

直接出口是指进出口双方洽谈成交后由卖方直接发货给买方的出口业务。

转口贸易是指购货方将进口商品转卖给第三国进口商的出口业务。

托售出口是指委托国外单位代销商品的出口业务。

易货出口是指进出口双方以货易货、对等交易的出口业务。

(3) 按出口货物的货款结算方式划分，有现汇贸易出口和协订贸易出口。

现汇贸易出口是指由进出口企业（或厂商）通过交易谈判或函电成交后，以逐笔签订合同或确认书的方式进行的出口业务，一般采用信用证或托收方式进行现汇结算，收取现汇货款。

协订贸易出口是指由两个国家或几个国家之间根据贸易协定的原则和范围进行国际贸易，在贸易协定的基础上由双方国家的有关进出口公司签订合同，具体执行的出口业务，一般采用记账结算。

2.援外出口

援外出口是指根据我国与受援国政府签订的协定或协议，逐级下达给有关外贸企业执行的出口业务。首先要按规定的商品或物资的品种、规格、数量、包装及交货日期等及时组织出口货源，然后再按照规定的交货条件及计价办法办理对外出口运输和交单结算手续，但银行不结付货款，交货后按进价加一切费用的报账原则列出成本单，逐级上报，办理货款归收手续。

3.加工补偿出口

加工补偿出口是指来料加工、来件装配、来样加工和补偿贸易业务，简称“三来一补”业务。“三来”业务是指外商提供一定的原材料、零部件、元器件，必要时提供某些设备，由我方按对方的要求进行加工或装配成产品交给对方销售，我方收取外汇加工费的业务。补偿贸易业务是指由外商提供生产技术、设备和必要的材料，由我方生产，然后用生产的产品分期归还外商的业务。

二、出口货物的程序

尽管各种出口业务性质有别，盈亏负担不同，但在货物出口程序、有关手续办理和应用凭证方面基本相同。一般出口货物的程序如下：

1.制订经营方案

在市场经济体制下，涉外企业自主经营，出口什么、怎样出口完全由企业自主决定。因此，涉外企业必须确定经营方向、经营策略。凡事预则立，不预则废。应当事先进行国际市场调查研究，妥善安排产销结合，落实货源，制订出切实可行的经营方案，作为企业运营遵循的依据。

2.组织对外成交

凡有直接经营出口权的涉外企业，均可按规定的方针、政策、价格等结合生产和库存情况，自行通过各种渠道组织出口。

3.签订出口合同

出口合同是买卖双方就商品买卖权利、义务所达成的协议。出口合同对买卖双方具有同等的约束力，双方都要按照合同规定的内容执行。出口合同一般包括三个部分：第一部分是合同的首部，包括合同名称、合同编号、缔约日期、地点、双方名称、地址等；第二部分是合同的主体，即合同的主要条款，如商品名称、品质和规格、数量、包装、单价和总值、装运、保险以及索赔、仲裁和不可抗力等；第三部分是合同的尾部，包括合同文字和份数，以及缔约双方的签字等。

4.执行出口合同

诚实守信，认真履行出口合同，不仅有利于及时收回外汇，加速资金周转，保证所需物资及时进口，还可以树立良好形象，扩大影响。执行合同的过程环节多、时间长，大体要经过以下程序：❶催证、审证、改证；❷加工、整装、备货；❸定载、报验、出运等。

5.交单结汇

货物出运取得提单后，根据信用证的规定正确备制各种单据，并在信用证有效期内将全套出口单证及时送交银行审核，办理结汇手续。为迅速、安全收汇，要审查各项单据与信用证的规定是否相符，单与货和单与单相互一致才能凭信用证收到货款。

6.收汇核销

为完善出口收汇核销管理，防止外汇外流，2003年8月5日，国家外汇管理局印发《出口收汇核销管理办法实施细则》，要求境内出口单位向境外出口货物均应当办理出口收汇核销手续。

出口企业办理出口收汇核销时，应该领取出口收汇核销单。出口收汇核销单是指由外汇管理局制发、由出口单位凭以向海关出口报关、向外汇指定银行办理出口收汇、向外汇管理局办理出口收汇核销、向税务机关办理出口退税申报的有统一编号及使用期限的凭证。

出口企业按2012年公布的《关于货物贸易外汇管理制度改革的公告》（国家外汇管理局公告2012年第1号），决定自2012年8月1日起全面改革货物贸易外汇管理方式，简化贸易进出口收付汇业务办理手续和程序。内容主要包括：

首先，外汇管理局取消货物贸易外汇收支的逐笔核销，改为对企业货物流、资金流实施非现场总量核查，并对企业实行动态监测和分类管理。

其次，调整出口报关流程；取消出口收汇核销单，企业办理出口报关时不再提供核销单。

再者，自2012年8月1日起报关出口的货物，企业申报出口退税时不再提供出口收汇核销单；税务部门参考外汇局提供的企业出口收汇信息和分类情况，依据相关规定，审核企业出口退税。

7.出口退税

为增强我国出口产品在国际市场上的竞争力，根据国际惯例，我国实行出口退税制。出口单位申请出口退税时应向国家税务机关提供原始单据，经税务机关审核无误后才能办理出口退税。

8.处理索赔

如遇国外客户提出索赔时，应当根据提供的有关商品质量检验证明等，按照合同有关条款规定，认真研究，及时处理。必要时可以通过我国驻外国商务机构或有关方面查明真相。凡不属于我方责任范围或不符合合同规定的索赔要求，应据理向对方详细说明不应理赔的原因；如属于我国供货单位的责任，应及时与有关单位联系解决。

综上所述，出口货物种类、程序、环节较多，银行办理结汇的手续和方式又较复杂，不便一一介绍，以下各节仅就流通企业、生产企业的自营出口、代理出口以及援外出口等予以阐述。

小知识5-1

出口贸易的磋商

在确定出口贸易对象后应进行磋商。一笔交易的磋商过程通常分为询盘、发盘、还盘与反还盘、接受四个环节。

1.询盘

询盘又称询价，是指交易的一方要购买或出售某种商品，而向另一方发出探询买卖该种商品有关交易条件的表示。其内容通常包括商品的品种、规格、性能、价格条件、交货日期和付款条件等。

2.发盘

发盘又称报价，是指发盘人向受盘人提出一定的交易条件，并愿意按照这些条件成交订约的表示。

3.还盘与反还盘

还盘又称还价，是指受盘人对发盘内容提出不同意见，或要求修改某些条件的表示；反还盘是指发盘人对还盘人再提出新的意见。一笔交易往往要经过多次的还盘和反还盘才能成交。

4.接受

接受是指受盘人在发盘的有效期内无条件地同意发盘人所提出的交易条件，愿意订立贸易合同的表示。

资料来源 徐景霖. 国际贸易实务［M］. 11版. 大连：东北财经大学出版社，2019.

三、出口销售的凭证和手续

根据企业会计准则的规定和涉外企业经营管理的要求，必须建立健全涉外会计核算手续、凭证和相关账簿组织。

企业内部办理的出口货物凭证，因企业机构大小和经营业务繁简不同而互有差别，但是一般必须具有以下基本凭证：备货、租船定舱、报关、报验及托运的凭证；企业内部的出库凭证（结转成本的依据）；寄送进口方的发票等。企业内部凭证尚无规定的统一格式。

1.填制出口货物出仓通知单

在货物出仓前，首先由营销部门根据出口合同的规定，填制出口货物出仓通知单（见表5-1），一式数联，分送企业有关职能部门，作发运前的准备工作。

2.开具正式出库凭证

出口货物由仓库备货整装完毕后，由业务或储运部门开具正式出库凭证（见表5-2），由财务部门加盖“结算专用章”方为有效。仓库部门根据正式的出库凭证，于备货核实无误后办理出库。仓库付货经办人在出库凭证上签字盖章并加盖“仓库发货讫”字样，自留一联作为登记账、卡的依据，其余分送业务、财务、储运等部门据以注销账目。

表 5-1 **出口货物出仓通知单**

合约号：__________　　　　委托号：__________

支付方式及期限：__________　　　　提单号：__________

证号及期限：__________　制单日期：____年____月____日　　发票号：__________

承购商				电话			
地址							
代理行				交货条件			
地址							
提单	抬头人	装船期	年 月 日	国别	中文		
		结汇期	年 月 日		英文		
	通知人	可否分批	可以/否	目的港	中文		
		可否转船	可以/否		英文		
商品标记		总件数		毛重		容积	
				净重			
品名、规格、花色、件数、重量、尺码明细	计价数量	单价	总值	原进仓单号	数量	单价	金额
备注：							

科长　　审核　　保管员　　核算员　　业务员

表 5-2 **出　库　凭　证**

发货仓库：__________　　　　第____号

出口国别：__________　制单日期：____年____月____日

原进仓单号码	原进仓日期	货号	货名及规格	仓位	每件尺码			每件		件数	数量	单位	单价
					长	宽	高	毛重	净重				
合约号码			统一记账日期		发票号码			合计					
号码													
托运编号								总计					

负责人　　记账　　复核　　制证

3.填制出口发货票

出口发货票亦称商业发票。在进出口业务中，发票是出口人对进口人开具的详细说明装运货物的清单，进口人凭以核对应收的货物和应支付的货款以及货物是否与合同相符。发票也是销售货物的凭证，可作为买卖双方记账和报关纳税的依据。在不使用汇票的情况下，它可代替汇票作为支付工具。

商业发票无统一格式，但其内容须符合合同及信用证条款的要求，参考格式见表5-3。

表 5-3 商业发票参考格式

A股份有限公司

A CO., LTD.

NO. 68 ABC ROAD DALIAN, CHINA

* * * * * * * * * * * * * * *

发票号码
INVOICE No.

Date:

售 与
Sold to messrs.

承运轮名 Shipped per S.S.	
自 From	
至 To	
交易条件 Terms of Trade	
合同号码 Contract No.	
信用证号码 L/C No.	

唛头与箱数 Marks and Numbers	品 名 Descriptions	数 量 Quantity	单 价 Unit Price	总 值 Amount
E.&O.E				

小知识 5-2

报关

各进出口公司在货物装船前，须填写出口货物报关单，连同其他必要的单证，如装货单、合同副本或信用证副本、发票、装箱单、重量单、商检证、出口许可证等交海关申报。货物经海关检验货、证、单相符无误，并在装货单上加盖放行章放行后，即可凭以装船。

资料来源 郑光贵. 国际贸易理论与实务［M］. 7版. 大连：东北财经大学出版社，2022.

四、出口销售核算的账簿体系

在企业涉外会计核算的账簿组织中，“库存商品”“主营业务收入”“主营业务成本”“应收（应付）账款”四套账簿是主体，其核算正确与否决定提供信息质量的真实度。

为反映涉外企业出口的销售收入、成本和盈亏，企业应设置“主营业务收入”和“主营业务成本”两个账户，核算以贸易方式自营出口和转口销售的商品，进口原材料加工复出口的商品和出售出国展品、样品、小卖品，以及批准供应境内销售（外轮和远洋国轮、友谊商店、贸易中心、外国使馆等）收取以外汇计价的商品的销售收入及销售成本。

“主营业务收入”账户的内容，应当包括商品名称、销售数量、销售收入、发票或合同号码、客户名称、商品的品种规格、价格条件、出口地区、出口单价，以及应从销售收入中减除的国外运保费和佣金等。账户的借方核算冲销出口销售收入的国外运费、保险费、佣金、销售退回、出口理赔和期末结转的销售收入等，贷方核算销售收入。

“主营业务成本”账户的内容，应当包括商品名称、品种、规格、数量和原进价等。账户的借方核算结转进价，贷方核算冲减销售退回成本和期末结转余额。

出口销售明细账，特别是三级明细账应采用平行式记账方法，可以对比每一批次出口销售的货款收入和国外运费、保险费、佣金及进价并考核盈亏；可以防止漏转或错转销售成本；可以防止漏付、重付国外运费、保险费、佣金；便于解决预估费用等问题。

不论采用单列式记账方法还是平行式记账方法，均应注意以下几点：

（1）分别不同业务反映不同的经营情况，提供不同指标。例如，对进料加工业务的出口，应在摘要栏内加以注明；对委托国外代销业务支付的国外费用，应先设应收或应付外汇账款专户核算，以便分批结转；对样品、展品、小卖品以及在境内收取外汇计价商品的销售，均应设专户进行明细核算。境内销售不实行出口退税，不能与允许出口退税的销售混淆核算。

（2）根据贸易结算方式，应在“主营业务收入”账户分设“现汇”和“记账”进行记载。

（3）在分清“现汇”和“记账”两部分的前提下，应按商品设立二级明细账进行核算。为掌握每笔出口商品销售的具体情况，还应再按具体品种、规格设立三级明细账进行分批成本核算，以便正确核算出口成本。明细账的格式见表5-4和表5-5。

表 5-4 ××公司出口销售二级明细账

共　页
连续第　页
第　页

商品类别：　　　　商品名称：　　　　单位：

年		记账凭证号码	摘要	价格条件及出口地区	销售数量	借：销售成本金额	贷：销售收入金额	盈亏金额（余额）	附：国外费用核算资料		
月	日								佣金	运费	保险费

表 5-5 ××公司出口销售三级明细账

共　页
连续第　页
第　页

商品类别：　　　　商品名称：　　　　单位：

出口日期		记账凭证号码	出口发票号码	销售客户	商品品种规格（摘要）	价格条件及出口地区	销售数量	借：自营出口销售（成本）		贷：自营出口销售（收入）								盈亏金额（余额）
年										原币			折人民币收入金额	减：国外费用			人民币销售净收入	
月	日							单价	金额	币别	单价	金额		佣金	运费	保险费		

（4）为实施以FOB为会计核算基础这一原则，有关国外费用，除应在二级明细账中列入销售收入下减除外，在三级明细账上应采取逐批直接认定的方法进行记载。

（5）为不影响当年的出口销售每美元成本核算，凡属于跨年度的销售退回、购货退回、预估运保费的差额，调整以前年度的收入、成本，在“主营业务收入”“主营业务成本”账户下增设“调整上年度收支”专户进行核算和反映。

（6）为正确反映出口退税收入的情况，在销售成本账户下应设置“出口退税”专户，再分商品建户，分别核算国家不予退还的增值税部分及退还的消费税，为编制出口主要商品销售盈亏表提供数据。

第二节 流通企业自营出口销售的核算

为何是“流通企业自营出口销售”，难道还有“生产企业自营出口销售”吗？回答是肯定的。如果单纯从出口销售收入核算看，两者是一样的，但从出口前的国内成本和出口后的退税看，两者却根本不同。因此，本章核算采用案例形式，为展示两类企业自营出口业务正常的主要核算过程和结果，分设两节并分别给出一个完整、系统的例题。

一、自营出口销售的含义

企业自营出口销售属于自营性质的出口业务。其特点有：出口销售收入归出口企业；出口商品的购货成本、与出口业务有关的国内外费用，以及佣金支出、理赔、罚款等均由出口企业负担；出口业务的盈亏由出口企业自负。

涉外企业自营出口销售的范围较广，凡具有上述特点的直接出口、转口贸易、托售出口、进料加工复出口、出售样展品，以及供应境内销售（如外国驻华使馆、友谊商店、贸易中心、外轮和远洋国轮等）收取外汇的业务，均属于自营出口销售的范围。

二、出口销售的核算原则

按照企业会计准则关于库存商品销售的确认、计量、登记和报告的规定，结合涉外会计出口销售核算的特点，具体操作中应严格遵循下列各项原则：

1.出口销售收入的确认时间

不论采取何种销售、运输方式，均在货物发运取得运单或提单后以全套单证向银行交单结汇从而收到外汇或取得货款索取权时确认出口销售收入。

2.出口销售收入的计量

不论以何种贸易术语（价格条件）成交，出口销售收入均以外销发票所列货款的外币总金额折算为人民币（或记账本位币）的金额登记入账，并进行复币式核算。

3.出口货物销售以FOB为会计核算基础价

非FOB出口销售如CIF或CFR销售货物，其发生的国外有关外币费用一律作冲减销售收入处理，将销售收入统一到FOB的基础上来，所以称FOB为会计核算的基础价格。

4.出口销售发生的外币费用

在出口销售过程中发生的外币费用是指运费、保险费、佣金，按上述第三条原则冲减该项出口销售收入，不作为费用处理。

5.出口销售发生的理赔款

如果出口销售发生理赔款，其实质是销售收入减少，故作冲减销售收入处理，不作为营业外支出处理。

6.出口退税

申报出口退税应按批次计算、填表、申报、退税，税款是出口成本的组成部分，而退税是税款的减少，故作冲减成本处理。

由以上六项原则可见，出口销售核算是以计算“批次损益”为中心，以FOB为基础。只有精打细算，切实认真计算批次盈亏，将出口时期不同、出口对象不同的同一商品列表加以观察、比较、分析，才能判明得失，掌握每一批出口销售的盈亏情况。

三、自营出口销售核算设置的主要账户

1.“主营业务收入——自营出口销售收入”账户

该账户属于损益类账户，核算涉外企业以自营方式出口商品实现的销售收入。其贷方登记涉外企业实现的销售收入和以外币支付的国外运费、保险费及佣金等（用红字）及退货或对外理赔时冲减的收入数（用红字），借方登记期末将本期实现的销售收入转入“本年利润”账户的数额，结转后本账户无余额。本账户应按照商品类别或品种设置明细账。

2.“主营业务成本——自营出口销售成本”账户

该账户属于损益类账户，核算涉外企业自营出口商品的销售成本。其借方登记结转的出口商品的销售成本、销货退回而转回的成本（用红字）及取得的退税收入（用红字），贷方登记结转“本年利润”账户的数额，结转后本账户无余额。本账户应按照商品类别或品种设置明细账。

除上述两个主要账户外，还应设置“应收账款——应收外汇账款”“应付账款——应付外汇账款”“财务费用——汇兑损益”等会计账户。

四、自营出口销售的核算

为便于理解以下案例，首先说明三点：

第一，案例中的企业实行外币统账制，采取按即期汇率记账，实行逐笔结转汇兑损益。

第二，案例以出口货物中的正常销售过程和核算结果为主线，给出一个完整的核算案例；在该案例中未能包含的特殊出口销售的账务处理，在后续第四节分别予以叙述。

第三，出口货物销售属于流通企业资金运动的第二阶段，即销售阶段，因此在出口销售之前以一笔购进业务为铺垫，再者，流通企业在办理出口退税时也需要有一笔进项税额作为退税的依据。

购进业务如下：

寰宇进出口公司根据合同备货，从国内供货企业购入甲货物1 000吨，单价200元，总值200 000元，增值税税率13%，税额26 000元，价税合计226 000元，货款以支票结算，货物验收入库，编制会计分录如下：

借：库存商品——甲货物	200 000	
应交税费——应交增值税（进项税额）	26 000	
贷：银行存款（或其他账户）		226 000

此项购进货物已登记入账，结束购进阶段，进入销售阶段。

（一）商品托运及出口销售收入的核算

企业出口销售通常采用信用证结算方式，业务部门根据贸易合同和信用证的规定，开具出

库单一式数联，由储运部门据以向运输单位办理托运，然后将出库单（记账联和转账联）转给财会部门。财会部门根据出库单（记账联）借记“发出商品”账户，贷记“库存商品”账户。

业务部门待出口商品装船，取得全套货运单据，持出口发票正本向银行交单办理收汇手续，取得银行回单，财会部门取得业务部门转来的发票副本及银行回单时，据以借记“应收账款——应收外汇账款”账户，贷记“主营业务收入——自营出口销售收入”账户。然后将储运部门转来的出库单（转账联）所列商品的品名、规格、数量与发票副本核对相符后，据以结转商品销售成本，届时借记“主营业务成本——自营出口销售成本”账户，贷记“发出商品”账户。待收到货款时，再借记“银行存款”账户，贷记“应收账款——应收外汇账款”账户。

【例 5-1】寰宇进出口公司与国外A客户签订前述甲货物出口合同，主要条款及与出口货物有关会计资料如下：

A. 销量T1 000

B. 单价每吨USD60CIFLONDON

C. 总值（1 000×60）USD60 000

D. 国外运费（费率10%）USD6 000

E. 保险费（60 000×（1+10%）×0.2%）USD132

F. 暗佣（2%）USD1 200

G. 结算方式L/C即期

附有关会计资料如下：

a. 国内进价CNY200 000

b. 出口退税率9%

c. 国内费用分摊额CNY1 000

d. 汇率应用当日汇率，逐笔入账

此项自营出口销售的核算，依办理出口业务的环节，分为以下步骤：

（1）货物出库发往港口（车站）待装时，根据货物出仓单，编制会计分录如下：

借：发出商品——甲货物	200 000	
贷：库存商品——甲货物		200 000

（2）货物装运后，根据出口全套单证向银行办理交单结汇时，汇率为USD1=CNY6.15，编制会计分录如下：

借：应收账款——应收外汇账款（A客户）（USD60 000×6.15）	369 000	
贷：主营业务收入——自营出口销售收入（甲货物）		369 000

（3）根据出口发票和出仓通知单结转出口销售货物进价，编制会计分录如下：

借：主营业务成本——自营出口销售成本（甲货物）	200 000	
贷：发出商品——甲货物		200 000

（4）银行通知国外A客户货款收到时，美元汇率为USD1=CNY6.14，根据银行单据，编制会计分录如下：

借：银行存款（USD60 000×6.14）	368 400	
财务费用——汇兑损益	600	
贷：应收账款——应收外汇账款（A客户）（USD60 000×6.15）		369 000

（二）支付国外费用的核算

国外费用主要有运费、保险费和国外佣金三项。

1.支付国外运费和保险费的核算

企业出口贸易有多种不同的价格条件，不同价格条件所负担的费用是不同的。若以FOB成交，出口企业不用承担国外运费和保险费；若以CFR成交，出口企业只承担国外运费；若以CIF成交，出口企业将承担国外运费和保险费。

由于自营出口销售收入是按FOB扣除佣金后计价的，因此外贸企业负担的国外运费和保险费应冲减“主营业务收入——自营出口销售收入”账户，即以红字记其贷方。

接【例5-1】：

（5）外运公司转来国外运费发票，审核付费时，美元汇率为USD1=CNY6.16，根据运费发票，编制会计分录如下：

借：主营业务收入——自营出口销售收入（甲货物）（USD6 000×6.16） 36 960
　贷：银行存款 36 960

（6）保险公司转来保险结算清单，审核付费时，美元汇率为USD1=CNY6.16，根据保险结算清单，编制会计分录如下：

借：主营业务收入——自营出口销售收入（甲货物）（USD132×6.16） 813.12
　贷：银行存款 813.12

2.支付国外佣金的核算

佣金是指按价格条件或合同规定应支付给中间商的推销报酬。佣金有明佣、暗佣和累计佣金三种支付方式。

（1）明佣。明佣又称发票内佣金，是指在贸易价格条件中规定的佣金。采取明佣支付方式，出口商在销售发票上不但列明销售金额，而且还列明佣金率、佣金，以及扣除佣金后的销售净额。外贸企业在向银行办理交单结汇时，应根据发票中列明的销售净额收取货款，不再另行支付佣金。届时根据银行回单和销售发票中的销售净额借记“应收账款——应收外汇账款”账户，根据佣金金额贷记“主营业务收入——自营出口销售收入”账户（用红字），根据销售金额贷记“主营业务收入——自营出口销售收入”账户。

（2）暗佣。暗佣又称发票外佣金，是指在贸易价格条件中未作规定，但在贸易合同中规定的佣金。采取暗佣支付方式，出口商在销售发票上只列明销售金额。外贸企业在向银行办理交单收汇时，应根据发票上列明的销售金额收取货款，届时根据银行回单和销售发票借记“应收账款——应收外汇账款”账户，贷记“主营业务收入——自营出口销售收入”账户，同时根据贸易合同中列明的佣金金额，贷记“主营业务收入——自营出口销售收入”账户（用红字），贷记“应付账款——应付外汇账款”账户。但现在一般很少做红字分录，而是做相反方向的蓝字分录。除非“主营业务收入”和“主营业务成本”在一本账上反映。待收到货款汇付佣金时，借记“应付账款——应付外汇账款”账户，贷记“银行存款”账户。

此外，暗佣也可以在出口后向银行议付信用证时，由银行按规定的佣金率，将佣金在结汇款中扣除。届时按销售净额借记“银行存款”账户，按扣除的佣金金额借记

“应付账款——应付外汇账款”账户，按销售金额贷记“应收账款——应收外汇账款”账户。

（3）累计佣金。累计佣金是指出口商与国外包销商、代理商订立协议，规定在一定时期内按累计销售金额及相应的佣金率定期计付的佣金。佣金率通常是累进计算的，在到期汇付时入账。累计佣金倘若能直接认定到具体出口商品的，其核算方法与其他佣金一样，应冲减“主营业务收入——自营出口销售收入”账户。

接【例5-1】：

（7）计付暗佣时，汇率为USD1=CNY6.16，编制会计分录如下：

借：主营业务收入——自营出口销售收入（甲货物）（USD1 200×6.16）	7 392
贷：应付账款——应付外汇账款（A客户）	7 392

（8）日后实付佣金时，汇率为USD1=CNY6.17，根据佣金支付凭证编制分录：

借：应付账款——应付外汇账款（A客户）（USD1 200×6.16）	7 392
财务费用——汇兑损益	12
贷：银行存款（USD1 200×6.17）	7 404

至此，这项自营出口销售业务的会计核算过程，从企业内部来说已告完成，可以结账计算本批次盈亏了。

（三）出口收汇

当银行收到出口企业全套出口单证经审核无误后，即可按不同结算方式向境外银行办理结算手续。银行在收妥外汇后转入出口企业的账户。

（四）办理出口退税

企业应按出口退税政策和规定，填制退税申请表，并附销售发票、出口报关单、原增值税专用发票、银行结汇单等全套单证，向所在地税务机关申办退税。

接【例5-1】：

该出口货物按退税率9%计算退税，并做如下会计分录：

出口退税额=200 000×9%=CNY18 000

未退税额=200 000×（13%-9%）=CNY8 000

（9）借：其他应收款——应收出口退税	18 000
贷：应交税费——应交增值税（出口退税）	18 000
借：主营业务成本——自营出口销售成本（甲货物）	8 000
贷：应交税费——应交增值税（进项税额转出）	8 000

日后实际收到税务机关转来出口退税款时，根据银行回单，编制会计分录如下：

借：银行存款	18 000
贷：其他应收款——应收出口退税	18 000

实际工作中的出口退税会计处理比较复杂，除增值税退税外，还有消费税退税（详见有关出口退税章节）。

（五）自营出口销售的账户登记

为反映自营出口销售核算的全貌，便于下一步核算此项出口业务的批次损益，将有关分录登入T形账户（如图5-1所示），其他与计算批次损益无关的账户从略。

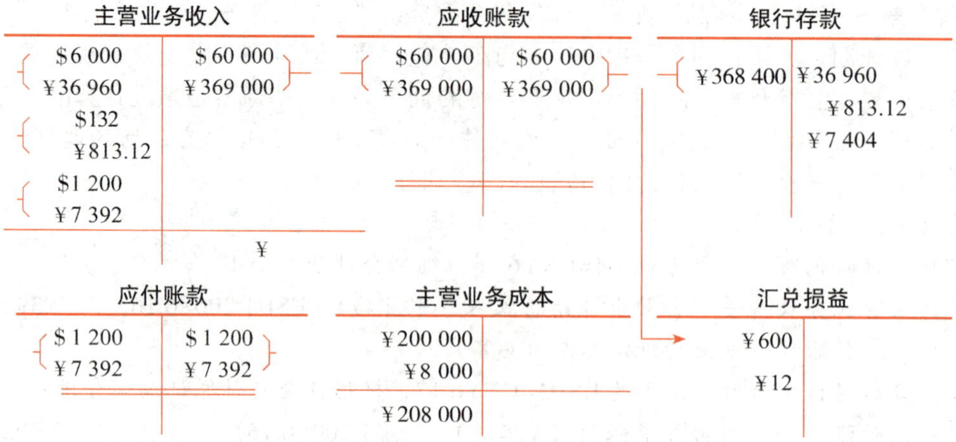

图5-1　T形账户关系

（六）预估国外费用的核算

涉外企业出口贸易业务销售收入确认的时间与支付国外运费、保险费和佣金的时间往往不一致。在会计期末为正确核算会计期间的销售收入和利润，应根据收入与成本配比的原则，对于已进行自营出口销售收入入账、而尚未支付的国外费用预估入账，届时借记“主营业务收入——自营出口销售收入”账户，贷记“应付账款——应付外汇账款”账户。待下期期初实际支付时，再借记“应付账款——应付外汇账款”账户，贷记“银行存款”账户。如果实际支付金额与预估金额有差异，其差额列入“主营业务收入——自营出口销售收入”账户。

【例 5-2】某公司销售给韩国某公司商品一批，已入账。

（1）12月31日，预估商品国外运费900美元，保险费60美元，当日美元汇率的中间价为1美元=6.15元人民币。编制会计分录如下：

借：主营业务收入——自营出口销售收入（运费）　5 535
　　　　　　　　——自营出口销售收入（保险费）　369
　贷：应付账款——应付外汇账款（USD960×6.15）　5 904

（2）次年1月2日，签发转账支票支付运输公司国外运费912美元，支付保险公司保险费60美元，当日美元汇率的中间价为1美元=6.15元人民币。编制会计分录如下：

借：应付账款——应付外汇账款（USD960×6.15）　5 904
　　主营业务收入——自营出口销售收入（运费）　73.80
　贷：银行存款——外币存款（USD972×6.15）　5 977.80

五、计算自营出口销售的批次损益

根据涉外企业经营管理的要求，为紧跟市场动态、及时掌握出口效益信息，应在出口结束时，逐笔计算批次损益，考核同一品种货物在不同国家（地区）、不同时间的盈亏情况。其计算指标如下：

❶出口销售总成本，计算公式如下：

出口销售总成本=商品进价+摊入国内费用+出口税金+出口转入进价未退税-出口退税

商品进价，即出口商品国内购进价，不含增值税。

摊入国内费用，指按一定标准比率摊入的销售费用、管理费用、财务费用。

出口税金，含出口关税、城市维护建设税。

出口退税，含增值税、消费税。

【例5-1】中本批次出口销售总成本=200 000（商品进价）+1 000（摊入国内费用）+0（出口税金）+8 000（出口转入进价未退税）-18 000（出口退税）=CNY191 000

❷出口销售净收入，计算公式如下：

出口销售净收入=出口销售外币总金额-国外外币费用-佣金-理赔

出口销售外币总金额，即出口发票总价。

国外外币费用，含运费、保险费。

佣金，一般指暗佣。

理赔，是指因出口数量、质量或时间与合同不符而发生的赔偿款。

【例5-1】中本批次出口销售净收入=60 000-6 000（运费）-312（保费）-1 200（佣金）-0（理赔）=USD52 488

❸出口盈亏额，计算公式如下：

出口盈亏额=出口销售净收入（CNY）-出口销售总成本

【例5-1】中本批次出口盈亏额=323 834.88-191 000=CNY132 834.88

❹出口盈亏率，计算公式如下：

$$出口盈亏率=\frac{出口盈亏额}{出口销售总成本}\times100\%$$

$$【例5\text{-}1】中本批次出口盈亏率=\frac{132\ 834.88}{191\ 000}\times100\%\approx69.55\%$$

❺每美元出口换汇成本，计算公式如下：

$$每美元出口换汇成本=\frac{出口销售总成本(CNY)}{出口销售净收入(USD)}$$

【例5-1】中本批次每美元出口换汇成本=191 000÷52 488≈CNY3.64

该批次出口销售的盈亏计算结果为：出口取得每美元的成本为人民币3.64元，比现行美元汇率6.15元低2.51元，即如果将此项美元结售给银行，每美元盈利人民币2.51元，说明此项出口销售业务盈利。反之，如果计算结果是每美元换汇成本等于或高于现行美元汇率，则为不赚钱或亏损，每美元换汇成本比美元汇率高得越多亏损也越多。因此涉外会计必须及时提供盈亏信息，供决策者使用，不能像一般财务会计那样在期末或年终决算时才发布信息。

企业涉外会计实施批次盈亏计算，一般采取“表结账不结”方式，在账外使用专用表格，对出口销售逐笔进行批次计算，然后对同一品种、不同批次、不同地区的出口销售列表比较分析，进而研究盈者何盈，亏者何亏，找出差距，谋求良策，以利再战。

本核算案例，对CIF项下的核算进行了较为系统的阐述，对于企业发生的CFR、FOB项下的出口销售可比照处理，不再一一举例；其不同点只是在于国外费用的处理。对国外费用处理的关键是掌握“将各种价格条件项下的出口价均换算为FOB”这条原则。比如，FOB项下无国外费用，就不用处理，总销售收入就是净销售收入，两者一致；CFR项下有运费无保费，在收入中只冲减运费即可，总收入减去运费为净收入。

小知识 5-3

你知道反映纯收入的“红字冲减法”吗？

本书从CIF销售收入中将所含的国外费用冲减后换算为会计核算基础价——FOB，采用“蓝字冲减法”，即以蓝字借记“主营业务收入”账户，同时贷记“银行存款”账户，较为简便。

传统的涉外会计常用“红字冲减法”，当支付国外费用时，以红字贷记“主营业务收入”账户，以蓝字贷记“银行存款”账户，做半红半蓝分录，不易理解。为什么如此做账？是缘于那时核算销售业务只设立一个计价对比账户——“出口销售”，该账户借方登记成本，贷方登记收入，余额则反映盈或亏；只设立一个销售账户，如将发生的国外费用借记入账时增加成本，不如以红字贷记入账减少收入与事实更贴切。所以，传统的涉外会计对国外运保费采用“红字冲减法”处理。

第三节 生产企业自营出口销售的核算

我国生产企业直接经营出口销售业务，是从中国共产党第十一届中央委员会第三次全体会议以后实行对外开放开始的，为国家争取换得更多的外汇，为满足经济社会更快发展贡献良多。

一、生产企业自营出口销售核算的几个基本问题

前述流通企业自营出口销售的概念、出口销售的类型、出口销售的凭证手续、出口销售核算的账户体系、出口销售核算的原则等，作为共性理论基础、制度规定，同样适用于生产企业自营出口销售，因此本节不再重复叙述。

二、自营出口销售的核算

在举例说明生产企业自营出口销售的核算之前，说明三点：

首先，应明确生产企业的经营过程分为采购（或称供应）、生产和销售三个阶段，其中，供应、生产阶段一般是在境内完成的，在企业财务会计（或成本会计）中已有论述，本书只阐述销售阶段涉及外汇的核算。

其次，要强调的是，举例企业执行结汇制，外汇核算采用的是统账制，按业务发生当日汇率入账，逐笔结转汇兑损益。

最后，更重要的是，由于生产企业计算出口退税应备有前后两个会计期间的会计资料，期末时便于计算当期的应纳税额、期末留抵税额、当期应退税额和当期免抵税额，故举例时给出前后两个会计期间的纳税资料。

本章第二节以流通企业为主体，采用CIF，以L/C结算方式为轴线，以美元为计价和结算货币，说明了自营出口销售核算。本节将沿用上节的模式，以生产企业为主体，以FOB为出口价格，以托收D/A结算方式为轴线，以欧元为计价和结算货币。

假设天山矿业有限公司相邻两个月的生产、销售、纳税资料如下：上月月末留抵增值税税额3 000元，作本月备抵；本月生产乙种矿石700吨（出口400吨，内销300吨），单位成本2 000元；本月发生进项税额121 875元；增值税税率13%；本月无免税购进材料物资。

根据上述资料，设计生产企业自营出口销售核算案例如下：

【例5-3】天山矿业有限公司，与境外B客户签订出口合同，出口乙种矿石400吨，一次发售，计价和结算货币为欧元，合同主要条款及与出口货物有关的会计资料如下：

A.销量400吨

B.单价每吨EUR250FOB大连

C.总值（400×250）EUR100 000

D.明佣（3%）EUR3 000

E.净价（100 000−3 000）EUR97 000

F.关税（$\left(\frac{100\,000}{1+10\%}\right)\times10\%$）EUR9 091

G.结算方式托收D/A 30天

有关会计资料：

a.国内生产成本（2 000×400）CNY800 000

b.内销金额（2 500×300）CNY750 000

c.出口退税率5%

d.国内费用分摊率（0.2%）CNY1 600

e.汇率采用当日汇率

此项乙种矿石的自营出口销售核算可分为以下步骤：

（1）乙矿石出库发往港口或车站待装时，根据出仓单编制会计分录如下：

借：发出商品——乙矿石	800 000	
贷：库存商品——乙矿石		800 000

（2）货物装运后，根据出口全套单证通过银行办理承兑交单时，汇率为EUR1=CNY8.06，编制会计分录如下：

借：应收票据——B客户（EUR97 000×8.06）	781 820	
贷：主营业务收入——自营出口销售收入（乙矿石）		781 820

同时，结转出口销售成本，编制会计分录如下：

借：主营业务成本——自营出口销售成本（乙矿石）	800 000	
贷：发出商品——乙矿石		800 000

（3）此项交易采用的是明佣，因明佣在发票中已开列佣金额和净货款额，进口方按净额付汇，出口方按净额作收入，不存在明佣的会计处理问题。

（4）根据关税缴纳凭证以支票支付出口关税时，汇率为EUR1=CNY8.05，编制会计分录如下：

借：税金及附加（EUR9 091×8.05）	73 182.55	
贷：银行存款		73 182.55

（5）B客户按承兑汇票如期通过银行结来货款时，银行扣收1‰的托收手续费，汇率为EUR1=CNY8.03，根据结汇水单，编制会计分录如下：

借：银行存款（EUR96 903×8.03）	778 131.09	
财务费用——手续费（EUR97×8.03）	778.91	
——汇兑损益	2 910	

贷：应收票据——B客户（EUR97 000×8.06） 781 820

（6）办理出口收汇核销手续，与【例5-1】之（三）完全相同。

（7）计算出口退税，填写退税申请表并按税务机关规定附全套出口退税单证，按5%的退税率计算退税额，汇率为EUR1=CNY8.05。

免税出口销售额=FOB×汇率=100 000×8.05=CNY805 000

当期不得免征和抵扣税额=免税出口销售额×（进项税率-出口退税率）

=805 000×（13%-5%）

=CNY64 400

当期内销销项税额=当期内销额×销项税率=750 000×13%=CNY97 500

当期应纳税额=当期内销销项税额-（当期进项税额-当期出口不得免征和抵扣税额）-上期留抵税额

=97 500-（121 875-64 400）-3 000

=CNY37 025

当期免抵退税额=FOB×汇率×出口退税率=100 000×8.05×5%=CNY40 250

期末留抵税额=0

（8）根据计算结果，办理出口退税。

❶确认国内销售和抵交税金时，编制会计分录如下：

借：应收账款 847 500

贷：主营业务收入——内销 750 000

应交税费——应交增值税（销项税额） 97 500

❷不得免抵部分计入出口成本，编制会计分录如下：

借：主营业务成本——自营出口销售成本（乙矿石） 64 400

贷：应交税费——应交增值税（进项税额转出） 64 400

❸当期应纳税额计入应交税费，编制会计分录如下：

借：应交税费——应交增值税（转出未交增值税） 37 025

贷：应交税费——未交增值税 37 025

❹申报出口免抵退税，编制会计分录如下：

借：应交税费——应交增值税（出口抵减内销产品应纳税额） 40 250

贷：应交税费——应交增值税（出口退税） 40 250

为便于了解应交增值税的计算情况，将有关分录登入T形账户（见账户5-1）。

账户5-1 应交税费——应交增值税

期初	3 000		
本月进项税额	121 875	❶内销税额	97 500
❸转出未交税额	37 025	❷不予免抵税额	64 400
期末留抵税额	0		
❹抵减内销税额	40 250	❹免、抵、退税额	40 250
合　计	202 150		202 150
结转下期抵扣	0		

由上述计算过程可见，在生产企业实行出口销售增值税税率为零的情况下，全月按免、抵、退政策执行，期末进行计算，其计算过程和有关计算公式较流通企业复杂许多。

(9) 将 (1) 至 (8) 各步骤分录登入T形账户（如图5-2所示），以反映自营出口销售核算的全貌。

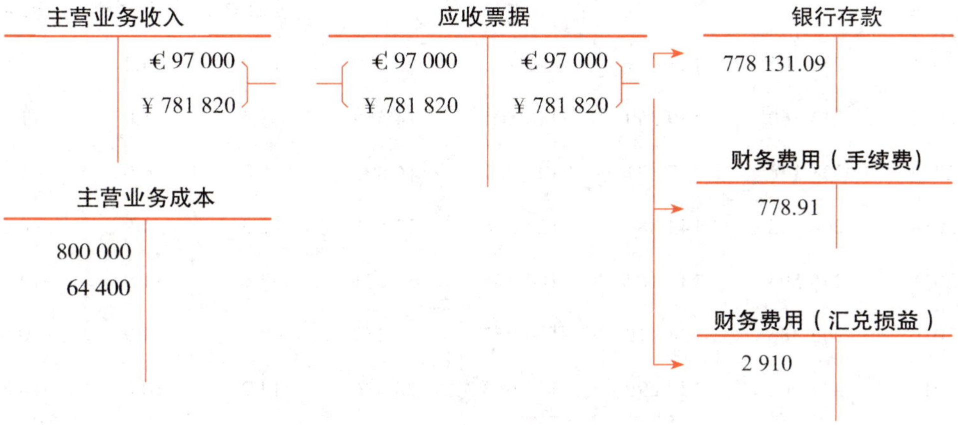

图5-2 T形账户关系

(10) 核算该批次出口业务的经营成果和盈亏情况。

❶出口销售总成本计算如下：

出口销售总成本=800 000+1 600（国内应摊费用）+73 182.55（出口关税）+64 400（出口未退税）−40 250（出口免抵退税）=CNY898 932.55

❷出口销售净收入计算如下：

出口销售净收入=97 000−0（国外费用）−0（佣金）=EUR97 000

❸出口盈亏额=出口销售净收入（97 000×8.06）−出口销售总成本=781 820−898 932.55=CNY−117 112.55

❹出口盈亏率 $=\dfrac{\text{出口盈亏额}}{\text{出口销售总成本}}\times 100\%=\dfrac{-117\,112.55}{898\,932.55}\times 100\%\approx -13.03\%$

❺每欧元出口换汇成本计算如下：

每欧元出口换汇成本 $=\dfrac{898\,932.55}{97\,000}\approx$ CNY9.27

由上述计算结果可见，此项自营出口销售取得每欧元的人民币成本为9.27元，比现行银行的欧元汇率8.05元（买价）高1.22元，表明无利可图，应进一步分析，拓展思路，采取得力措施，争取更好的效益。

在此应该提示的是，实际工作以美元表示出口换汇成本，这就需分两步走，第一步将欧元折成美元，第二步再按公式求得每美元出口换汇成本。

至此，【例5-3】有关各项正常核算内容均得到了说明。核算过程中可能发生的其他事宜，如预收货款、票据贴现、坏账损失、出口退回等特殊业务，在第四节予以说明。

补充阅读资料 5-1

进出口商品总值表

金额单位：亿元人民币

年度	进出口	出口	进口	贸易差额	比去年同期（%）		
					进出口	出口	进口
2011	236 402	123 241	113 161	10 080	17.2	15.2	19.5
2012	244 160	129 359	114 801	14 558	3.3	5.0	1.4
2013	258 168	137 131	121 037	16 094	5.7	6.0	5.4
2014	264 242	143 884	120 358	23 526	2.3	4.9	-0.6
2015	245 503	141 167	104 336	36 831	-7.0	-1.9	-13.2
2016	243 386	138 419	104 967	33 452	-0.9	-1.9	0.6
2017	277 962	153 299	124 663	28 636	14.2	10.8	18.8
2018	305 050	164 177	140 873	23 304	9.7	7.1	12.9
2019	315 628	172 374	143 254	29 120	3.47	4.99	1.69
2020	322 215	179 279	142 936	36 343	2.09	4.01	-0.22
2021	391 009	217 348	173 661	43 687	21.35	21.23	21.49

资料来源 中国海关统计.

第四节 自营出口销售相关链接事项的核算

前面两个自营出口销售核算案例，从出口货物到收到货款可以说是一路顺风顺水，未发生任何贸易摩擦和枝节问题，属典型核算业务。然而，客观现实并不是这样美好，总会出现这样或那样与自营出口销售相关的需要进出口双方协商或按惯例处理的问题，比如预收货款、L/C议付、明佣、票据贴现、背书转让、坏账准备、出口退回及索、理赔等。对此，本书作为自营出口销售相关链接事项举例说明。

一、预收货款的核算

在涉外出口货物交易中，对于某些市场上供不应求的货物或由于其他特殊原因，合同要求进口方事先预付全部或部分货款，出口方收取的预收款项在“预收账款”账户核算。

【例 5-4】假设【例 5-1】中企业向国外A客户出口甲货物的合同规定按货款USD60 000预收20%，计USD12 000。

（1）收到银行转来预收款项时，汇率为USD1=CNY6.13，凭有关单证编制会计分录如下：

借：银行存款（USD12 000×6.13） 73 560

  贷：预收账款——预收外汇账款（A客户） 73 560

（2）货物发运后，向银行交单结汇办理其余80%的货款时，汇率为USD1=CNY6.15，编制会计分录如下：

借：应收账款——应收外汇账款（A客户）（USD48 000×6.15） 295 200
　　预收账款——预收外汇账款（A客户）（USD12 000×6.13） 73 560
　　财务费用——汇兑损益 240
　贷：主营业务收入——自营出口销售收入（甲货物）（USD60 000×6.15） 369 000

同时结转出口货物进价（略）。

（3）日后银行通知A客户结来货款时，汇率为USD1=CNY6.14，编制会计分录如下：

借：银行存款（USD48 000×6.14） 294 720
　　财务费用——汇兑损益 480
　贷：应收账款——应收外汇账款（A客户）（USD48 000×6.15） 295 200

以下出口销售各环节的会计处理同【例5-1】，从略。

二、L/C议付方式的核算

议付，又称押汇。在信用证方式下，涉外企业按信用证规定发运货物，备妥全套货运单据，开具汇票，向银行办理交单议付。为及时取得货款，可以采取出口押汇结汇方式，填具出口押汇申请书，连同全套出口单据向银行申请办理出口押汇。出口押汇，即由议付银行按照汇票金额扣除从议付日到估计收到票款之日的利息后，立即为申请人办理结汇，再向开证行索偿票款。出口押汇申请书的格式见表5-6。

表5-6 ××银行出口押汇申请书

叙做日期____

编　　号____

兹凭下列信用证开具汇票正副本各一纸，并附全套单据，请予承购。

开证银行				信用证号码		汇票金额		
提单	邮包收据	发票	保险单	装箱单	重量单	产地证书	商检证	海关发票

上列汇票及单据你们承购后，如发生与信用证条款不符而遭对方拒绝付款及承兑，我公司保证负责立即偿还该项汇票的全部原币金额及因此发生的利息等一切费用。

致

××银行

××公司

【例5-5】承【例5-1】，假设出口收取汇票面额USD60 000，议付行按7.2%的年利率收取15天的利息，汇率为USD1=CNY6.15，计算利息额、议付款额，并编制会计分录如下：

利息额=60 000×7.2%÷360×15=USD180

议付款额=60 000−180=USD59 820

借：银行存款（USD59 820×6.15） 367 893
　　财务费用——利息支出 1 107
　贷：主营业务收入——自营出口销售收入（甲货物）（USD60 000×6.15） 369 000

同时，结转自营出口货物进价（略）。

以下出口销售业务环节的会计处理与【例5-1】完全相同，从略。

出口销售中的明佣，又称发票佣金，因其在出口销货发票中已作扣除，出口方收到的是净价款，所以会计一般不作处理，但在销售收入明细账户中应注明为明佣，防止重付佣金。

出口销售货款的结算采用托收D/A方式时，托收结算方式是商业信用，由出口商在发运货物后按发票金额开具汇票，连同货运单据委托当地外汇银行通过进口地的联行或代理行向进口商收取货款。跟单托收结算方式中，付款交单（D/P）和承兑交单（D/A）在会计处理上没有什么不同，在程序上主要分为向银行交单托收与银行通知收妥结汇两个环节。

【例5-6】在【例5-3】中，天山矿业有限公司出口销售乙种矿石是以托收D/A 30天结算，假设将B客户承兑的30天付款EUR97 000的承兑汇票向银行办理贴现，银行扣除30天利息，年利率7.2%，余额贴现给天山矿业有限公司，汇率为EUR1=CNY7.94。计算贴现利息、贴现额如下：

贴现利息=票面值×贴现率×贴现期=97 000×7.2%÷360×30=EUR582

贴现额=97 000-582=EUR96 418

根据计算结果和有关贴现单证，编制会计分录如下：

借：银行存款（EUR96 418×7.94）	765 558.92	
财务费用——利息支出	4 621.08	
——汇兑损益	11 640	
贷：应收票据——B客户		781 820

假如该汇票是带息汇票，票面利率为3.6%，其他条件不变，则：

贴现额=票面值+票面利息-贴现利息

=97 000+97 000×3.6%÷360×30-97 000×7.2%÷360×30

=EUR96 709

根据有关贴现单证，编制会计分录如下：

借：银行存款（EUR96 709×7.94）	767 869.46	
财务费用——利息支出	2 310.54	
——汇兑损益	11 640	
贷：应收票据——B客户		781 820

应收票据在到期前，除向银行办理贴现，用以融通资金、加速资金周转外，持票人还可将其作为其他款项的支付工具。例如，购买货物或偿还债务等的结算，可在票据上背书转让给他人来支付。凡票据转让都需经过背书手续，如果付款人到期不能兑付，背书人负有连带的付款责任。在会计上对此类业务通常作冲减应收票据处理，但由此产生的或有负债需要在财务报表中加以披露。

在国际市场上的经济活动中，为推动和扩大出口销售而实行赊销是通行的商业惯例，而采用D/A或D/P结算方式通常是在买方市场中卖方不得已才接受的。D/A或D/P结算方式为商业信用，风险较高，极可能发生坏账。在实践中，除了近年开始使用的应收账款保理或对中长期成套设备等运用的出口信用保险等新型财务措施外，传统的对策是在会计上实行坏账准备制。

对于计提坏账准备的企业，实际发生的坏账应当与坏账准备先行冲抵。已经确认的坏账，以后收回时应当相应调增坏账准备（或者冲减管理费用）。根据有关会计制度的规定，符合下列条件之一的，经批准作为坏账损失处理：因债务人破产，在以其破产财产清偿后，仍然不能收回的；因债务人死亡，在以其遗产偿还后，仍然不能收回的；债务人较长时期内未履行其偿债义务，并有足够的证据表明无法收回或收回可能性极小的账款。

【例 5-7】假设天山矿业有限公司出口乙矿石采用的结算方式为 D/A180 天，货款 EUR97 000，年终按 2% 提取坏账准备，汇率为 EUR1=CNY7.94，分录如下：

借：信用减值损失　　15 403.60

　贷：坏账准备（EUR1 940×7.94）　　15 403.60

企业实际发生的坏账经批准核销时，编制会计分录如下：

借：坏账准备

　贷：应收账款

已经列为坏账的应收款项又全部或部分收回时，编制会计分录如下：

借：应收账款

　贷：坏账准备（或信用减值损失）

借：银行存款

　贷：应收账款

三、出口退关与销货退回的核算

出口货物销售后，由于某种原因进口方提出退货要求，经我方研究同意将原货退回时，按下列原则处理：

（1）接到退货通知后，由业务部门及时与储运、财务部门联系，落实退回商品的运输及货款的处理，在取得退回商品的运单后开具入库通知单，随附应冲转的原发票（复印件），交财务部门据以冲转出口销售收入及成本。

（2）有关退回商品的国内外一切费用，连同出口时支付的国内外费用，暂时转入“待处理财产损溢”。查明原因后，如属我方责任，经批准转入“营业外支出”；如属供货方责任，应要求其赔偿或支付；如属国外客户的责任，相关费用应由对方负担，如我方已支付，应从退回的货款中予以扣除。

（3）如退货后就地委托其他国外客户寄售或经销，先冲销原销售分录，再按寄售或经销的核算方法进行会计处理。

【例 5-8】假设【例 5-3】中出口给 B 客户的乙种矿石国内价为 CNY800 000，出口净收入为 EUR97 000（100 000-3 000）。

（1）货物被运回仓库，因故发生退关未能出口，根据进仓单编制会计分录如下：

借：库存商品——乙矿石　　800 000

　贷：发出商品——乙矿石　　800 000

（2）若出口货物因故遭国外退货，在收到运回货物的提单时编制会计分录如下：

借：主营业务收入——自营出口销售收入（乙矿石）（EUR97 000×8.06）　781 820

　贷：应收票据——B 客户　　781 820

同时，冲销原已结转的销售成本，编制会计分录如下：

借：在途物资——退货　800 000

　　贷：主营业务成本——自营出口销售成本（乙矿石）　800 000

待日后退回的乙矿石运回入库时，编制会计分录如下：

借：库存商品——乙矿石　800 000

　　贷：在途物资——退货　800 000

（3）将退回货物原支付的国内外费用，均暂时通过“待处理财产损溢”冲回（本例无国外费用），编制会计分录如下：

借：待处理财产损溢

　　贷：主营业务收入——自营出口销售收入（运费）

　　　　　　　　　　——自营出口销售收入（保险费）

本例佣金是明佣，在出口发票上已扣除，所以不需另外冲回。

（4）退回货物在入库前发生国内费用1 500元，编制会计分录如下：

借：待处理财产损溢　1 500

　　贷：银行存款　1 500

（5）待处理的国外退货损失，按财产损失审批权限报批，批准后编制会计分录如下：

借：营业外支出　1 500

　　贷：待处理财产损溢　1 500

当出口销售退货采取寄售方式处理时，该货物出口时支付的国内外费用可暂放在“待处理财产损溢”账户中，待寄售商品出售后，再通过贷记“待处理财产损溢”账户，将有关国外费用冲减寄售销售收入，国内费用作增加销售费用处理。

（6）因出口销货退回发生有关出口退税的处理，应区别两种情况：在办理出口退税前，退货与退税无关，不处理；办理出口退税后则需处理。

在办理出口退税后，退税款未实际收到时，编制会计分录如下：

借：应交税费——应交增值税（出口退税）

　　贷：其他应收款——应收出口退税

当退税款已通过银行转入“银行存款”账户时，编制会计分录如下：

借：应交税费——应交增值税（出口退税）

　　贷：银行存款

（7）假如出口销售发生跨年度退货，其有关分录，凡涉及自营出口销售收入或成本账户的，均应在“以前年度损益调整”账户处理。

小思考5-1

不法商人怎样进行票据欺诈

不法商人利用伪造票据及汇款凭证行骗的案件有三种类型：❶伪造大额银行汇票；❷伪造某些国家的公司支票；❸伪造国外银行汇款凭证。第一种情况是钻光票托收“立即贷记”结算方式的空子，在收款后立即调出资金，而在银行退票追索时不法商人已逃之夭夭；或以大额银行汇票骗取出口商发货或骗取佣金、手续费、质押金等。第二种情况是以伪造支票骗取出口商发货，要求出口商发货采用空运方式，因航空提单不是货权凭证，即使支票被退，货物也退不回来。伪造支票欺诈手法往往有“广种薄收”的特点，即金额不太大，涉及的面很广，且有很大的欺骗性，并极易遭退票。第三种情况在许多地方已有发现，即伪造银行汇款凭证传真至出口商，制造预付货款的假象，诱使出口商发货，以骗取货物。想一想应怎样规避票据欺诈风险？

四、出口销售索、理赔的核算

索赔是指遭受损失的一方为维护其合法权利，在争议发生后向违约方提出赔偿的要求；理赔是指违约方受理并处理受害方提出的赔偿要求。索赔和理赔是一个问题的两个方面。

出口销售中发生的索、理赔，应根据发生的原因进行不同账务处理。为便于核查索、理赔的处理及清算过程，会计均应通过“应收账款——应收外汇账款（出口索赔）”“应付账款——应付外汇账款（出口理赔）”两个账户核算。

1.对外索赔的会计处理

在履行出口合同过程中如因国外进口方未按规定履行义务致使我方遭受损失，应提出索赔，将索赔收入记入“营业外收入——索赔收入”账户。

【例5-9】假设【例5-1】中，国外A客户不履行合同，我国寰宇进出口公司根据合同提出索赔USD10 000，汇率为USD1=CNY6.15，经双方协商一致，编制会计分录如下：

借：应收账款——应收外汇账款（出口索赔）（USD10 000×6.15）	61 500	
贷：营业外收入——索赔收入		61 500

国外A客户如数赔付时汇率为USD1=CNY6.14，编制会计分录如下：

借：银行存款（USD10 000×6.14）	61 400	
财务费用——汇兑损益	100	
贷：应收账款——应收外汇账款（出口索赔）（USD10 000×6.15）		61 500

2.对外理赔的会计处理

根据对外理赔发生的原因不同，区别三种情况处理：

（1）我方出口企业违约。质量问题、逾期装运、包装不善及其他原因使对方遭受损失（不属保险责任范围），又在合同规定索赔期限内，应对国外提供的必要的证明进行核实，认为理由充分、证据确凿的，确认理赔。

【例5-10】假设【例5-1】中，出口的甲货物由于包装不善发生部分毁损，国外A客户提出索赔USD10 000，经确认对外理赔，汇率为USD1=CNY6.16，编制会计分录如下：

借：待处理财产损溢	61 600	
贷：应付账款——应付外汇账款（出口理赔）（USD10 000×6.16）		61 600

经查上述毁损属企业自身责任事故，经批准作损失核销，编制会计分录如下：

借：营业外支出——财产损失	61 600	
贷：待处理财产损溢		61 600

如属国内供货单位的责任，则应向责任方索赔，编制会计分录如下：

借：其他应收款——供货单位	61 600	
贷：待处理财产损溢		61 600

如果出现对内索赔与对外理赔差额，可分别以营业外支出或营业外收入处理。

（2）我方出口企业少发货。财会部门应按索赔商品数量及原出口单价冲减销售收入，同时根据储运部门更正的出库凭证冲减销售成本并查明少发原因，予以相应处理。

【例 5-11】假设【例 5-1】中，寰宇进出口公司少发甲货物100吨，原购进价格每吨人民币200元，售价每吨60美元，经双方确认，当日汇率为USD1=CNY6.13，根据有关单证编制分录：

借：主营业务收入——自营出口销售收入（甲货物）（USD6 000×6.13） 36 780
　贷：应付账款——甲客户 36 780

少发商品成本先作待处理财产损溢和冲减成本处理：

借：待处理财产损溢 20 000
　贷：主营业务成本——自营出口销售成本（甲货物） 20 000

经查上项少发商品系国内供货单位少发造成，应与供货单位交涉，在收回供货单位付来货款时编制会计分录如下：

借：银行存款 20 000
　贷：待处理财产损溢 20 000

如少发商品尚在出口企业仓库内，编制会计分录如下：

借：库存商品——甲货物 20 000
　贷：待处理财产损溢 20 000

如果少发商品已不存在，或属供货方责任但不能按价收回货款，经核准作赔付支出处理，编制会计分录如下：

借：营业外支出——赔付支出 20 000
　贷：待处理财产损溢 20 000

（3）我方出口企业错发货物。出口货物中，同类货物不同规格、不同颜色、不同产地的很多，有时可能由于出库发货疏忽发生串货、串价事故。当进口方提出索赔，经双方协商达成共识时，采取不调换货物、以补退差价方式处理。

【例 5-12】假设【例 5-1】中，出口给A客户的甲货物在出库时错发为乙货物。乙货物的国内进价每吨150元，出口销售CIF每吨USD50，甲货物进价每吨200元，出口销售CIF每吨USD60，总数量500吨，汇率为USD1=CNY6.12，编制调整分录如下：

冲减未发甲货物成本：

借：库存商品——甲货物 100 000
　贷：主营业务成本——自营出口销售成本（甲货物） 100 000

补记错发乙货物成本：

借：主营业务成本——自营出口销售成本（乙货物） 75 000
　贷：库存商品——乙货物 75 000

根据出口更正发票调整销售收入：

借：主营业务收入——自营出口销售收入（甲货物）（USD30 000×6.12） 183 600
　贷：主营业务收入——自营出口销售收入（乙货物）（USD25 000×6.12） 153 000
　　应付账款——应付外汇账款（出口理赔） 30 600

请注意，本年度如有涉及以前年度出口商品的理赔事项，除应作出上述处理外，有关调整销售收入和成本的分录应一律通过“以前年度损益调整”账户处理。

补充阅读资料 5-2

国内企业从容应对外商拖欠货款

一、国内前期处理阶段

1.注意保存相关证据

纠纷发生后，首先是企业间联系、协调处理。这一阶段，纠纷双方会有邮件往来、电话联系等，国内企业要做的首要之事就是保存好这些材料，很可能是日后对簿公堂的重要证据。

2.聘请国内专业律师处理纠纷

若企业间协商未能平息纠纷，应当及时咨询国内专业律师，聘请其帮助处理纠纷。

二、国（境）外诉讼阶段

1.聘请国（境）外专业律师处理案件

大部分国家、地区的法律规定，只有本国律师可以以律师身份接受当事人委托，进行诉讼。选定委托律师后，律师行一般会提供相关资料及账号并要求及时汇款到指定账号。委托企业还应提供能证明权利能力、行为能力的材料，由执业律师核实并签字确认。

2.必要时聘请国内专业律师协助与国（境）外律师联系、沟通

国内企业到国（境）外诉讼，一定要与代理律师有良好的沟通，必要时可聘请国内专业律师协助沟通和协调。国内专业律师可以为企业提供法律咨询，整理、收集相关材料，帮助企业督促国（境）外律师工作。而且，国内律师一般采取按件收取费用的方式，这与国（境）外律师的按小时收费相比具有很大优势。

3.关于收费问题

在我国香港，律师收费主要以律师的工作量为基础计算费用，一般有两种：一种是根据律师工作时间，按小时计费；另一种是办理案件整体收费，并根据难易程度适当调整。需要注意的是，内地企业去香港是需要预存诉讼费用和律师费用到法院的，数额由对方当事人提出申请，法院决定。

第五节　代理出口销售的核算

2004年7月1日，我国开始放宽进出口经营权的申办条件，采取出口备案登记制。虽然如此，仍有企业不具备经营涉外业务的条件，这些企业的货物需要委托其他涉外企业代为办理出口销售。因此，涉外企业除自营出口业务外，还有代理出口销售业务。

一、代理出口销售的含义

代理出口销售是指具有进出口经营权的企业接受其他单位的委托，代办对外销售及交单结汇或同时代办发运、制单等业务的统称。如只代委托方办理对外成交而不负责办理制单结汇，或是只代委托方办理出运等部分业务，在习惯上只称为代办业务，而不称为代理出口业务。

二、代理出口销售的程序

涉外企业经营代理出口销售的程序，大体分为以下步骤：

（1）受托企业与委托企业必须事先签订代理出口协议，明确规定经营商品、代理范围、商品交接、保管运输、费用负担、外汇划拨、手续费率及其计算依据等，分清双方职责，共同执行。

（2）按协议规定寻找客户，落实代理出口销售事宜，并与境外进口方签订出口合同。

（3）与执行自营出口销售合同的程序一样，对外履行出口合同，按时备货、装船、报关、报检、代付各项费用。

（4）代办向银行交单结汇，收回外汇货款，核销出口收汇。

（5）在代理出口销售货款中扣收手续费和代垫费用，余额结付委托单位。

三、代理出口销售的核算原则

企业代理出口销售与自营出口销售的核算有根本区别，具体表现在：

（1）代理企业不提供货物资金，不承担任何国内外直接费用。

（2）代理企业不承担出口销售的盈亏。

（3）代理企业只按代理出口销售发票或合同规定收取一定比例的代理手续费。

（4）国内的直接费用应由委托方负责，间接费用应向委托方收取一定比例的手续费进行补偿。费用的结算既可垫付后向委托方托收，也可由委托方先预付后再行清算。

（5）国外费用由委托方预拨或由代理方垫付后在结算代理收入时扣收。

（6）收取出口外汇收入和手续费及代垫费用，最后一次向委托方结算。

（7）代理出口销售的出口退税，首先由受托方到主管退税机关开具代理出口货物证明，交委托方，然后由委托方向所在地税务部门办理。

（8）受托代理出口销售收取的手续费，按税法规定缴纳增值税和城市维护建设税。

四、代理出口销售货款的清算方式

受托出口企业向委托企业清算销售货款的方式有全额收结货款和差额收结货款两种。

全额收结货款方式，是指银行在收到代理出口销售外汇时按全额转入受托企业存款账户的一种结算方式。采取这种方式时，受托企业收汇后，扣除垫付的国内外直接费用和应收取的代理手续费，将外汇余额通过银行转付委托单位。

差额收结货款方式，是指受托企业在办理代理出口销售交单结汇时在有关单证中写明银行收到外汇货款后分别向受托企业和委托单位分割收（结）汇的方式。采取这种方式时，银行收到外汇如含有佣金，在扣除应付佣金后，将代垫的国内外直接费用和代理手续费向受托企业办理收（结）汇，将余额直接划拨委托单位。

五、代理出口销售的核算

代理出口销售核算应用的账户体系与核算方法，自我国会计与国际会计接轨以来，先后有过两次变动，逐步科学化、完善化。

根据反映和监督代理出口销售业务的需要建立三类账户：

（1）代理出口销售收入的核算账户。为避免受托和委托双方对同一出口销售重复反映销售收入，采取委托方按自营出口处理，受托方不反映代理出口销售收入，只将代理手续费收入记入“其他业务收入”账户，并按规定缴纳增值税。

（2）代理出口销售成本的核算账户。为避免双方重复反映，代理出口商品的成本通过

“受托代销商品”专户和“代销商品款”账户进行核算。

(3) 应收、应付账户。受托方与委托方相互间发生的代理销货款、代垫费用及手续费，在“应收账款”“应付账款”下设专户核算。

【例 5-13】假设甲涉外进出口公司（甲方）接受国内乙企业（乙方）委托代理出口W货物一批，甲、乙双方达成协议，主要条款如下：

A.W 货物 1 000吨，单价 CNY70，总价 CNY70 000

B.国内费用由甲方垫付，结算时在乙方货款中扣收

C.代理手续费依出口发票按3%计付

D.汇兑损益由乙方承担

E.货款结算采用全额收结方式

签订协议后，甲方以函电磋商（或其他方式）对外成交，与境外丙进口公司签订出口合同，主要条款如下：

A.货物总值（每吨 USD16CIF 汉堡）USD16 000

B.国外运费 USD1 000

C.保险费 USD300

D.暗佣（3%）USD480

附有关会计资料：

汇率按当日银行牌价。

此项代理出口销售的会计核算程序及账务处理步骤，与自营出口销售大体相同，只是核算原则和所用核算账户不同。代理出口销售收入采用全额结算方式的会计处理如下：

(1) 收到代销商品时，根据进仓单编制会计分录如下：

借：受托代销商品——代理出口（W 货物）	70 000	
贷：代销商品款——乙企业		70 000

(2) 代办出口托运时，根据盖有“代理业务”戳记的出库单，编制会计分录如下：

借：发出商品——W 货物	70 000	
贷：受托代销商品——代理出口（W 货物）		70 000

(3) 代办出口交单，当日牌价为 USD1=CNY6.15，编制会计分录如下：

借：应收账款——应收外汇账款（丙公司）(USD16 000×6.15)	98 400	
贷：应付账款——乙企业		98 400
借：代销商品款——乙企业	70 000	
贷：发出商品——W 货物		70 000

(4) 代垫国外运费 1 000 美元、保险费 300 美元，代付国外佣金 480 美元，当日牌价为 USD1=CNY6.16，编制会计分录如下：

借：应付账款——乙企业（运费）(USD1 000×6.16)	6 160	
——乙企业（保险费）(USD300×6.16)	1 848	
——乙企业（佣金）(USD480×6.16)	2 956.80	
贷：银行存款		10 964.80

(5) 银行通知代理出口销售货款如数结来，美元买入价为 6.14 元，根据结汇水单按全额收结货款，编制会计分录如下：

借：银行存款（USD16 000×6.14）　98 240
　　应付账款——乙企业　160
　贷：应收账款——应收外汇账款（丙公司）（USD16 000×6.15）　98 400

（6）受托企业按协议扣收代垫费用和代理手续费（按USD1=CNY6.15确认）后，通过银行将余款结付给委托企业时，根据代理结算清单，编制会计分录如下：

借：应付账款——乙企业　87 275.20
　贷：其他业务收入（USD480×6.15）　2 952
　　　银行存款　84 323.20

经过上述会计处理，将有关分录登入T形账户后，其他账户均已结平，无余额，从略。只有“银行存款”和“其他业务收入”两个账户有余额，如图5-3所示。

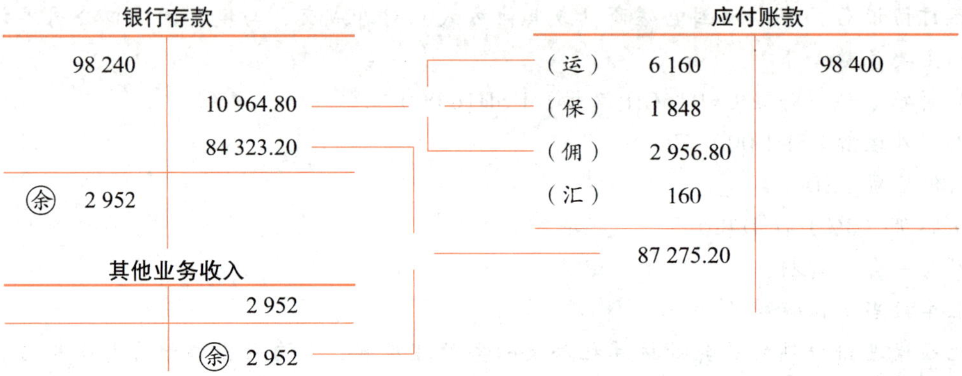

图5-3　T形账户关系

这项代理出口销售结束后，受托方的账簿中只有“其他业务收入”账户贷方余额2 952元与“银行存款”账户借方余额2 952元相对应，体现代理业务的成果。

（7）代理进出口业务收取的手续费，在期末时，按税法规定的税率计算缴纳相关增值税及城建税等。计算时，编制会计分录如下：

借：税金及附加
　贷：应交税费

办理缴纳税金及附加时，根据纳税凭证，编制会计分录如下：

借：应交税费
　贷：银行存款

至此，受托与委托双方协议中的代理出口货款在全额结算方式下已全部清账了结。如果双方协议中规定采取差额结算方式，其核算举例如下：

【例5-14】假设【例5-13】中，甲方与乙方的委托代理出口协议和与国外丙公司的出口合同条款均不变，只是将代理出口货款结算方式改为差额收结货款方式，其会计处理过程如下：

（1）至（4）与【例5-13】相同（从略）。

（5）办理结汇时，银行根据事前约定，将结收的货款进行分割，在98 400元货款中，首先扣收受托甲方代垫国外费用、汇兑损益和手续费共14 076.80元，其余额84 323.20元直接结付委托方。受托方接到银行通知入账时编制会计分录如下：

借：银行存款　　14 076.80
　　应付账款——乙客户　　87 275.20
　贷：应收账款——应收外汇账款（丙公司）（USD16 000×6.15）　　98 400
　　　其他业务收入　　2 952

在代理出口销售业务全部结束后，有两件事不能忘记：一是办理出口收汇注销手续；二是整理齐备全套出口单证，代委托方向税务机关办理出口退税手续，取得代理出口货物证明，转交委托方向当地税务机关办理退税。

小知识 5-4

国际贸易中常用的代理销售方式

国际贸易代理销售按与国外代理商的关系分为包销、定销、委托代理、展卖、寄售和经销等业务。包销是指在国外一定地区和一定时期内，对某种或某几种出口商品，由包销商独家专营。定销与包销基本相同，只是无独家经营。委托代理是指委托国外代理商代销，按销售额付给一定比例佣金的业务。展卖是指利用国外的博览会和国内广交会、小交会等达成交易。寄售是指委托外商在当地代销，所得货款扣除佣金和规定费用汇付外贸企业。经销是指外贸企业和国外代销商签订经销合同，按照暂定价格先交单结汇，等商品实际销售后再多退少补差额款项。

资料来源　徐景霖．国际贸易实务［M］．11版．大连：东北财经大学出版社，2019.

第六节　委托代销出口销售的核算

委托代销业务包括“寄售”与“经销”两种方式。寄售合约只规定代销的参考价格，货款需等销售后根据实际销售价格及付款方式结算。经销一般指委托方将货物出运后，先按合约规定暂估价格并按支付方式结算货款，等受托方完成销售，再按实际销售价格进行调整。就最后结算货款的原则来看，两者均属代销业务。

一、寄售方式的核算

寄售是先将货物运交国外约定的代售客户，代售客户根据寄售协议代为销售，在销售货款中扣除规定的佣金和费用后将寄售货款通过银行汇付寄售方。

1.寄售出口销售的特点

寄售便于境外当地购买者看样成交，立即取货，有利于开辟市场和扩大销售，但也存在着占用资金、收汇不安全、风险较大等缺点。在采用此种方式时，应注意选择好寄售地点和代售方，谨慎签订寄售协议，避免发生纠纷和损失。

在涉外业务中，为积极扩大出口或处理仓存积压货物，可委托我驻外分支机构或国外客户进行出口商品寄售。

2.寄售出口销售的核算原则

寄售方式是在成交之前就将货物运往寄售地委托国外客户代销，寄售货物出运后至代销前所有权仍属于寄售方，费用和风险也由寄售方负担。因此，在货物出运时不能作销售处理。货款的结算是在寄售货物出售后，由代销商开来代销货物结算清单，按货款扣除代销佣金及运杂费后的净额汇付寄售方。

3.寄售出口销售的会计处理

对于寄售业务，应在“主营业务收入”和“主营业务成本”总账下分别寄售货物结合寄售客户设立明细专户进行核算。

【例5-15】某企业与国外C客户签订协议寄售D货物，成本价CNY350 000，在C客户销售后扣除代理手续费及有关支出，通过银行结汇清算。这项业务的会计处理过程如下：

（1）发运货物时，凭出仓单、运输单证及盖有寄售印记的出口发票与协议核对无误，编制会计分录如下：

借：发出商品——C客户（D货物）	350 000	
贷：库存商品——D货物		350 000

（2）收到国外C客户通过银行结来扣除各项费用的寄售货款净额USD62 000，汇率为USD1=CNY6.13，根据寄售结算清单和货款结汇水单，编制会计分录如下：

借：银行存款（USD62 000×6.13）	380 060	
贷：主营业务收入——寄售（D货物）		380 060

同时，结转成本：

借：主营业务成本——寄售（D货物）	350 000	
贷：发出商品——C客户（D货物）		350 000

（3）假如协议规定此项寄售货款分期逐次结算，当收到各期次货款时，按实收数编制如上会计分录，并按比例分期结转销售成本。

（4）寄售过程中发生的国外费用按自营出口销售的国外费用处理，即冲减销售收入。国内发生的有关寄售货物费用在发生时计入销售费用或管理费用，在计算该批次寄售盈亏时，按一定的国内费用分摊比例分配计入寄售成本。

二、经销方式的核算

经销方式亦称假售定方式，即出口企业与国外代销客户签订经销合同，由代销客户预先垫付资金，出口企业暂按经销合同规定的价格出运货物、结汇货款，待经销客户销售后再按实销价格清算，多退少补。其具体做法是首先由经销客户交纳押金或按暂定价支付货款，然后再按暂定价格与实销价格之间的差价进行逐笔结算或定期结算。

经销方式虽然是采用出运商品结汇办法，但双方仍不属于买卖关系，商品所有权、费用和风险负担与寄售方式完全相同。

【例5-16】假设【例5-15】中的业务为经销方式，企业与国外C客户签订D货物经销合同，规定出运货物暂作价USD60 000，经销后实际收到结来货款USD62 000，其会计核算过程如下：

（1）发运货物时，将暂作价按汇率USD1=CNY6.13折算为人民币价，编制会计分录如下：

借：应收账款——应收外汇账款（C客户）（USD60 000×6.13）	367 800	
贷：主营业务收入——经销（D货物）		367 800
借：主营业务成本——经销（D货物）	350 000	
贷：库存商品——D货物		350 000

（2）售后，国外C客户报来经销货物清单及发票时，实际销价为USD62 000，汇率为

USD1=CNY6.12，根据有关单证编制会计分录如下：

借：银行存款（USD62 000×6.12）　　379 440

　贷：应收账款——应收外汇账款（C客户）（USD60 000×6.13）　　367 800

　　　主营业务收入——经销（D货物）　　11 640

或者，将此核算按如下两步处理：

第一步，将原USD60 000按汇率USD1=CNY6.13折合CNY367 800，已登账的记录用红字订正法冲掉，编制会计分录如下：

借：应收账款——应收外汇账款（C客户）（USD60 000×6.13）　　367 800

　贷：主营业务收入——经销（D货物）　　367 800

第二步，将实收USD62 000按汇率USD1=CNY6.12折合CNY379 440，重做分录并登账。此种处理，虽麻烦一点，但清晰得多。

最后再提醒一点，寄售与经销均属出口销售业务，切勿忘记办理出口退税。

补充阅读资料5-3

奥运会在日本举行，却印上“中国制造”四字，韩媒终于发出感叹

这些年来，中国一直在提升自己在创新生产方面的能力，加快自己从代工生产到创新生产的步伐。伴随着中国的发展提升，“中国制造”四个字出现在世界多个地方。在日本举办的东京奥运会上，也出现了很多中国制造。

中国制造，占据奥运会一半装备

在本次的东京奥运会中，我们可以发现有近一半的体育设备上面都有中国制造厂商的标志。备受瞩目的领奖台上面的奥林匹克五环旗标志就是由中国济南邦德激光公司研制的激光仪制作的。使用这种激光仪器时，只需要几秒钟就可以将可再生材料做成无比精细的标志。

很多比赛设备也是由中国的企业生产的，比如说在柔道、跆拳道比赛赛场使用的垫子就是中国泰山体育集团生产的低碳、环保的比赛专用器材。此外，像羽毛球、乒乓球、羽毛球自动穿线机以及裁判们使用的设备也都是红双喜提供的。还有河北张孔杠铃制造有限公司作为奥运会定点举重设备的唯一供应商，它生产的设备水平直接超过了日本以及美国。

中国科技行业和服装行业大放异彩

除了这些体育设备之外，在东京奥运会开幕式上，难民代表团代表身上的服装也受到了世界人民的关注。29个难民代表团的成员，他们的服装包括衬衣、领带、腰带、皮鞋等基本上都是由中国企业恒源祥专门定制的。恒源祥作为中国奥委会的合作对象之一，由它生产的服饰，无论是在版式设计、材料选择还是制作工艺上，都非常精细用心。蓝色的服装代表着“和平”的奥运精神，和平鸽造型的领带和丝巾代表着海内外各界人士都能够享受健康、安稳、美好的生活的期许。

另外，东京奥运会还借助了中国的科技力量——阿里巴巴云端广播系统。本次东京奥运会因为疫情原因，观众无法在现场观看。阿里巴巴集团利用3D技术，向全世界的200多个国家追踪播放了选手们比赛的场面。

单从东京奥运会的各项设备就可以看出来，这些年来中国在生产制造方面取得的成果。中国已经不再是很多年前那个只能复制其他国家产品进行机械化生产的国家了，现在的中国已经有能力进行创造性、科技型生产了。

资料来源　佚名. 奥运会在日本举行，却印上“中国制造”四字，韩媒终于发出感叹［N］. 南方日报，2021-08-10.

第七节　援外出口销售的核算

援外出口销售，是出口销售中的特殊情况。除大型、有能力、诚信度较高的企业能够承担政府委托（或投标中标承担）的援外任务外，一般企业不涉及此项出口销售。因此，援外出口销售是一种特殊的出口销售业务。

一、援外出口销售的含义

援外出口不是企业行为，而是政府行为。具体地说，援外出口销售是指涉外企业接受国家或有关部门的委托，借助对外渠道和手段来实现某项对外援助协议任务。近年来，随着我国综合国力的增强，对外援助有了很大发展，也打破了单纯经济物资援外的局面，开展了承包工程、劳务技术合作、生产合作等多种援外业务，扩大了合作领域，援助了许多发展中国家，使受援国家的经济有了发展，人民生活水平不断提高，从而增进了双方的友谊，扩大了我国的国际影响。

二、援外出口销售的方式

援外出口，按其援助性质分为无偿援助和贷款援助。

无偿援助是指受援国对援助的出口物资和工程项目不需要支付任何价款，但对援助的出口物资和工程项目要按照援助协定规定的援助额度由国家或委托部门向承担出口任务的企业办理结算付款。

贷款援助是指受援国对援助的出口物资和工程项目要按照援助协定规定的援助额度进行计价结算，并按照援助协定规定的付款办法和付款时间到期偿还价款。援助贷款又分为无息贷款、有息贷款和低息贷款等。我国对外提供的一般为无息贷款。

三、援外出口销售的程序

援外出口是涉外企业代表国家完成的一项出口业务，具体程序如下：

1. 两国政府签订援助协定

国家对外经济援助，一般是由两国政府本着友好合作、互相支援、平等互利、实事求是的精神，根据受援国的需要和我国对外提供援助的可能，通过谈判的方式，就援助的原则、规模、数额、物资的货单、工程项目、作价、结算和支付等签订原则性文件。

2. 双方受托企业签订援助合同

在两国政府签订援助协定的同时，由双方涉外企业根据援助协定的规定具体商谈并签订援助合同。合同内容一般应明确规定援助物资或工程项目的品种、规格、质量、出口数量和计量单位、包装种类和唛头标志、货物装卸港口、运出期限和运输工具、投保险别及金额、作价原则和币别、商品检验和货运单据、结算方式和结算账户，以及其他特殊条款等。

3. 执行援外出口协定和出口合同

执行援外出口协定销售的程序与自营出口销售相似，包括备货、租船定舱、报检、报关、投保、装运、制单结算等环节，这里不再一一叙述。

4. 任务完成后向银行办理结算

企业办理结算有两种方式：一种是采取招标制。这种方式非常简单，政府只负责支付项目款。另一种是采取实报实销制。这种方式比较复杂，出口企业应根据合同规定备制全套出口单证，填制援外结算申请书，连同援外协定、合同副本责任及出口成本核算单等送交银行，经银行审核无误后，出口企业结算付款，政府财政部门或委托责任部门报账。援外结算申请书格式（以中国银行结算通知书为例）见表5-7。

表5-7

中国银行

结算通知书

致：　　　　日期

银行编号		公司编号		合同或信用证号码	
供货人					
收货人					
货名及数量				金　额	

金额（大写）

兹附上下列单据：

发　票	提　单	检验证	产地证	重量证	装箱单	重量单	保险单

我行已将上述金额付贵行________账户，请贵行相应______收我行__________账户，并通知北京我行总管理处。

附注

结算金额	按折合率	折　¥
实际出口成本		¥
差额		¥

经办行签章　　　　单位签章

结算申请书（由出口单位留底）

四、援外出口销售的核算原则

无论贷款援助还是无偿援助，都是政府行为，都由政府承担经济责任，承办企业不承担任何经济后果，任务完成后取得应有的补偿和一定的收益。至于政府和银行如何办理结算，那是政府财政与银行之间的事情，与企业无关。基于此，企业援外出口销售核算应遵守以下原则：

（1）凡合同规定的有关货款及费用的结算都通过银行审核办理。银行只是记账，并不结汇支付人民币，待任务完成后由政府或有关部门对企业给予补偿。

（2）政府对援外项目采用两种管理方式：一种是通过招标选择项目执行企业；另一种是政府确定项目执行单位。前者在财务管理上实行预先确定执行金额的办法，并在合同中予以明文规定；后者则通过实报实销的办法，待项目执行完毕后向政府财政或委托部门结算。

（3）在招标制下，援外项目执行价格或标的就是援外出口销售收入，其销售成本的核算与一般出口贸易相同；在实报实销制下，向政府财政结算取得的结算款即为销售收入。为便于清算，因援外出口业务而发生的各项费用均应作为销售成本处理。

（4）援外出口销售收入、成本的明细账可使用一般销售收入、成本明细账的格式，并应按项目进行明细分类核算。

（5）为反映援外出口销售的收入、成本及盈亏，企业应设置“其他业务收入——援外出口”“其他业务成本——援外出口”两个明细账户，分别核算销售收入、成本和结转盈亏。

五、援外出口销售的核算

政府对援外经济业务的管理有招标制和实报实销制两种方式，现分别举例说明如下：

1.招标制的会计处理

招标制是国际经济事务普遍应用的一种公平竞争方式。对外援助采取招标方式可以充分提高我国援外项目的质量和效益，使国家有限的援外资金发挥最大的作用。涉外承办企业通过投标、竞标过程中标，与政府或委托部门（如国际红十字会）签订合同并办理有关公证手续，严格履行合同规定的义务，确保援外任务的完成。

【例5-17】我国政府与非洲某友好国家签订无偿援助电子医疗设备一批，该项目采取招标制，大华医疗保健品进出口公司中标，国务院某部与其签订援外合同，有关项目总值、费用支付条款如下：

A.项目：援助电子医疗设备

B.总值CNY1 000 000

C.政府预拨款（50%）CNY500 000

D.企业承付国内货款及一切国内外费用

根据援外合同，大华医疗保健品进出口公司自备货、发运安装、试用、验收交工至项目完成，一切有关支出如下：

A.电子医疗设备总进价 CNY700 000

B.增值税（税率13%）CNY91 000

C.国内运装费 CNY3 200

D.国外运费（费率10%）CNY70 000

E.保险费（A×（1+10%）×0.4%）CNY3 080

根据援外会计核算原则结合援外合同规定，大华医疗保健品进出口公司的会计处理大体如下：

（1）收到预拨援外资金500 000元，编制会计分录如下：

借：银行存款	500 000	
贷：预收账款——国务院某部		500 000

（2）从国内异地购入电子医疗设备若干台，总价值700 000元，增值税税款91 000元，价税合计791 000元，由银行结算，设备已发出，根据有关凭证编制会计分录如下：

借：在途物资——电子医疗设备	700 000	
应交税费——应交增值税（进项税额）	91 000	
贷：银行存款		791 000

（3）电子医疗设备验收入库，编制会计分录如下：

借：库存商品——电子医疗设备	700 000	
贷：在途物资——电子医疗设备		700 000

（4）支付国内购进设备运输及装卸费3 200元，假设计入销售费用，编制会计分录如下：

借：销售费用——装卸费	3 200	
贷：银行存款		3 200

（5）电子医疗设备出库运往口岸待装时，编制会计分录如下：

借：发出商品——援外电子医疗设备	700 000	
贷：库存商品——电子医疗设备		700 000

（6）电子医疗设备装船发运后，接到运输公司、保险公司付费通知，支付国外运费折合CNY70 000，保险费折合CNY3 080，编制会计分录如下：

借：销售费用	73 080	
贷：银行存款		73 080

（7）援外出口完成后结转余欠50%标的款，结转出口成本700 000元以及援外出口不予退税的增值税91 000元，编制会计分录如下：

借：应收账款——国务院某部	500 000	
预收账款——国务院某部	500 000	
贷：其他业务收入——援外出口		1 000 000
借：其他业务成本——援外出口	791 000	
贷：发出商品——援外电子医疗设备		700 000
应交税费——应交增值税（进项税额转出）		91 000

（8）余欠500 000元标的款结来入账时，编制会计分录如下：

借：银行存款	500 000	
贷：应收账款——国务院某部		500 000

援外出口销售业务完成后有关账户大部分已结平封账，只有“其他业务收入”、“其他业务成本”与“销售费用”账户有余额（如图5-4所示）。

其他业务收入——援外出口

	1 000 000（7）

其他业务成本——援外出口

（7）791 000	

销售费用

（4）　3 200	
（6）73 080	

图5-4　T形账户关系

大华医疗保健品进出口公司在圆满完成此项援外项目后，有关账户反映的是援外总收入CNY1 000 000，援外总成本CNY791 000，销售费用CNY76 280。收入减成本和费用，盈余CNY132 720。

2.实报实销制的会计处理

【例5-18】承【例5-17】，签订的援外合同与一切收支条款不变，改为按实报实销方式核算，在最后完成援外项目时，国家或委托责任部门按援外成本总额的5%给予援外报酬（或称劳务费或手续费）。采取实报实销方式的核算过程与招标方式相同，其会计处理如下：

（1）至（5）与招标制的会计处理完全相同，从略。

（6）在完成援外出口项目，向政府或委托责任部门报账时，填写援外工程项目结算清单，列明各项支出的详细资料并附相关原始凭证，列明援外项目的总成本和手续费金额，送达政府或委托责任部门办理结算。

援外出口总成本=700 000+91 000+76 280=CNY867 280

手续费=867 280×5%=CNY43 364

借：应收账款——国务院某部 410 644
　　预收账款——国务院某部 500 000
　贷：其他业务收入——援外出口 910 644

同时，结转成本：

借：其他业务成本——援外出口 791 000
　贷：发出商品——援外电子医疗设备 700 000
　　　应交税费——应交增值税（进项税额转出） 91 000

（7）收到政府或委托责任部门转来余欠援外款项时，编制会计分录如下：

借：银行存款 410 644
　贷：应收账款——国务院某部 410 644

补充阅读资料5-4

2022年8月中国进出口商品贸易方式总值表

金额单位：万人民币

贸易方式	当月		
	进出口	出口	进口
总　值	371 235 956	212 413 580	158 822 376
一般贸易	237 780 182	136 449 501	101 330 681
国家间、国际组织无偿援助和赠送的物资	32 467	32 467	—
其他捐赠物资	888	874	14
来料加工装配贸易	10 276 845	4 860 042	5 416 802
进料加工贸易	61 390 138	40 210 369	21 179 769

续表

贸易方式	当月		
	进出口	出口	进口
边境小额贸易	3 392 156	2 852 681	539 475
加工贸易进口设备	16 041	—	16 041
对外承包工程出口货物	715 835	715 835	—
租赁贸易	178 198	147 502	30 696
外商投资企业作为投资进口的设备、物品	71 248	—	71 248
出料加工贸易	10 970	5 868	5 102
免税外汇商品	42	—	42
免税品	116 456	—	116 456
保税监管场所进出境货物	15 711 694	5 085 422	10 626 272
海关特殊监管区域物流货物	32 186 971	13 959 890	18 227 081
海关特殊监管区域进口设备	361 596	—	361 596
其他	8 994 230	8 093 129	901 101

资料来源　中国海关统计.

本章小结

本章开宗明义，首先阐明了出口货物在涉外经济活动中的重要地位、出口经营的种类、出口销售的操作程序、企业与银行间的结汇手续等基础知识。其次，基于各类出口销售性质、特点、核算原则的不同，以自营出口为重点，用案例的形式系统地说明了流通企业与生产企业自营出口销售的会计处理全过程，并将自营出口销售的相关链接事项在案例后一一进行了说明。最后，对代理出口销售、援外出口销售，根据两者盈亏负担的不同，说明其会计核算应用账户和会计处理的特点。

思考题

1.当前我国出口货物的经营类型、出口货物的一般过程和操作程序是怎样的?

2.企业向银行办理结汇的具体手续以及银行对企业的结汇方式是怎样的?

3.简述自营出口销售的含义、特点，以及自营出口的会计核算原则和应用的账户体系。

4.自营出口销售的入账价格和核算采取的基础价格有何不同，意义何在?

5.简述自营出口销售国内外费用的区别界限、会计核算中的不同处理，以及红字冲减法与蓝字对转法的具体应用。

6.简述流通企业与生产企业出口退税的原则、计算公式和会计处理。

7.简述自营出口销售采用的L/C方式、托收D/A方式、托收D/P方式的核算账户与会计处理过程。

8.简述自营出口销售过程中结汇、押汇、票据贴现、坏账、出口理赔、出口销货退回的会计处理。

9.简述代理出口销售的特点、盈亏负担、应用账户和会计处理。

10.简述委托代售的性质、核算原则、应用账户，以及寄售和经销方式的会计处理。

11.简述援外出口销售的性质，招标制和实报实销制两种方式的比较及各自具体的会计处理。

第六章　进口货物的核算

学习目标

涉外经济活动要实现互通有无、优势互补的双赢。进口货物着眼于“取人之长补己之短，取天下之宝为我所用”。通过本章学习，应当了解进口货物的类型，业务操作的一般程序，银行办理结汇、售汇的规定；明确各类进口货物收入的确认、成本构成和会计核算原则；掌握各类进口销售的会计核算程序和账务处理方法。

第一节　进口货物概述

世界各国由于自然条件的差别和生产力发展水平的不同，需要进行产品交流，优势互补，共同发展。我国是发展中国家，实行对外开放政策，从国外引进先进技术和关键设备，取人之长补己之短，最大限度地满足国内生产和生活的各种物质与文化需要。

涉外企业的进口货物核算，应正确反映进口货物的资金运用情况、国内外货款的结算情况、进口货物的经营成果和进口纳税情况，加速资金周转，提高进口的经济效益。

一、进口货物的经营类型

目前，我国企业经营进口货物，按其所采取的方式和盈亏负担的不同，主要分为以下四种：

1.自营进口货物

自营进口货物，是指涉外企业根据国内市场的需求，自行确定进口方案，自行寻找国内市场，自行与国外供货客户签订合同而组织进口，进口后一次或分次供应国内厂商或消费者，并自行承担进口经营盈亏。

2.代理进口货物

代理进口货物，是指涉外企业受有关单位或企业的委托，与国外供货客户签订合同，并负责对外履约，进口环节所发生的全部税费、业务盈亏均由委托方承担，代理企业只按代理货款收取一定的手续费。

3.易货贸易

易货贸易是一种非货币交易，是“以我之有易我之无，进出结合”的一种贸易方式。易货贸易包括出口和进口两个环节，其形式大体可以分为直接易货、对开信用证易货、记账易货，目前主要是指边境地区的双边直接易货贸易。

4.代销国外商品

代销国外商品，是指国内企业接受国外供货客户提供的商品代其在国内销售，并收取一定的手续费。

二、进口货物的程序

在一般情况下进口货物操作程序大体有以下几个步骤：

1.与国内用户签订合同

从涉外企业的性质看，进口主要是满足国内生产、生活的需求，因此一般均为“先有需求，后有进口”或者“以销定进”。为此，外贸企业在进口前必须先与国内用户签订合同，明确进口商品名称、种类、质量、价格、结算方式、售后服务等条件。

2.对外成交和签订合同

对现汇贸易国家的进口，是在谈判或函电成交的基础上签订合同或成交确认书，据以执行；对记账贸易国家的进口，是在政府间贸易谈判的基础上签订贸易协定或交易合同，由国家指定的外贸公司负责组织执行。

3.履行进口合同

我国的进口业务，大部分采用信用证支付方式，有时也采用托收、预付定金加银行保证函等支付方式。在合同生效之后，应立即按合同规定的支付方式办理对外付款保证手续。

（1）对外开立信用证或银行保函。凡是进口合同规定采用信用证支付方式的，应按合同规定填写开立不可撤销跟单信用证申请书，向银行申请开立信用证。在采用预付定金加银行保函的条件下，应根据合同规定填写要求开具保函申请书，向银行申请开立银行保证函。对外开立进口信用证或银行保函，是进口企业进口货物程序中的一个重要环节。

（2）租船订舱并通知船期。进口信用证开出以后，应在合同规定的交货期前催促出口商及时备货。对以FOB价格成交的合同，应由我方负责办理租船订舱。办妥租船订舱后，应及时通知出口商船名和船期，督促其按时交货发运。

（3）办理进口保险。凡是以FOB和CFR价格条件签订的进口合同，在执行时由我方（进口方）办理海运保险手续。在收到出口方的装船通知后，应立即将船名、提单号、开船日期、商品名称、数量、装卸港口等通知保险公司，据以办理保险手续。

（4）审单和付款赎单。国外出口方在商品装船后，应立即将信用证规定的全套单证送交出口方开户银行办理收款手续。进口企业在收到通过开证行转来的出口方开户行发来的全套结算单据后，应认真对照信用证的规定，核对单据的种类、份数和内容，在“单证相符、单单相符”的基础上向开证行办理进口付款赎单手续。

4.到货接运和报关

涉外企业在进口商品到港后，要办理到货接运和海关报关手续。目前，一些企业进口商品的接运和报关等工作都是委托当地外运公司负责办理。

5.接货、验收和拨交

进口货物到港后，由港方负责卸货。在卸货时应对货物进行检查，如发现短缺，及时填写“短缺报告”，交船方签字，并根据短缺情况向船方提出保留索赔权的书面声明。卸货发现残损，应将货物存放在海关指定仓库，待保险公司会同商检机构检验后作出处理。货物经商检、报关后，由经营进口单位委托外运公司提取货物并拨交订货单位。

6.进口索赔

如果货物到达后，发现质量、数量有问题及残损等，以中国商检机构的检验证书作为索赔依据。凡发现问题，商检机构均出具检验证书，详细列明检验结果并判明责任归属，可凭商检机构出具的检验证书向有关责任方索取赔偿。

（1）如发现商品的规格、品质与合同不符，属于出口商的责任，应向出口商索赔。

（2）如发现商品数量少于提单所载数量以及因运输公司过失造成的商品残损，属于运输公司的责任，应向运输公司索赔。

（3）如由于自然灾害、意外事故或运输中的其他事故致使商品损失等，属于保险范围的，应向保险公司索赔。

7.对内销售结算

进口企业在收到国外账单或进口货船到达我国港口后，应按照与用户的合同和有关规定向用户办理有关结算手续，收到国内用户的货款并结算入账。至此，通常情况下的进口货物业务结束。

三、银行办理付汇的手续

目前经营进口业务的企业对外承付货款主要采用信用证方式、银行保函方式和银行汇出汇款方式。

1.信用证方式付汇

在信用证项下付汇应严格按照信用证偿付条款和国外寄单行的付款指示办理。

（1）承兑。审核远期信用证项下来单，确认单证相符后，开证行应计算到期日，并向寄单行电传确认到期日或邮寄承兑通知书。开证行应将已承兑的汇票或通知书按付款到期日顺序排列保管，并作日常检查，确保按时付汇。

（2）付汇。即期信用证项下经开证行审单确认单证相符后，即可对外付汇。常用的付款指示大致有以下几种类型：❶寄单行是开证行的账户行，索汇指示为“请授权我借记你行账户”，付款指示为“请借记我行账户”；❷寄单行与开证行无账户关系，但其指定的账户行与开证行有账户关系；❸寄单行与开证行无账户关系，该行指定的账户行与开证行也没有账户关系；❹寄单行在开证行开有账户，索汇指示为“请贷记我行账户”。

（3）付款通知。寄单行的索汇指示往往带有付款通知的要求，“请航邮/电传通知”，开证行付款后应按照指示发付款通知：“WE HAVE TODAY REMITTED THE PROCEEDS AS PER YOUR INSTRUCTIONS.”

2.银行保函方式付汇

开立银行保函进行进口结算付款，事前需经过严格的审查。

（1）前期审查。前期审查是指在签订合同和开立保函之前对有关项目的审查或评估。经过对申请人资格、资信、申请书的内容、担保条款、有关保证金、外汇抵押和反担保等的审查，确认真实、可靠后，银行方能办理保函。

（2）保函条款。银行开具的保函条款主要有：❶保函的金额限制；❷生效期和失效期；❸原则上不开可转让保函；❹原则上应直接开给受益人，不经当地银行转开；❺保函的法律适用及司法管辖权等条款。

（3）开立保函。保函可根据申请人的要求电开和信开。信开应经银行授权签字人员双签。电开应选择海外分行或代理行通知。电开应加密押。保函开出后，申请人要求修改应提交修改申请书，申请书应注明保函号码、日期、金额及要求修改的内容，经审核后方可发出。

3.银行汇出汇款

银行办理贸易项下汇出汇款的汇款人，应是有进出口经营权的企业，无经营权的企事业单位和团体办理汇款须经外汇管理部门批准。三资企业的正常业务支出可凭有关业务支付凭证直接办理，其他收益的汇出应按外汇管理部门的规定办理。

使用现汇账户办理汇款，需符合批准开户核定的使用范围。使用现汇保证金账户办理汇款，应控制在存入时核定的用汇范围内。

进口货物货到付款，申请人应提交有关进口单据，如发票、合同、提单，如属限制进口的商品，还需提交有关批文或进口许可证。运费、保险费应提交运输或保险单据及收费清单。贸易退赔款、“三来一补”进料款汇出应按外汇管理规定办理。

（1）货款汇出的方式。一般采取的汇出方式有电汇、信汇和票汇三种（见第三章第二节）。

（2）汇款退汇和汇票挂失。电、信汇退汇需由汇款人提交书面申请书，并交验汇款回单，经汇出行审查同意，汇出行应用电讯向解付行发出止付指示，待接到解付行同意退汇的加押电或函邮通知，并查明国外账户行确未借记汇出行账户，或解付行已退回汇款头寸，或退回原信汇委托书后，方可办理退汇。

汇票退汇需由汇款人持汇票正本前往出票行办理并背书，由银行注销原票，办理退款手续。汇票挂失止付，应由汇款人书面向出票行申请，出票行应向付款行发出止付通知，待接到付款行同意止付的加押电，自汇票有效期满后1个月再办理退款事宜。如汇款人要求立即另开新票或退款，出票行应要求汇款人出具担保，银行保留追索权，经批准方可办理。若汇票挂失止付前或途中款已被人冒领，由汇款人承担损失。

小知识6-1

汇入汇票遭遇退票的处理

支票如因账户关闭、存款不足、签字不符等遭国外退票，托收银行应尽快通知委托人，如未发货应停发货物。如果国外代收银行以“立即贷记”的方法先给托收银行入账，在票据交换时遇到退票、代收行将款项冲回的情况下，托收银行应尽快通知公司并冲回票款。

资料来源　方士华. 国际结算［M］. 3版. 大连：东北财经大学出版社，2012.

第二节　自营进口销售的核算

利用国际分工和全球市场，进口国家亟需或短缺的生产、生活资料，是涉外企业的中心任务之一。涉外企业应在国家有关进口方针政策指导下合法经营，按章纳税，不走私，不套汇，不骗税，追求企业效益兼顾国家和社会利益，为繁荣社会主义经济、增强国家实力做贡献。

一、自营进口销售收入的确认

按照企业会计准则关于划分资产所有权的规定，应以向国内客户开出销售发票并办理结算取得货款或拥有货款索取权的时间作为自营进口销售收入的确认时间。在实际工作中，进口货物的结算时间有单到结算、货到结算和出库结算三种。

1.单到结算

单到结算，是指进口企业不论进口货物是否到达我国港口（车站），只要收到银行转来的国外全套结算单据，经审核符合合同规定，即向国内客户办理货款结算，确认销售收入的实现。一般情况下，在“以销定进”情况下采用单到结算方式。

2.货到结算

货到结算，是指进口企业收到运输公司进口货物已到达我国港口（车站）的通知后，即向国内客户办理货款结算，确认销售收入的实现。

3.出库结算

出库结算，是指进口企业进口的货物到货后先验收入库，待出库销售时根据销售发票办理结算，确认销售收入的实现。

进口企业财会部门收到国外进口单据，或者收到外运公司的船舶到港通知确认货已到达港口（车站），或者收到业务部门转来的库存进口货物的销售出库单后，应及时填制进口结算单及委托银行收款凭证，通过银行向订货单位收取货款。进口结算单的格式见表6-1。

表 6-1　　××公司进口结算单

查询事项请提供此号：

付款单位：　　船名：　　E字第　　号

对外合同号：　　计量单位：　　B/L　　号

到货口岸：　　装船日期：　　国内合同　　号

品名及规格	数量	单价	金额										备注
			千	百	十	万	千	百	十	元	角	分	
货款合计													
加：国内运费													
结算金额													

二、自营进口货物成本的构成

自营进口货物的采购成本由国外进价和进口税金两个部分构成。

1.国外进价

进口商品的进价一律以CIF价为会计核算基础价格。采取其他价格（如CFR、FOB）进口发生的国外运费、保险费、佣金以及对外理赔等，均作冲减或增加进口销售成本处理。

2.进口税金

进口税金是指进口货物在进口环节缴纳的各种税金，主要包括关税和消费税。进口环节征收的增值税是价外税，它不是进口货物采购成本的构成部分，应列入“应交税费”账户处理。

三、自营进口货物的核算原则

根据进口货物销售收入的确认条件和进口货物成本的构成，进口货物的会计核算应遵守以下原则：

（1）自营进口货物销售入账时间依进口企业与国内客户双方选定采取的结算时点而定，即单到结算、货到结算、出库结算任选其一，以约定为准。

（2）自营进口货物销售收入的价格确认，以出口方开具的发票原币金额乘以汇率折合的人民币数额为入账价格，会出现CIF、CFR、FOB等不同价格。

（3）会计核算以CIF为基础价格，即将CFR或FOB价格换算为CIF，以便于各进口批次损益的互相比较。

（4）因以CIF为基础，凡是进口货物发生的国外运费、保险费、理赔款，均作增加进口成本处理。

（5）进口货物发生的佣金，作减少进口货物成本处理。进口累计佣金，不能明确佣金对象的，作冲减销售费用处理。

（6）进口货物缴纳的关税、消费税是价内税，计入进口货物成本，而其缴纳的增值税为价外税，在“应交税费”账户核算。

四、自营进口货物销售核算的账户体系

为反映自营进口业务的销售收入和成本，设置“主营业务收入”和“主营业务成本”账户核算。自营进口的销售收入记入“主营业务收入”账户的贷方；进口商品退货时返还给订货单位的退货款以及数量短少、品质规格不符合合同规定的理赔款等冲减销售收入，记入“主营业务收入”账户的借方。结转销售成本记入“主营业务成本”账户的借方；进口商品退货时收回国外出口商的退货款和进口商品数量短少、品质规格不符合合同规定收取的国外出口商赔款，以及对国内用户已经赔付但对外无索赔权的赔款等，均冲减销售成本，记入“主营业务成本”账户的贷方。

进口货物抵达我国口岸以后的费用，如港务费、过港费、卸船费等，一律在“销售费用”账户核算。

进口企业代用户垫付的从口岸或外贸仓库运往用户指定地点的货物运费等，一律向用户托收，不在“销售费用”和“主营业务成本”账户核算。

自营进口货物在销售环节缴纳的城建税等税金，在“税金及附加”账户核算。计算应纳税金或支付税金时，应先通过“应交税费”账户核算。

五、自营进口货物销售的核算

根据有关外汇管理规定，本章举例的企业实行结汇制（含部分结汇），按业务发生当日汇率记账、逐笔结转汇兑损益。

【例6-1】东大进出口公司为国内某检测单位从日本进口仪器10台，每台FOBJPY100 000，总值JPY1 000 000，国内交货结算价CNY100 000。此进口货物的有关货款、费用、纳税资料如下：

A.检验仪器10台

B.总值（JPY100 000×10）JPY1 000 000

C.运费JPY80 000

D.保险费JPY4 400

E.暗佣（2%）JPY20 000

F.关税（完税价格×5%）CNY3 036.32

G.增值税（税率13%）CNY8 289.15

H.结算方式L/C即期付款

附有关会计资料：

a.国内交货结算单价CNY100 000

b.到货后国内费用CNY3 500

c.应摊国内费用CNY11 250

d.日元按当日汇率记账

前已述及，进口货物的确认和结算分单到结算、货到结算和出库结算三种情况，对上述业务按三种结算方法分别说明，账务处理如下：

（1）进口货物单到结算的账务处理。涉外企业在收到银行转来的付款单据后，立即向国内某检测单位办理结算，此时因进口货物的有关成本尚未核算、归集完毕，不能同时结转成本。其核算过程和分录如下：

❶收到银行转来的国外进口单据，审核无误支付货款时，汇率为JPY1=CNY0.056，编制会计分录如下：

借：在途物资　56 000
　贷：银行存款　56 000

❷向国内客户结算，编制会计分录如下：

借：应收账款——某单位　113 000
　贷：主营业务收入——自营进口销售收入　100 000
　　　应交税费——应交增值税（销项税额）　13 000

❸支付国外运保费，当日汇率为JPY1=CNY0.056，编制会计分录如下：

借：在途物资　4 726.40
　贷：银行存款　4 726.40

❹货物运到口岸后计算应纳进口关税和进口增值税，编制会计分录如下：

借：在途物资　3 036.32
　贷：应交税费——应交进口关税　3 036.32

缴纳进口关税及增值税时，编制会计分录如下：

借：应交税费——应交进口关税　3 036.32
　　　　　——应交增值税（进项税额）　8 289.15
　贷：银行存款　11 325.47

❺银行通知收到日本客户汇来的暗佣，汇率为JPY1=CNY0.056，编制会计分录如下：

借：银行存款　1 120
　贷：在途物资　1 120

❻进口货物采购成本归集完毕，结转购进成本，分录如下：

借：主营业务成本——自营进口销售成本　　62 642.72

　贷：在途物资　　62 642.72

❼支付国内运杂费，编制会计分录如下：

借：销售费用　　3 500

　贷：银行存款　　3 500

❽收到国内某检测单位转来的款项113 000元，编制会计分录如下：

借：银行存款　　113 000

　贷：应收账款——某单位　　113 000

根据上述分录登记T形账户，如图6-1所示。

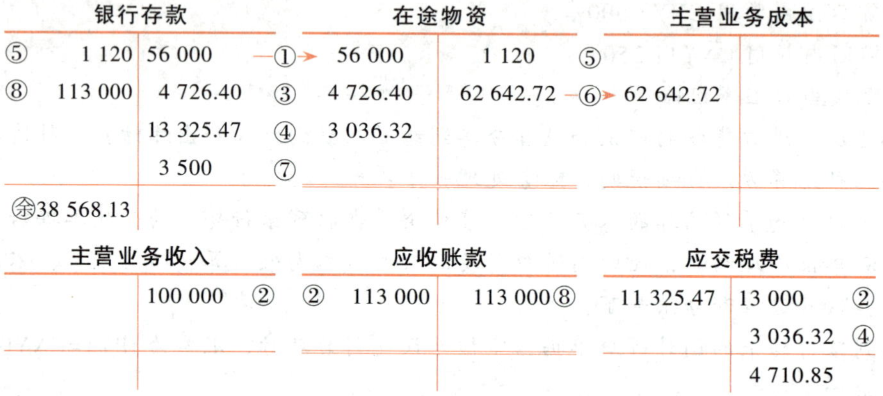

图6-1　T形账户关系

由上述账户对应关系可见，此项自营进口销售的结果是：主营业务收入100 000元，主营业务成本62 642.72元，销售费用3 500元，获取毛利33 857.28元，与银行存款余额38 568.13元及应交税费余额4 710.85元的差额相等，表明核算正确无误，业务结束。

（2）进口货物货到结算的账务处理。自营进口货物，在采取货到结算情况下，当进口货物的采购成本已归集完毕，在货物销售时，可以同时结转销售成本。其核算程序如下：

进口仪器，接到运输公司通知进口货物到达，经审核验收无误，向国内某检测单位办理结算，编制会计分录如下：

借：应收账款　　113 000

　贷：主营业务收入　　100 000

　　　应交税费——应交增值税（销项税额）　　13 000

同时，将进口成本归集完毕，结转进口销售成本，编制会计分录如下：

借：主营业务成本　　62 642.72

　贷：在途物资　　62 642.72

除“主营业务收入”和“主营业务成本”两账户同时结转外，其余事项账务处理与单到结算完全相同，从略。

（3）进口货物出库结算的账务处理。前两种方式进口货物一般是有固定销售对象，成批进、成批出，均未经过库存阶段而直接销售，而采取出库结算的货物是先从国外进口入库储存，然后再销售，其采购成本已归集完毕，其销售收入与结转销售成本同时办理。

❶进口仪器验收入库时编制会计分录如下：

借：库存商品——仪器	62 642.72	
贷：在途物资		62 642.72

❷接到进口商品销售的出库通知单，按合同或协议规定的销售价格向某单位结算时编制会计分录如下：

借：应收账款——某单位	113 000	
贷：主营业务收入		100 000
应交税费——应交增值税（销项税额）		13 000

同时，结转销售成本，编制会计分录如下：

借：主营业务成本	62 642.72	
贷：库存商品——仪器		62 642.72

（4）计算自营进口销售批次损益。反映进口销售盈亏情况的常用指标有以下五项：

❶自营进口销售总成本，计算如下：

自营进口销售总成本=进口发票原币金额×汇率+国外运保费+进口价内税-佣金+国内应摊费用+理赔

=1 000 000×0.056+4 726.40+3 036.32-1 120+11 250+0

=CNY73 892.72

❷自营进口销售净收入，计算如下：

自营进口销售净收入=向国内客户结算收取的价款-折扣（佣金）

=100 000-0

=CNY100 000

❸自营进口销售盈亏额，计算如下：

自营进口销售盈亏额=自营进口销售净收入-自营进口销售总成本

=100 000-73 892.72

=CNY26 107.28

❹自营进口销售盈亏率，计算如下：

$$\text{自营进口销售盈亏率}=\frac{\text{自营进口销售盈亏额}}{\text{自营进口销售总成本}}\times 100\%=26\ 107.28\div 73\ 892.72\times 100\%$$

≈35.33%

❺自营进口每美元赚（赔）额，计算如下：

$$\text{自营进口每美元赚（赔）额}=\frac{\text{进口盈亏额(CNY)}}{\text{进口支付美元额(USD)}}$$

按有关统计口径的规定，计算进出口指标时，均统一换算为美元指标。计算非美元的进出口换汇成本或赚（赔）额时，应首先将非美元的货币换算为美元，然后再按公式计算。

本例支出JPY1 000 000，假设美元对日元的汇率为1∶110，则换算如下：

进口每美元赚（赔）额=26 107.28÷（1 000 000÷110）≈CNY2.87

此指标说明进口用汇相当于每美元的成本支出会赚人民币2.87元。

小知识 6-2

报 验

《中华人民共和国进出口商品检验法》规定，商检机构和依法设立的检验机构，依法对进出口商品实施检验。检验内容包括商品质量、重量、数量和包装。对外贸易合同有规定的，按合同规定检验；合同未规定或规定不明确的，按有关标准和规定检验。国家商品检验机构及其所属的各地商品检验机构是国家主管进出口商品检验工作的职能部门，其主要职责是：对进出口商品实施品质管制，即强制性的法定检验；统一管理进出口商品检验工作和对外贸易公证鉴定业务。凡属于法定检验和合同或信用证规定由商品检验机构检验出证的出口商品，出口单位在装运前需向商品检验机构申请检验，经检验不合格者，商品检验机构不发检验证书或放行单，亦不在出口货物报关单上加盖放行章，海关不予放行。

资料来源　郑光贵. 国际贸易理论与实务［M］. 7版. 大连：东北财经大学出版社，2022.

第三节　自营进口销售相关链接事项的核算

自营进口销售中还有进口开具信用证、预付货款、销货退回和索、理赔等经济业务需要核算。

一、进口货物开具信用证的账务处理

当前，进出口企业与银行采取L/C结算一般都签有协议，不逐笔办理信用证保证金存款。如果银行对企业办理信用证结算要求交保证金，企业办证交费付款后，凭有关凭证编制如下会计分录：

借：其他货币资金——信用证保证金存款
　　财务费用——手续费
　贷：银行存款

二、预付货款的账务处理

如果进口货物在合同中规定需要预付一定比例货款，进口企业办完预付货款后，凭有关单证编制如下分录：

借：预付账款——××客户
　贷：银行存款

待进口货物到达结算时予以转销，编制会计分录如下：

借：库存商品（全额）
　贷：预付账款（预付额）
　　　银行存款（全额–预付额）

三、自营进口销售退回的账务处理

在自营进口货物单到结算方式下，对外的进货款已付汇，对内的结算亦向用户办理结束。货物运达后，验收时发现货物的质量与合同规定不符，根据商品检验部门出具的商品检验证明书，按照合同规定与国外出口商协商，结果将货物退回，收回货款。

【例 6-2】假设【例 6-1】中从日本进口的10台仪器运达口岸，经检验属不合格产品，进口方凭商品检验证明书与出口方交涉，对方同意召回商品并退还货款。

（1）购汇垫付退还日本出口商国外运费 JPY70 000，保费 JPY4 000，当日的汇率为 JPY1=CNY0.056，编制会计分录如下：

借：应收账款——应收外汇账款（JPY74 000×0.056） 4 144
　贷：银行存款 4 144

（2）将10台仪器作进货退回处理，并向税务部门申请退还已支付的进口关税，编制会计分录如下：

借：应收账款——应收外汇账款（JPY1 084 400×0.056） 60 726.40
　　应交税费——应交进口关税 3 036.32
　贷：主营业务成本——自营进口销售成本 63 762.72

（3）同时，开出红字专用发票，应退国内某检测单位货款和税款，编制会计分录如下：

借：主营业务收入——自营进口销售收入 100 000
　　应交税费——应交增值税（销项税额） 13 000
　贷：应收账款——某单位（或银行存款） 113 000

（4）收到日本客户退回的货款及代垫费用 JPY1 158 400，当日的汇率为 JPY1=CNY0.055，编制会计分录如下：

借：银行存款（JPY1 158 400×0.055） 63 712
　　财务费用——汇兑损益 1 158.40
　贷：应收账款——应收外汇账款（JPY1 158 400×0.056） 64 870.40

四、进口货物发生索赔的账务处理

在进口货物过程中，如遇出口方未按合同约定时间或货物等级发货，数量不符，或单价与总值计算有误，使进口方受到经济损失，在取得有效证件后，可向出口方提出索取赔偿。

【例 6-3】假设【例 6-1】中出口商未能按合同规定日期发运仪器，进口方向出口方提出索赔 JPY100 000，得到出口方认同，汇率为 JPY1=CNY0.056，编制会计分录如下：

借：应收账款——应收外汇账款（JPY100 000×0.056） 5 600
　贷：主营业务成本——自营进口销售成本 5 600

银行转来索赔款时，汇率为 JPY1=CNY0.055，编制会计分录如下：

借：银行存款（JPY100 000×0.055） 5 500
　　财务费用——汇兑损益 100
　贷：应收账款——应收外汇账款（JPY100 000×0.056） 5 600

反之，如果在进口货物过程中进口方违约（如迟付货款、船期更改等），出口方提出索赔，进口方认同理赔时，编制会计分录如下：

借：主营业务成本——自营进口销售成本
　贷：应付账款——应付外汇账款（或银行存款）

五、库存商品的明细核算

应在库存进口商品二级账户下按品名设置三级明细账户，并将增值税进项税额分栏单列，以便在销售时抵扣，格式见表6-2。

表 6-2　　　　库存进口商品明细分类账　　　　连续第　页

进口用汇种类：　　　　商品品名：　　　　计量单位：　　　　第　页

年		记账凭证		摘要	借方						贷方						借或贷	余额					
					数量	单价		金额			数量	单价		金额				数量	单价		金额		
月	日	字	号			进价	税金	小计	进价	税金		进价	税金	小计	进价	税金			进价	税金	小计	进价	税金

小知识 6-3

进口业务商品的入账价值应为CIF价，而不是FOB价。

2006年颁布的新准则中没有“商品采购”这一科目。

第四节　代理进口销售的核算

代理进口销售是涉外企业受国内客户委托代为办理进口货物的一种业务。代理进口销售不核算销售收入和销售成本，只收取手续费，所以账务处理比较简单。

一、代理进口销售合同

涉外企业与国内委托方经协商达成代理协议时，双方应签订代理进口销售合同（或协议书），明确规定代理货物的名称、价格条件、运输方式、费用负担、风险责任、手续费率等，明确双方权利和义务，以便共同遵照执行。如发生争执，据以处理。

二、代理进口销售的核算原则

核算代理进口销售业务应遵循以下原则：

（1）根据代理进口业务的性质，委托方必须预付进口货物资金，代理方在收妥预付资金后，方能与国外出口商签订进口合同。

（2）受托进口企业以自己的名义对外签订进口合同，支付进口货物的国外货款。

（3）代理进口业务发生的国外运费、保险费等一切直接费用，均由委托方承担。

（4）代理进口货物支付的关税、增值税、消费税等税款，由委托方承担或由受托方垫付后向委托方收回。

（5）受托进口货物对委托方的结算均采取单到结算方式，以实际进口成本按CIF价结算。

（6）代理手续费按CIF价与合同规定的比例收取。

（7）代理进口销售实现的盈亏由委托方负责。

三、代理进口货物的结算单

受托进口企业完成代理进口货物后，应向委托方办理清算手续，开出代理进口货物结算单，格式见表6-3。

表 6-3　　　　　　　　　　　　　**代理进口货物结算单**

查询事项请提供此号

付款单位：　　　　　　　　　　年　月　日　　　　　　　　进字第　　　　号

<table>
<tr><td rowspan="2">进口合同号</td><td rowspan="2"></td><td>货价原币金额</td><td>外汇牌价</td><td>人民币金额</td></tr>
<tr><td></td><td></td><td></td></tr>
<tr><td>品　　名</td><td></td><td colspan="2">国外运费</td><td></td></tr>
<tr><td rowspan="2">数　　量</td><td>净重：</td><td colspan="2">国外保险费</td><td></td></tr>
<tr><td>毛重：</td><td colspan="2">关税</td><td></td></tr>
<tr><td>船名/提单号</td><td></td><td colspan="2">增值税</td><td></td></tr>
<tr><td>装船日期</td><td></td><td colspan="2">银行财务费</td><td></td></tr>
<tr><td>到货口岸</td><td></td><td colspan="2">外运劳务费</td><td></td></tr>
<tr><td>价格条款</td><td></td><td colspan="2">代垫货款利息</td><td></td></tr>
<tr><td rowspan="3">备
注</td><td rowspan="3"></td><td colspan="2">手续费</td><td></td></tr>
<tr><td colspan="2"></td><td></td></tr>
<tr><td colspan="2">合　　计</td><td></td></tr>
</table>

表内有关项目的说明：

❶货价，按进口发票外币金额乘以当日外汇牌价（卖出价）计算。

❷国外运费，为实际支付或按定额计算的运费外币金额乘以当日外汇牌价（卖出价）。

❸国外保险费，为实际支付或按规定费率计算的保险费外币金额乘以当日外汇牌价（卖出价）。

❹各项进口税款，按实际支付额计算。

❺银行财务费，等于进口货款乘以银行财务费率。

四、代理进口销售的核算

涉外代理企业，在收到委托单位的预付货款时，借记“银行存款”账户，贷记“预收账款”账户。收到银行转来国外全套结算单据，将其与信用证或合同条款核对无误后通过银行向国外出口商承付款项时，借记“预收账款”账户，贷记“银行存款”账户。支付各项国外费用及缴纳进口各项税款时，借记“预收账款”账户，贷记“银行存款”账户。根据代理进口货物 CIF 价格的一定比例开具收取代理手续费的发票，确认代理进口业务销售收入的实现，据以借记“预收账款”账户，贷记“其他业务收入”账户。

【例 6-4】蓝天进出口公司受某商场委托从国外进口化妆品若干，预收进口货款 CNY800 000，进口化妆品 FOB 价总值 USD80 000，有关会计资料如下：

A. 总值 USD80 000

B. 运费 USD1 400

C. 保险费 USD180

D.明佣 USD1 600

E.关税假设折合人民币 CNY60 000

F.增值税假设折合人民币 CNY115 000

G.消费税假设折合人民币 CNY70 000

H.银行手续费（2‰×（80 000-1 600））USD156.80

I.代理手续费（（A+B+C）×3%）USD2 447.40

此项蓝天进出口公司代理某商场进口化妆品的业务程序和会计分录如下：

（1）收到委托进口预付货款时：

借：银行存款　　800 000
　贷：预收账款　　800 000

（2）银行转来国外客户全套进口单证，审核无误，承付货款时扣减明佣，实际支付USD78 400，同时，支付银行手续费USD156.80，汇率为USD1=CNY6.13，编制会计分录如下：

借：预收账款　　481 553.18
　贷：银行存款　　481 553.18

（3）接到运输与保险公司通知，支付国外运保费时（汇率同上）：

借：预收账款（USD1 580×6.13）　　9 685.40
　贷：银行存款　　9 685.40

（4）向海关与税务机关缴纳关税、增值税和消费税时（此三税均为假定数，具体税率应依规定）：

申报时：

借：预收账款　　245 000
　贷：应交税费——应交进口关税　　60 000
　　　　　　——应交消费税　　70 000
　　　　　　——应交增值税（进项税额）　　115 000

缴纳时：

借：应交税费——应交进口关税　　60 000
　　　　　——应交消费税　　70 000
　　　　　——应交增值税（进项税额）　　115 000
　贷：银行存款　　245 000

（5）根据CIF价开出收取手续费发票时：

借：预收账款　　15 002.56
　贷：其他业务收入　　15 002.56

（6）代理进口货物完成后开出结算单，支出货款、费用、税款共751 241.14元，余额为48 758.86元，通过银行转回委托商场时：

借：预收账款　　48 758.86
　贷：银行存款　　48 758.86

将上述代理进口销售业务的会计分录登入T形账户，如图6-2所示。

银行存款

借方	贷方
800 000	481 553.18
	9 685.40
	245 000
	48 758.86
㊎ 15 002.56	

预收账款

借方	贷方
481 553.18	800 000
9 685.40	
245 000	
15 002.56	
48 758.86	
800 000	800 000

其他业务收入

借方	贷方
	15 002.56

图6-2 T形账户关系

代理进口业务的程序与自营进口业务大体相同，环节虽然较多，但代理结果却很简单，在会计账户中最终只反映代理手续费15 002.56元与银行存款余额15 002.56元相对应，表示此项代理进口业务的收入。

补充阅读资料6-1

2022年上半年进口商品主要国别（地区）总值表

金额单位：百万美元

进口原产国（地）	1—6月	比去年同期（%）
俄罗斯	51 125.1	48.2
美国	91 280.3	3.6
巴西	53 314	2.2
加拿大	14 357.5	-4
德国	55 745.4	-7.2
日本	93 592	-7.3
英国	11 689.9	-9.5
法国	16 868.2	-11
南非	14 280.8	-11.7
印度	9 575	-35.3
总值	1 346 844.8	5.7

资料来源 中国海关统计.

第五节 易货贸易的核算

易货贸易，是由贸易双方订立易货贸易合同或协议，规定在一定期限内用一种或几种出口商品交换另一种或几种进口商品的一种贸易方式。

一、易货贸易的性质和特点

易货贸易的实质是双方当事人以等值货物互换，不涉及货币结算，只由交易双方在一个合同里规定，不涉及第三者，这在国际贸易中属于一种特殊的交易方式。这种交易方式，目前多见于两国的边境贸易。

在这种方式中，交易双方签订易货合同，各自出口的货物都按约定的货币计价并通过信用证结算，但先进口一方开出的信用证以对方开出约定的等值或基本等值的信用证作为生效条件。也可规定第一张信用证项下的货款只能由银行保管，用来开立第二张信用证。因此，在易货贸易中，交易双方一般通过对开信用证方式进行。

对开信用证易货和边境直接易货，本质都是以易货出口为手段，以易货进口为目的。从表面上看，易货出口需要经过采购、储存、出运、报关等多个环节，属于销售行为，但实际上这些都是为易货进口服务的，是进口的前提条件。

二、易货贸易的结算方式

易货贸易由贸易双方事先在合同中规定进行计价和结算的货币币种，货款可采取逐笔平衡或分别结算，一般采取对开信用证或记账的方式进行结算。

对开信用证结算方式，是指贸易双方各自开立以对方为受益人、金额相等或基本上相等的信用证，并在信用证内规定在收到对方开立的金额相等或基本上相等的信用证时才能生效。

记账结算方式，是指贸易双方银行互设清算账户记账，双方出口货物在发运后将全套结算单据送交本国银行，由双方银行记账，同时，贸易双方也应相应设立外汇结算专户记账，互相冲抵，并在规定的期限内进行平衡结算。采用这种结算方式如出现差额，由逆差方以现汇或货物补差。

三、易货贸易的核算原则

从易货贸易的特点可知，易货贸易是一项单独核算、自相平衡的交易行为，因此其核算要遵循以下原则：

（1）易货贸易进口、出口是一个整体，出口货物换回进口货物才完成一个完整的非货币性交易业务，不论先进口后出口，还是先出口后进口，都不能人为地将一项易货贸易分割成易货贸易出口销售和易货贸易进口销售两部分单独核算。

（2）根据非货币性交易的会计核算原则，易货出口货物的成本、税费构成易货进口货物的入账价值。

（3）在易货贸易中的出口货物，符合出口货物的一般特征，为提高其国际竞争力，按照国际惯例，在会计上不作为“销售”处理，但应该享受出口退税政策。

四、易货贸易的核算

由于易货贸易不可能同时完成出口与进口两项交易过程，因此易货贸易的核算程序较长，其具体步骤一般为先出口、后进口。在出口方面，为归集出口货物的成本，应设置“在途物资——易货贸易”账户，货物验收入库和发运待装，向银行办理交单结汇，支付国内外直接费用，向税务机关申请退税等核算与自营出口销售基本相同。但其销售收入和销售成本是在“主营业务收入”和“主营业务成本”账户中设专户核算。

1.易货贸易出口的账务处理

【例 6-5】天伦贸易公司与国外E客户签订易货贸易合同，易货内容是：天伦贸易公司出口大米100吨，每吨GBP200，总值GBP20 000；国外E客户出口太阳能热水器80台，每台GBP250，总值GBP20 000。

（1）天伦贸易公司向某粮库购进大米100吨，货款140 000元，增值税18 200元，价税付讫，根据有关凭证编制会计分录如下：

借：在途物资——易货贸易（大米）　140 000
　　应交税费——应交增值税（进项税额）　18 200
　贷：银行存款　158 200

（2）大米验收入库，根据入仓单编制会计分录如下：

借：库存商品——大米　140 000
　贷：在途物资——易货贸易（大米）　140 000

（3）将大米出库待装发运时，根据出仓单编制会计分录如下：

借：发出商品——大米　140 000
　贷：库存商品——大米　140 000

（4）收到转来易货销售发票副本和银行结汇回单，大米总价GBP20 000，汇率为GBP1=CNY10.01，编制会计分录如下：

借：应收账款——应收外汇账款（E客户）（GBP20 000×10.01）　200 200
　贷：主营业务收入　200 200

同时结转成本：

借：主营业务成本　140 000
　贷：发出商品——大米　140 000

（5）支付国外运费GBP2 000、保险费GBP800，汇率为GBP1=CNY10.02，根据付费凭证编制会计分录如下：

借：主营业务收入（GBP2 800×10.02）　28 056
　贷：银行存款　28 056

（6）申报出口退税，退税率为5%，编制会计分录如下：

借：其他应收款——应收出口退税　7 000
　贷：应交税费——应交增值税（出口退税）　7 000

（7）收到银行转来结汇水单GBP20 000，汇率为GBP1=CNY9.98，根据有关凭证编制会计分录如下：

借：银行存款（GBP20 000×9.98）　199 600
　　财务费用——汇兑损益　600
　贷：应收账款——应收外汇账款（E客户）（GBP20 000×10.01）　200 200

（8）收到税务机关由银行转来出口退税款时，编制会计分录如下：

借：银行存款　7 000
　贷：其他应收款——应收出口退税　7 000

2.易货贸易进口的账务处理

【例6-6】天伦贸易公司收到银行转来E客户全套结算单据，与易货贸易合同核对无误，据以支付货款，货物运达我国口岸后，申报进口关税和增值税，其核算方法与自营进口业务基本相同，其销售收入和销售成本也是通过“主营业务收入”和“主营业务成本”账户核算。

（1）接到银行转来国外E客户全套结算单证，太阳能热水器80台，每台GBP250，总值GBP20 000，汇率为GBP1=CNY10.02，根据有关凭证编制会计分录如下：

借：在途物资——热水器　　200 400
　贷：应收账款——应收外汇账款（E客户）（GBP20 000×10.02）　　200 400

（2）热水器缴纳进口关税25 000元、增值税29 302元，根据有关凭证编制会计分录如下：

借：在途物资——易货贸易（热水器）　　25 000
　应交税费——应交增值税（进项税额）（（200 400+25 000）×13%）　　29 302
　贷：银行存款　　54 302

（3）热水器验收入库，根据入仓单编制会计分录如下：

借：库存商品——热水器　　225 400
　贷：在途物资——易货贸易（热水器）　　225 400

（4）将热水器一次售给某商场，增值税发票列明货款380 000元，增值税49 400元，收到付款票据一张，编制会计分录如下：

借：应收票据　　429 400
　贷：主营业务收入　　380 000
　　应交税费——应交增值税（销项税额）　　49 400

同时结转成本：

借：主营业务成本　　225 400
　贷：库存商品——热水器　　225 400

此例易货贸易，至此核算终结，易货双方认真履行协议，未发生摩擦或相关链接事项，堪称易货贸易中的典型。如果在易货贸易过程中发生长短货、品质规格不符、计价有误，可参照一般进口销售进行账务处理。如果进口与出口易货总额不等，按易货贸易核算原则，差额以现汇或实物进行抵偿或转入下期易货处理。

小知识6-4

三个传统贸易术语

常用三种价格条件是对海运而言的，在陆运、空运或陆空联运时也可使用类似的价格术语。三者的风险责任可用表格反映如下：

价格条件	风险承担者（装上船后的风险）	手续承办者		费用支付者	
		租船订舱	保险	到目的港运费	保险费
FOB价格	买方	买方	买方	买方	买方
CIF价格	买方	卖方	卖方	卖方	卖方
CFR价格	买方	卖方	买方	卖方	买方

资料来源　郑光贵. 国际贸易理论与实务［M］. 7版. 大连：东北财经大学出版社，2022.

本章小结

通过第五章和本章的学习可以看出，进口货物与出口货物是两项相互对应的经济业务，而反映在会计核算上也是一反一正。比如，出口是付货收汇，进口是收货付汇，收汇（结汇）的汇率是买价，付汇的汇率是卖价；出口的核算以FOB价为基础，国外运保费冲减销售收入，进口的核算以CIF价为基础，国外运保费加入进价；出口佣金冲减销售收入，而进口佣金冲减销售成本。这样处理是为统一核算口径，便于进行批次核算、分析批次进出口盈亏情况。

代理进口和易货贸易业务核算的基本原理与自营进口业务的核算大同小异，只是根据其特点采取不同的处理方法。

思考题

1. 简述进口货物的类型、进口的一般操作程序、银行办理付汇的手续规定，以及这三者与会计核算的关系。

2. 简述自营进口销售的收入确认及成本构成。

3. 简述自营进口货物的核算原则及其中心指导思想和目的。

4. 简述自营进口销售的核算账户、核算程序和会计分录。

5. 简述自营进口销售的经济指标及其计算方法。

6. 简述代理进口销售的特点、核算原则和会计核算程序以及有关分录。

7. 简述易货贸易的性质、特点、结算方式、会计程序和核算方法。

第七章　进出口货物纳退税的核算

学习目标

进出口货物纳税是涉外会计核算的内容之一，而出口货物免、退税则是涉外会计核算的重点。通过本章学习，应当了解免、退税规定，明确出口免、退税的意义，掌握不同企业、不同出口类型出口免、退税的计算方法，各项免、抵、退税额的勾稽关系，申报免、退税的手续及相应的会计处理方法。

第一节　进出口货物纳税的核算

根据税法的规定，企业应向国家缴纳的税有增值税、消费税、关税、资源税、企业所得税、土地增值税及其他税。本节只讨论与进出口货物密切相关的前三个税种。

一、关税的核算

关税是古老而又为当今各国普遍征收的一个税种，被称为国际通行税种，是各国根据本国经济和政治的需要，用法律形式确定的，由海关对进出境货物、物品征收的一种税。所谓“境”指关境，又称“海关境域”或“关税领域”，是国家《海关法》全面实施的领域。通常情况下，一国关境与国境是一致的，包括国家全部的领土、领海、领空。但当某一国家在国境内设立了自由港、自由贸易区等，这些区域就进出口关税而言处在关境之外，这时，该国家的关境小于国境。如我国，根据《中华人民共和国香港特别行政区基本法》和《中华人民共和国澳门特别行政区基本法》，香港和澳门保持自由港地位，为我国单独的关税地区，即单独关境区。单独关境区是不完全适用该国海关法律、法规或实施单独海关管理制度的区域。

为适应开展涉外经济活动、参与国际经济竞争的需要，我国于1985年3月颁发了《中华人民共和国进出口关税条例》（简称《进出口关税条例》），至今经过多次修改。目前适用的《进出口关税条例》是由国务院于2003年11月23日发布，自2004年1月1日起施行的，分别于2011年1月8日、2013年12月7日和2016年2月6日进行了修改，共计6章67条。1993年12月开始实施《中华人民共和国进出口税则》（简称《进出口税则》）。2001年12月11日我国正式加入WTO，同时财政部公布经国务院批准从2002年1月1日起履行关税减让义务。

1.关税的特点

现代关税具有以下特点：

（1）纳税的统一性和一次性。按照统一的关税税则对货品进行一次性征收，征收关税后的货品可以在关境内流通，不再另行征收关税。

（2）征收的限定性。凡进出关境的货品均缴纳关税，不进出关境的货品不缴纳关税。

（3）税率的复杂性。关税设置最低税率和普通税率，分别用来处理不同的进出口关系。为妥善处理国与国之间的利益关系，适应国际经济交往的需要，对一个国家来说，对同一货品要制定最低税率和普通税率两种税率，有时甚至制定两种以上的税率。凡是与本国在贸易上订有互惠协定的国家，其货品适用最低税率；凡是与本国没有贸易和关税协定的国家，其货品适用普通税率。

（4）对进出口贸易的调节性。许多国家通过制定和调整关税税率来调节进出口贸易。在出口方面，通过抵税、免税和退税来鼓励商品出口；在进口方面，通过税率的调整、减免来调节商品的进口。例如，为维护我国的正当权益，依法加征特别关税。

2.关税的种类

依据不同的标准，关税可以划分不同的种类。

（1）按货物、物品的流向分为进口关税和出口关税。

进口关税是指海关在外国货物进口时所课征的关税。进口关税通常在外国货物进入关境或国境时征收，或在外国货物从保税仓库提出运往国内市场时征收。现今世界各国的关税主要是进口关税。

出口关税是指海关在本国货物出口时所课征的关税。为降低出口货物的成本，提高本国货物在国际市场上的竞争能力，世界各国一般少征或不征出口关税。

（2）按征收目的分为财政关税和保护关税。

财政关税亦称收入关税。它是以增加国家财政收入为主要目的而课征的关税。财政关税的税率比保护关税的税率低。

保护关税是以保护本国经济发展为主要目的而课征的关税。保护关税主要是进口关税，税率较高。保护关税是一个国家实现对外贸易政策的重要措施之一。

（3）按征税标准分为从量税、从价税、选择税、复合税和滑准税。

从量税、从价税是关税的基本计算方法。从量税、从价税、复合税的含义与消费税相同。选择税是对一种进口商品同时定有从价税和从量税两种税率，但征税时选择其税额较高的一种征税。我国主要采用从价税计征关税。

（4）按税率制定分为自主关税和协定关税。

自主关税又称国定关税，是一个主权独立国家自主制定并有权修订的关税，包括关税税率及各种法规。国定税率一般高于协定税率，适用于从签订关税贸易协定以外的国家进口的货物。

协定关税，是两个或两个以上国家通过缔结关税贸易协定而制定的关税税率。协定关税税率有双边协定税率、多边协定税率和片面协定税率。片面协定税率，是指一国对他国输入的货物降低税率，为输入提供方便，但作为对方的他国不以降低税率进行回报的一种税率。

3.关税的税则、税目和税率

（1）关税税则，又称海关税则，是一国对进出口商品计征关税的规章和对进出口的应税与免税商品加以系统分类的一览表，海关凭以征收关税，是关税政策的具体体现。

《进出口税则》主要包括进口税则、出口税则、规则与说明等。进口税则包括税目税率表与归类总规则、类注、章注、子目注释、本国子目注释。税目税率表设置序号、税则号列、货品名称、最惠国税率、协定税率、特惠税率、普通税率等栏目。出口税则包括税目税率表与归类总规则、类注、章注、子目注释、本国子目注释。税目税率表设置序号、税则号列、货品名称、出口税率等栏目。

（2）关税税率。据资料记载，我国1992年关税总水平最高为44.4%；从1996年4月1日起进口关税算术平均税率由35.4%降至23%，降幅为35%；1997年10月1日起，又将进口关税算术平均税率由23%降至17%，降幅为26%。2002年关税总水平已降至12%，2006年关税总水平又降至9.9%，2015年我国关税总水平为9.8%。2016—2021年，我国关税总水平从9.8%降到7.4%。到2022年，我国再次调整954项进口商品关税，涉及食品、医疗保健品、母婴用品等多种消费品。

❶进口货物关税税率。

我国进口关税设置最惠国税率、协定税率、特惠税率、普通税率、关税配额税率等几种。

最惠国税率，对原产于与我国共同适用最惠国待遇条款的世界贸易组织成员国或地区的进口货物或原产于与我国签订有相互给予最惠国待遇条款的双边贸易协定的国家或地区的进口货物适用。

协定税率，对原产于我国参加的含有关税优惠条款的区域性贸易协定的有关缔约方的进口货物适用。

特惠税率，对原产于与我国签订有特殊优惠关税协定的国家或地区的进口货物适用。

普通税率，对原产于上述国家或地区以外的国家或地区的进口货物适用。

海关总署规定，暂定最惠国税率优先于最惠国税率商品实施；按协定税率、特惠税率进口暂定最惠国税率商品时，从低计征关税；按国家优惠政策进口暂定最惠国税率商品时，按优惠政策计算确定的税率与暂定最惠国税率两者从低计征关税，但不得在暂定最惠国税率的基础上再进行减免。

特别关税手段的运用，是为对付别国对我国出口货物的歧视。任何国家或者地区如对进口原产于我国的货物征收歧视性关税或者给予其他歧视性待遇的，我国海关可以对原产于该国家或者地区的进口货物征收特别关税。征收特别关税的货物品种、税率和起停征时间，由国务院关税税则委员会决定并公布施行。

❷出口货物关税税率。

我国征收出口关税的总原则是既要服从于鼓励出口的政策，又要做到能够控制一些商品的盲目出口，因而只对少数产品征收出口关税，主要是盈利特别高而且利润比较稳定的大宗商品、在国际市场上我国出口已占有相当比重的商品、国际市场上容量有限而盲目出口容易在国外形成削价竞销的商品、国内紧俏又大量进口的商品以及国家控制出口的商品。出口关税实行从价计征，税率为20%~50%，共分五级（具体可查阅关税税目税率表）。

4.关税的计算

关税有从价、从量、复合、选择和滑准五种计税方法。

❶从价税是以进出口货物的价格作为计税标准计缴的一种关税，具有税负公平明确、易于实施、计征简便等优点。货物的价格不是指商品的成交价格，而是指进出口商品的完税价格。其计算公式如下：

应纳关税税额=应税进出口货物数量×单位完税价格×适用税率

❷从量税是以货物的数量、重量、面积、容量、长度等作为计税标准，以每一计量单位应纳的关税金额作为税率来计缴的一种关税。其特点是不因商品价格的涨落而改变应纳税额，手续简便，但税负不合理，难以被普遍采用。其计算公式如下：

应纳关税税额=应税进口货物数量×适用单位税额

❸复合税亦称混合税，是对进口商品既征从量税又征从价税的一种关税，一般以从量税为主，再加征从价税。实务中，货物的从量税额与从价税额难以同时确定，且手续繁杂，难以普遍采用。其计算公式如下：

应纳关税税额=应税进口货物数量×关税单位税额+应税进口货物数量×单位完税价格×适用税率

❹选择税。选择税是对一种进口商品同时定有从价税和从量税两种税率，但征税时选择其税额较高的一种征税。有时也选择税额较低的，实行选择税多根据产品价格高低而定。当物价上涨时，使用从价税；当物价下跌时，使用从量税。这样，不仅能保证国家的财政收入，还可较好地发挥保护本国产业的作用。但由于选择税通常是就高不就低，征税标准摇摆不定，海关计税手续繁杂，同时，纳税人也不能预知缴纳多少税额，容易与海关发生摩擦，阻碍国际贸易的顺利进行。

❺滑准税亦称滑动税、伸缩税。它是根据同一种商品进口价格的不同，分别实施不同档次的税率，价格高的税率低，价格低的税率高，其目的是使商品的税后价格能够保持稳定。对实行滑准税率的进口商品应纳关税税额的计算与从价税基本相同。1997 年 10 月 1 日到加入 WTO 前，我国曾对新闻纸实行过滑准税。2003 年对新闻纸实行单一的从价税税率，停止了滑准税。另外，我国 2005 年 5 月开始对关税配额外棉花进口配额征收滑准税。税率滑动的范围为 5%~40%，征收的目的是在大量棉花进口的情况下，减少进口棉花对国内棉花市场的冲击，确保棉农收益。这相当于为进口棉花价格设置了底限，因此对国内棉花市场价格形成支撑。2010 年我国对关税配额外进口一定数量的棉花继续实施滑准税。

进口货物缴纳税金的有关计算公式如下：

关税=关税完税价格×进口关税税率

特别关税=关税完税价格×特别关税税率

进口环节消费税=进口环节消费税完税价格×进口环节消费税税率

$$进口环节消费税完税价格=\frac{关税完税价格+关税+特别关税}{1-进口环节消费税税率}$$

进口环节增值税=进口环节增值税完税价格×进口环节增值税税率

进口环节增值税完税价格=关税完税价格+关税+特别关税+进口环节消费税

从上述计算公式可以看出，除从量计税外，其余计算方法均涉及完税价格。关税完税价格是指海关计征关税所依据的价格，也可理解为应税价格。

小知识 7-1

减（免）税进口货物需要补税时的完税价格计算方法

应以海关审定的该货物进口时的价格扣除折旧作为完税价格，计算公式如下：

$$完税价格=海关审定的该货物进口时的价格\times\left(1-\frac{申请补税时实际已使用时间(月)}{监管年限\times 12}\right)$$

5.进口货物关税的计算

（1）进口货物关税的计算，以CIF为完税价格，以目的港为我国口岸或与我国毗邻的国家以两国共同边境地点交货价格为完税价格，其计算方法如下：

完税价格=CIF

进口关税=完税价格×进口关税税率

【例7-1】某公司从韩国进口应纳从价关税甲商品USD500 000CIF大连，汇率为USD1=CNY6.13，关税税率为5.5%；进口应纳从量关税的乙商品45平方米，关税税率为155元/平方米。

❶甲商品完税价格=500 000×6.13=CNY3 065 000

甲商品进口关税税额=3 065 000×5.5%=CNY168 575

❷乙商品进口关税税额=45×155=CNY6 975

（2）如果以FOB进口货物，其完税价格应当包括运费、保险费和其他杂费，原则上应按实际支付的金额计算。若无法得到实际支付金额，也可按海运进口运费率或按协商规定的固定运杂费计算运杂费，保险费则按中国人民保险公司的保险费率计算，其计算公式如下：

$$\text{完税价格}=\frac{\text{FOB}+\text{运费}}{1-\text{保险费率}}$$

【例7-2】某公司从德国进口丙商品50吨，总价USD3 000FOB汉堡，运费每吨USD40，保险费率为0.3%，汇率为USD1=CNY6.12，关税税率为5.5%。

❶将进口申报价格折算为人民币价格：

3 000×6.12=CNY18 360

❷计算运费：

50×40×6.12=CNY12 240

❸计算进口商品完税价格：

$$\text{完税价格}=\frac{18\,360+12\,240}{1-0.3\%}=\text{CNY}30\,692.08$$

❹计算进口关税税额：

30 692.08×5.5%=CNY1 688.06

（3）如果以CFR价格进口货物，完税价格应当包括保险费，其计算公式如下：

$$\text{完税价格}=\frac{\text{CFR}}{1-\text{保险费率}}$$

【例7-3】某企业根据协议从荷兰进口货物若干吨，总值USD52 000CFR天津，保险费率为0.3%，汇率为USD1=CNY6.13，关税税率为3%。

❶进口申报美元价格折成人民币价格：

52 000×6.13=CNY318 760

❷ $\text{完税价格}=\frac{318\,760}{1-0.3\%}=\text{CNY}319\,719.16$

❸进口关税税额=319 719.16×3%=CNY9 591.57

（4）如果按国内正常批发价格计算，则货物的完税价格由海关估定。

❶不缴国内增值税、消费税或只缴增值税的货物，其完税价格计算公式为：

$$完税价格=\frac{国内市场批发价格}{1+进口关税税率+20\%}$$

❷应同时缴纳国内增值税和消费税的货物，其完税价格计算公式为：

$$完税价格=\frac{国内市场批发价格}{1+进口关税税率+\dfrac{1+进口关税税率}{1-消费税税率}\times 消费税税率+20\%}$$

上述公式分母中的20%为国家统一规定的进口环节各项相关费用和利润占完税价格的比例。

6.出口货物关税的计算

（1）出口货物关税以FOB为基础的计算公式如下：

$$完税价格=\frac{FOB}{1+出口关税税率}$$

出口关税税额=完税价格×出口关税税率

【例7-4】某企业根据双方签订的合同出口海鲜一批，总值USD100 000FOB大连，出口关税税率为10%，汇率为USD1=CNY6.13，计算应纳出口关税税额。

❶美元完税价格$=\frac{100\ 000}{1+10\%}\approx$USD90 909

❷人民币完税价格=90 909×6.13≈CNY557 272

❸出口关税税额=557 272×10%=CNY55 727.2

（2）以CIF出口，关税的计算应先扣除离开我国口岸的运费和保险费后，再按上述公式计算完税价格，得出应缴纳的出口关税。

$$完税价格=\frac{CIF-保险费-运费}{1+出口关税税率}$$

出口关税税额=完税价格×出口关税税率

【例7-5】某公司向外商出口钨砂5吨，总价USD4 000CIF鹿特丹，运费400美元，保险费40美元，出口关税税率为20%，汇率为USD1=CNY6.14，计算应纳关税税额。

❶完税价格$=\frac{(4\ 000-400-40)\times 6.14}{1+20\%}\approx$ CNY18 215

❷出口关税税额=18 215×20%=CNY3 643

（3）如果以CFR出口，关税计算公式如下：

$$完税价格=\frac{CFR-运费}{1+出口关税税率}$$

出口关税税额=完税价格×出口关税税率

CIF、CFR内所含的运费和保险费，原则上应按实际支付数扣除。如无实际支付数，海关可根据定期规定的运费率和保险费率计算确定，纳税后一般不作调整。由陆路输往国外的货物，应以该货物运离国境的FOB减去出口关税税额作为完税价格。FOB不能确定时，由海关估定。

7.关税的缴纳和退补

（1）关税的缴纳。进口货物的收发货人或其代理人，应当在海关填发税款缴纳凭证之日起15日内（法定公休日顺延），向指定银行缴纳税款。到期不缴纳的，除依法追缴外，由海关自到期日次日起至缴清税款日止，按日加收欠缴税款的滞纳金。

缴纳关税时，需填海关（进出口关税）专用缴款书（见表7-1），并携带有关单证。

表 7-1 海关（进出口关税）专用缴款书

收入系统： 填发日期： 年 月 日 No.

<table>
<tr><td rowspan="3">收款单位</td><td>收入机关</td><td colspan="2"></td><td rowspan="3">缴款单位</td><td>名称</td><td colspan="2"></td></tr>
<tr><td>科　目</td><td colspan="2"></td><td>账号</td><td colspan="2"></td></tr>
<tr><td>收款国库</td><td colspan="2"></td><td>开户银行</td><td colspan="2"></td></tr>
<tr><td colspan="2">税　号</td><td>货物名称</td><td>数量</td><td>单位</td><td>完税价格（¥）</td><td>税率（%）</td><td>税款金额（¥）</td></tr>
<tr><td colspan="2"></td><td></td><td></td><td></td><td></td><td></td><td></td></tr>
<tr><td colspan="6">金额人民币（大写）</td><td colspan="2">合计（¥）</td></tr>
<tr><td>申请单位编号</td><td colspan="2"></td><td colspan="2">报关单编号</td><td></td><td colspan="2" rowspan="4">收款国库（银行）</td></tr>
<tr><td>合同（批文）号</td><td colspan="2"></td><td colspan="2">运输工具（号）</td><td></td></tr>
<tr><td>缴款期限</td><td colspan="2">年 月 日</td><td colspan="2">提/装货单号</td><td></td></tr>
<tr><td colspan="6">备　注</td></tr>
</table>

填制单位 制单人 复核人

（2）关税的退税。有下列情形之一的，进出口货物的收发货人或其代理人，可以自缴纳税款之日起1年内，书面声明理由，连同纳税收据向海关申请退税，逾期不予受理：❶因海关误征多纳税款的；❷海关核准免验进口的货物，在完税后发现有短缺情况并经海关审查认可的；❸已征出口关税的货物，因故未装运出口，申报退关，经海关查验属实的。

按规定，上述退税事项，海关应当自受理退税申请之日起30日内作出书面答复并告知退税申请人。

（3）关税的补缴。进出口货物完税后，如发现少征或者漏征税款，海关应当自缴纳税款或者货物放行之日起1年内，向收发货人或其代理人补征。因收发货人或其代理人违反规定造成少征或者漏征的，海关在3年内可以追征。因特殊情况，追征期可延至10年。骗取退税款的，无限期追征。

目前，要求提供海关发票的国家（地区）主要有美国、加拿大、澳大利亚、新西兰、牙买加、加勒比共同市场国家、非洲的一些国家等。

补充阅读资料 7-1

海关发票

海关发票是根据某些进口国海关的规定，由出口商填制的一种特定格式的发票，它的作用是供进口商凭以向海关办理进口报关、纳税等手续。

海关发票由出口方填制，有些国家或地区称其为COMBINED CERTIFICATE OF VALUE AND ORIGIN（价值与原产地联合证明书），或CERTIFIED INVOICE（证实发票）等。信用证中常见的海关发票名称一般有：❶CUSTOMS INVOICE；❷INVOICE AND COMBINED CERTIFICATE OF VALUE AND ORIGIN；❸APPROPRIATE CERTIFIED CUSTOMS INVOICE；❹SIGNED CERTIFICATE OF VALUE AND ORIGIN IN APPROPRIATE FORM；❺CERTIFIED INVOICE IN ACCORDANCE WITH ×××（进口国）CUSTOMS REGULATIONS（根据×××国海关法令开具的证实发票）；❻SPECIAL CUSTOMS INVOICE。

（4）关税的减免。根据有关规定，以下情形予以减征或免征关税：

❶法定免征关税的货物：关税额在人民币50元以下的一票货物；无商业价值的广告品、货样；外国政府、国际组织无偿捐送的货物；在海关放行前遭受损失的货物；进出境运输工具装载的途中必要的燃料、物料和饮食用品。

❷法院酌情减征或免征关税的货物：在海关放行前遭受损坏的货物，可以根据海关认定的受损程度减征关税；法律规定的其他免征或减征关税的货物。

❸特定减免关税的货物：特定地区、特定企业或者有特定用途的进出口货物减征或免征关税，以及临时减征或免征关税，按有关规定执行。临时减免，是指法定减免或特定减免范围以外的，由海关审批的减免关税。

8.关税的核算

关税的核算，应在“应交税费”账户下设置“应交关税”二级账户，也可以分别设置“应交进口关税”“应交出口关税”两个二级账户。生产企业也可以不设置“应交税费——应交关税”账户，而在实际缴纳关税时，直接贷记“银行存款”账户，借记有关账户。

（1）流通企业关税的核算。

❶自营进口关税的账务处理。如前所述，自营进口以CIF价格作为完税价格计缴关税，借记“在途物资”账户等，贷记“应交税费——应交进口关税”账户；实际缴纳时，借记“应交税费——应交进口关税”账户，贷记“银行存款”账户；也可不通过“应交税费——应交进口关税”账户核算，待实际缴纳关税时，直接借记“在途物资”等，贷记“银行存款”账户。

【例7-6】某流通企业从国外自营进口高档电器设备一批，CIF价格折合人民币100万元，进口关税税率为43.8%，消费税税率为8%，增值税税率为13%。根据海关开出的税款缴纳凭证，以银行转账支票付讫。

计算应缴纳的各项税额：

进口关税税额=1 000 000×43.8%=CNY438 000

进口消费税税额=$\frac{1\ 000\ 000 + 438\ 000}{1 - 8\%}$×8%≈CNY125 043

进口增值税税额=（1 000 000+438 000+125 043）×13%≈CNY203 196

根据计算结果归集成本：

借：在途物资	1 000 000	
贷：应付账款——应付外汇账款		1 000 000
借：在途物资	563 043	
贷：应交税费——应交进口关税		438 000
——应交消费税		125 043

上缴税费：

借：应交税费——应交增值税（进项税额）	203 196	
——应交进口关税	438 000	
——应交消费税	125 043	
贷：银行存款		766 239

货物验收入库：

借：库存商品　　1 563 043

　贷：在途物资　　1 563 043

❷自营出口关税的账务处理。自营出口应以FOB价格作为完税价格计缴关税，借记“税金及附加”账户，贷记“应交税费——应交出口关税”账户；实际缴纳时，借记“应交税费——应交出口关税”账户，贷记“银行存款”账户。企业也可不通过“应交税费——应交出口关税”账户核算，待实际缴纳关税时，直接借记“税金及附加”账户，贷记“银行存款”账户。如果成交价格是CIF或CFR价格，则应先按CIF或CFR价格入账，在实际支付国外运费、保险费时冲减销售收入，将收入调整为FOB价格。

【例7-7】某企业自营出口货物一批，以FOB价成交，折合CNY800 000，出口关税税率为20%，根据关税缴纳凭证，以支票付讫。

计算出口关税税额：

$$\text{出口关税税额}=\frac{800\ 000}{1+20\%}\times 20\%\approx \text{CNY}133\ 333$$

借：应收账款——应收外汇账款　　800 000

　贷：主营业务收入——自营出口销售收入　　800 000

借：税金及附加　　133 333

　贷：应交税费——应交出口关税　　133 333

实际缴纳关税时：

借：应交税费——应交出口关税　　133 333

　贷：银行存款　　133 333

❸代理进口关税的账务处理。代理进口货物的企业，一般不为委托方垫付货款，以成交额的一定比例收取手续费作为其收入。因进口商品而计缴的关税由委托方负担，受托方即使向海关缴纳了关税，也只是代垫或代付，日后仍要与委托方结算。

【例7-8】某涉外企业受国内A单位委托代理进口货物一批，银行转来预付款CNY500 000，该批货物以USD70 000CIF青岛成交，汇率为USD1=CNY6.15，进口关税税率为10%，代理手续费为CIF价的2%，有关税费计算及账务处理如下：

代理进口货物人民币价=70 000×6.15=CNY430 500

进口关税税额=430 500×10%=CNY43 050

代理手续费=430 500×2%=CNY8 610

收到委托方转来预付款时：

借：银行存款　　500 000

　贷：预收账款——A单位　　500 000

对外承付进口货款时：

借：预收账款——A单位　　430 500

　贷：银行存款　　430 500

进口关税结算与缴纳时：

借：预收账款——A单位　　43 050

贷：应交税费——应交进口关税　43 050

借：应交税费——应交进口关税　43 050

贷：银行存款　43 050

将进口商品交付委托单位并收取手续费时：

借：预收账款——A单位　8 610

贷：其他业务收入　8 610

将委托单位余款退回时：

借：预收账款——A单位　17 840

贷：银行存款　17 840

❹代理出口关税的账务处理。代理出口计缴的关税应通过“应交税费”账户反映，其对应账户是“应付账款”“应收账款”“银行存款”等。

【例 7-9】某涉外企业代理国内B厂出口货物若干，以总值USD50 000FOB大连成交，汇率为USD1=CNY6.15，出口关税税率为20%，手续费率为3%，相关税费计算及账务处理如下：

出口货物人民币价=50 000×6.15=CNY307 500

出口关税税额=307 500÷（1+20%）×20%=CNY51 250

代理手续费=307 500×3%=CNY9 225

出口交单时：

借：应收账款——应收外汇账款（USD50 000×6.15）　307 500

贷：应付账款——B厂　307 500

收到货款时（汇率仍为USD1=CNY6.15）：

借：银行存款　307 500

贷：应收账款——应收外汇账款（USD50 000×6.15）　307 500

缴纳关税时：

借：应付账款——B厂　51 250

贷：银行存款　51 250

扣收手续费并将余款退给B厂时：

借：应付账款——B厂　256 250

贷：其他业务收入　9 225

银行存款　247 025

以上举例主要是说明进出口关税的账务处理方法，代理进出口货物的全面账务处理见第五章、第六章有关代理出口和代理进口业务核算的举例。

（2）生产企业关税的核算。

❶进口关税的核算。生产企业根据合同从国外进口原材料、机器设备以及加工装配、补偿贸易有关原辅材料和外商提供的作价物资设备，应支付的进口关税按规定以专用拨款支付。支付时，借记“材料采购”、“在途物资”、“原材料”或“在建工程——引进设备工程”等账户，贷记“银行存款”账户。

补充阅读资料 7-2

入世20年中国关税总水平由15.3%降至7.4%

2021年12月11日，中国正式加入世界贸易组织20周年。

记者从国家税务总局了解到，中国正式加入世界贸易组织的20年里，中国税务部门积极服务“引进来”和“走出去”，深度参与国际税收合作。特别是党的十八大以来，税制改革步伐更快，我国税收协定谈签工作明显“提速”。

据介绍，入世20年，我国关税总水平由15.3%降至7.4%，远低于大部分发展中国家。

为适应入世后对外投资快速增长态势，中国税务部门充分运用多边双边税收合作机制，加快税收协定谈签，积极为“走出去”企业提供税收保障。截至目前，我国已与116个国家和地区的主管税务部门建立双边税收合作机制，税收协定网络覆盖包括54个“一带一路”沿线国家和地区在内的111个国家和地区，减少国际重复征税的同时，为跨境投资创造了确定、有利的税收法律环境。

2015年开始，国家税务总局分批发布国别投资税收指南并定期更新。截至目前，已公开发布104份税收指南。不久前，《“走出去”税收指引》（2021年修订版）发布，从税收政策、税收协定、管理规定及服务举措四个方面详细列举了“走出去”纳税人涉及的99个事项。

另外，我国税务部门还主导举办了“一带一路”税收征管合作论坛，目前“一带一路”税收征管合作机制理事会成员已增加至36个，观察员增加至30个。

资料来源 王善涛. 入世20年中国关税总水平由15.3%降至7.4%［EB/OL］.［2021-12-10］. https://baijiahao.baidu.com/s?id=1718758946254632328&wfr=spider&for=pc.

【例7-10】某生产企业进口材料一批，总值USD200 000，支付了进口关税CNY40 000，增值税税率为13%，汇率为USD1=CNY6.13，材料已验收入库。分录如下：

借：在途物资（200 000×6.13+40 000）	1 266 000	
应交税费——应交增值税（进项税额）	164 580	
贷：银行存款		1 430 580

采购成本归集后，做入库分录：

借：原材料	1 266 000	
贷：在途物资		1 266 000

若日后缴纳进口增值税时，分录如下：

借：应交税费——应交增值税（进项税额）	164 580	
贷：银行存款		164 580

【例7-11】某制造企业从国外进口B设备2台，以总值HKD800 000CFR秦皇岛成交，保险费率为0.3%，关税税率为10%，增值税税率为13%，汇率为HKD1=CNY0.79，有关进价、税、费的人民币金额计算如下：

A.进价折合人民币总值（800 000×0.79）CNY632 000

B.CFR的关税完税价格（632 000÷（1-0.3%））CNY633 902

C.应交关税（633 902×10%）CNY63 390

D.应交增值税（（633 902+63 390）×13%）CNY90 647.96

根据设备进口总成本编制固定资产增加分录：

借：固定资产——B设备　　697 292
　　应交税费——应交增值税（进项税额）　　90 647.96
　贷：银行存款　　787 939.96

❷出口关税的核算。出口关税，按制度规定不计入出口成本，而由“税金及附加”核算。根据发生出口关税的数额，借记“税金及附加”账户，贷记“银行存款”或“应交税费——应交出口关税”等账户。

【例7-12】某钢铁公司向国外出口钢材若干吨，以FOB价成交，总值为GBP200 000，关税税率为40%，汇率为GBP1=CNY9.99。计算出口人民币总值和关税税额如下：

A.出口FOB人民币总值（200 000×9.99）CNY1 998 000

B.关税完税价格（1 998 000÷（1+40%））CNY1 427 143

C.应缴关税税额（1 427 143×40%）CNY570 857

根据计算结果编制会计分录：

借：应收账款——应收外汇账款（GBP200 000×9.99）　　1 998 000
　贷：主营业务收入——自营出口销售收入　　1 998 000
借：税金及附加　　570 857
　贷：应交税费——应交出口关税（或银行存款）　　570 857

通过上述进出口关税的核算，得出一条原则，应牢牢记住：**进口货物缴纳的关税计入进口成本，作为进口成本的组成部分；出口货物缴纳的关税直接由“税金及附加”核算，不能计入出口成本。**

补充阅读资料7-3

海关总署：全国海关2021年征税入库首次突破2万亿元

财联社1月24日电，从今天召开的全国海关工作会议上了解到，2021年全国海关税收首次突破2万亿元大关，超额完成税收预算目标。2021年全国海关征税入库首次突破2万亿元，达20 126.3亿元，增长17.7%，其中，关税2 806.2亿元，增长9.4%；进口环节税17 320.2亿元，增长19.2%，超额完成税收预算目标，为中央财政收入作出积极贡献。

资料来源　财联社.海关总署：全国海关2021年征税入库首次突破2万亿元［EB/OL］.［2022-01-24］. https：//www.163.com/dy/article/GUG53SQG05198CJN.html.

二、增值税的核算

增值税是当前我国第一大流转税种，是以商品（含应税劳务、应税行为）在流转过程中实现的增值额作为计税依据而征收的一种流转税。我国增值税相关法规规定，在我国境内销售货物，提供加工修理修配劳务（简称应税劳务），销售应税服务、无形资产和不动产（简称应税行为）以及进口货物的企业单位和个人为增值税的纳税人。

唯一有统一规定的三级明细科目就是“应交税费——应交增值税”下设的10个细目，足见增值税核算的复杂和难度。为便于阐明增值税的出口免、退税，对增值税的有关规定进行简单回顾。

1.增值税的征收依据

增值税是价外税，其计算方法有扣税法和扣额法两种。我国目前只采用扣税法。扣税法是指先按销售货物、提供应税劳务或服务的销售额计算增值税税额（简称销项税额），然后再按税法规定抵扣购进货物、接受应税劳务或服务已缴纳的增值税税额（简称进项税额），计算出应纳增值税税额的方法。

（1）增值税的征收范围。

现行增值税征税范围的一般规定包括：

❶销售或者进口的货物。

❷提供的应税劳务，包括纳税人提供的加工、修理修配劳务。

❸提供的应税服务，包括陆路运输服务、水路运输服务、航空运输服务、管道运输服务、邮政普遍服务、邮政特殊服务、其他邮政服务、研发和技术服务、信息技术服务、文化创意服务、物流辅助服务、有形动产租赁服务、鉴证咨询服务、广播影视服务等。

（2）增值税的纳税人分为一般纳税人和小规模纳税人。一般纳税人是指经常发生应税行为，财务制度健全，会计核算规范，年应征增值税销售额超过小规模纳税人标准的企业性纳税人。小规模纳税人是指年应税销售额在规定标准以下的单位和个人，具体为年应税销售额在50万元以下的从事货物生产或提供应税劳务或以从事货物生产或提供应税劳务为主并兼营货物批发或零售的纳税人，以及年应税销售额在80万元以下的从事货物批发或零售的纳税人。**自2018年5月1日起，我国将工业企业和商业企业小规模纳税人年销售额标准由50万元和80万元统一上调至500万元。**

（3）增值税的税率分为以下几档：❶基本税率为13%，适用于一般货物和应税劳务。❷低税率为9%，适用于：a.一般纳税人销售或进口粮食、食用植物油、自来水、暖气、冷气、热水、煤气、石油、液化气、居民用煤炭制品、图书、报纸、杂志、饲料、化肥和农药等。b.一般纳税人销售交通运输、邮政、基础电信、建筑、不动产租赁服务，销售不动产，转让土地使用权。❸6%，适用于提供增值电信服务、金融服务、现代服务和生活服务，销售土地使用权以外的无形资产。❹零税率，适用于报关出口的货物和财政部、国家税务总局规定的应税服务，税法另有规定者除外。❺3%的征收率，适用于小规模纳税人及一些采用简易征收办法的特殊情况。

2.国内进项税额的计算和确认

国内进项税额是纳税人购进货物或者接受应税劳务所支付或者负担的增值税税额。企业在经营活动中也会发生销售货物或接受应税劳务，收取销项税额。纳税人收取的销项税额减去允许抵扣的进项税额，余额为纳税人实际应缴纳的增值税税额。

（1）国内购进商品进项税额的确认。涉外企业国内购进商品支付的进项税额并不是都可以从销项税额中抵扣，能抵扣的进项税额需要确认。能抵扣的进项税额只有两项：❶纳税人购进货物或者接受应税劳务、服务，从销售方取得的增值税专用发票上注明的增值税税额。❷纳税人购进农产品的进项税额，按买价依照扣除率计算。

购进农业产品准予抵扣的进项税额=买价×规定的扣除率

（2）不能抵扣的进项税额有：❶购进货物或者接受应税劳务未按规定取得并保存增值

税扣税凭证的；❷购进货物或者接受应税劳务的增值税扣税凭证上未按规定注明增值税税额及其他有关事项，或者虽有注明但不符合规定的；❸用于非应税项目的购进货物或者应税劳务；❹用于免税项目的购进货物或者应税劳务；❺用于集体福利或者个人消费的购进货物或者应税劳务；❻非正常损失的购进货物；❼非正常损失的在产品、自制库存商品所耗用的购进货物或者应税劳务等。

3.国内销项税额的计算和确认

（1）销项税额的计算依据是销售额和增值税税率，公式为：

销项税额=销售额×增值税税率

（2）销售额的确定。销售额是纳税人销售货物或者提供应税劳务向购买方收取的全部价款和价外费用，但不包括收取的增值税销项税额。凡随同销售货物或提供应税劳务向购买方收取的价外费用，无论其会计上如何核算，均应计入销售额计算应纳增值税税额。

价外费用是指价外向购买方收取的手续费、补贴、基金、集资费、返还利润、奖励费、违约金（延期付款利息）、包装费、储备费、邮寄费、运输装卸费、代收款项，以及其他各种性质的价外费用。

4.进口货物增值税应纳税额的计算

我国对进口货物征收增值税，其中对某些货物规定了减免税或不征税，同时还规定了对实行保税的货物不征增值税。对于从国外进口的原材料、零部件、包装物在国内出口的，在海关监管便利的情况下可以对这些货物实行保税监管，即进口时先不缴税，企业在海关的监管下使用、加工这些进口料件并复出口；若不能再出口而销往国内时，则要按规定纳税。

纳税人进口货物，按照组成计税价格和规定的税率计算增值税应纳税额，其组成计税价格和应纳税额的计算公式如下：

组成计税价格=关税完税价格+关税+消费税

应纳增值税税额=组成计税价格×增值税税率

【例 7-13】某涉外企业从国外进口商品一批，关税完税价格为USD100 000，L/C即期付款结算，关税税率为20%，增值税税率为13%，汇率为USD1=CNY6.15，其应纳税额为：

进口关税税额=100 000×6.15×20%=CNY123 000

进口增值税税额=（100 000×6.15+123 000）×13%=CNY95 940

5.增值税核算账户体系

现行增值税会计处理规定，一般纳税人应设置“应交税费——应交增值税”二级账户，并使用多栏式明细账页。“应交税费——应交增值税”明细账的借方发生额，反映企业购进货物或接受应税劳务支付的进项税额、实际已缴纳的增值税、减免税款、转出未交增值税等；贷方发生额，反映销售货物或提供应税劳务应缴纳的增值税、出口货物退税、转出已支付或应分担或多交的增值税等。

“应交税费——应交增值税”账户的借方和贷方各设若干个专栏，以完整、真实地反映企业的进项税额、销项税额、出口退税等情况，便于正确计算企业实际应交的增值税，也便于税务部门的征收管理。该账户借方设“进项税额”“销项税额抵减”“已交税金”“减免税款”“转出未交增值税”“出口抵减内销产品应纳税额”六个专栏，贷方设“销项税额”“出口退税”“进项税额转出”“转出多交增值税”四个专栏，格式见表7-2。

表7-2 应交税费——应交增值税

略	借方							贷方					借或贷	余额
	合计	进项税额	销项税额抵减	已交税金	减免税款	转出未交增值税	出口抵减内销产品应纳税额	合计	销项税额	出口退税	进项税额转出	转出多交增值税		

❶“进项税额”专栏，记录企业购入货物或接受应税劳务、服务而支付的准予从销项税额中抵扣的增值税税额。企业购入货物或接受应税劳务、服务支付的进项税额用蓝字登记；退回所购货物应冲销的进项税额用红字登记。

❷“销项税额抵减”专栏，记录一般纳税人按照现行增值税制度规定因扣减销售额而减少的销项税额。

❸“已交税金”专栏，记录企业已缴纳的增值税税额。企业已缴纳的增值税税额用蓝字登记；退回多交的增值税税额用红字登记。

❹“减免税款”专栏，记录企业经主管税务机关批准，实际减免的增值税税额。

❺“转出未交增值税”专栏，记录企业月终将当月发生的应交未交增值税转出的数额。

❻“出口抵减内销产品应纳税额”专栏，记录实行“免、抵、退”办法的一般纳税人按规定计算的出口货物的进项税抵减内销产品的应纳税额。

❼“销项税额”专栏，记录企业销售货物或提供应税劳务、服务应收取的增值税税额。企业销售货物或提供应税劳务、服务应收取的销项税额用蓝字登记；退回销售货物应冲销的销项税额用红字登记。

❽“出口退税”专栏，记录企业出口适用零税率的货物，向海关办理报关出口手续后，凭出口报关单等有关凭证，向税务机关申报办理出口退税而收到退回的税款。出口货物退回的增值税的数额用蓝字登记；出口货物办理退税后发生退货或者退关而补缴的已退税款用红字登记。

❾“进项税额转出”专栏，记录企业在购进货物时已按照增值税专用发票上记载的进项税额记入“进项税额”专栏，但实际使用时改变用途，或购进货物、在产品、产成品等发生非正常损失，不应从销项税额中抵扣而应按规定转出的进项税额。

“转出多交增值税”专栏，记录企业月终将当月多交的增值税转出的数额。

月份终了时，企业应当将本月发生的应交未交增值税税额，自“应交税费——应交增值税”账户转入“应交税费——未交增值税”明细账户，借记“应交税费——应交增值税

（转出未交增值税）”账户，贷记“应交税费——未交增值税”账户；将本月多交的增值税，自“应交税费——应交增值税”账户转入“应交税费——未交增值税”明细账户，借记“应交税费——未交增值税”账户，贷记“应交税费——应交增值税（转出多交增值税）”账户。

当月上缴本月增值税时，借记“应交税费——应交增值税（已交税金）”账户，贷记“银行存款”账户；当月上缴上月应交未交增值税时，借记“应交税费——未交增值税”账户，贷记“银行存款”账户。

“应交税费——应交增值税”的期末借方余额反映尚未抵扣的增值税。“应交税费——未交增值税”账户的期末借方余额反映多交的增值税，贷方余额反映未交的增值税。

小规模纳税人明细账户的设置比较简单，只需在“应交税费”账户下设置“应交增值税”明细账户，贷方登记应交的增值税，借方登记实际缴纳的增值税，贷方余额反映未缴或欠缴的增值税，借方余额反映多缴的增值税。

6.进口货物增值税的核算

涉外企业一般要缴纳进口货物的增值税，而出口货物的增值税在流通企业实行免、退税政策，在生产企业实行免、抵、退税政策。关于进口缴纳增值税的核算和账务处理，在第六章已举例说明。增值税由其“价外税”的性质决定，不计入进口成本，由“应交税费”账户核算。说到这里我们可以明确：进口货物按税法规定缴纳的三种税中，关税、消费税计入进口成本，而增值税不计入进口成本。

【例 7-14】A企业根据合同从国外进口货物一批，以总值EUR10 000CIF大连成交，关税税率为10%，消费税税率为5%，增值税税率为13%，汇率为EUR1=CNY7.79，其价税分别为：

进口人民币CIF价=10 000×7.79=CNY77 900

关税税额=77 900×10%=CNY7 790

消费税税额=（77 900+7 790）÷（1-5%）×5%=90 200×5%=CNY4 510

增值税税额=（77 900+7 790+4 510）×13%=CNY11 726

根据计算结果编制分录：

借：在途物资（或库存商品）	90 200	
应交税费——应交增值税（进项税额）	11 726	
贷：应付账款——应付外汇账款（某外商）		77 900
银行存款（或应交税费）		24 026

三、消费税的核算

消费税，是较古老的一个税种。目前，世界许多国家和地区都征收消费税。在我国，消费税的前身名为货物税、商品流通税、工商统一税、产品税等。随着对原工商税的改革，从1994年1月1日起，消费税从增值税中分化出来成为独立税种。

1.消费税的纳税人

税法规定，消费税是对在我国境内从事生产、委托加工和进口应税消费品的单位和个人征收的一种税，即对特定消费品、特定消费行为征收的一种流转税。消费税的纳税人，是在我国境内生产、委托加工和进口应税消费品的单位和个人，即纳税人必须是在我国境内从事生产、委托加工和进口应税消费品。

2.消费税的纳税范围

我国现行的消费税纳税范围包括四类消费品：❶过度消费会对人类健康、社会秩序、生态环境等造成危害的特殊消费品，如烟、酒、鞭炮、焰火等。❷奢侈品、非生活必需品，如高档化妆品、贵重首饰及珠宝玉石等。❸高能耗及高档消费品，如小汽车、摩托车等。❹不可再生和替代的石油类消费品，如汽油、柴油等。

3.消费税的税目和税率

从简化、科学原则出发，现行消费税共设置15个税目，征税主旨明确，课税对象清晰。我国消费税税率实行从价定率税率、从量定额税率和复合税率三种形式。现行“应税消费品名称、税率和计量单位对照表”见表7-3。

表7-3 应税消费品名称、税率和计量单位对照表

应税消费品名称	比例税率	定额税率	计量单位
一、烟			
1.卷烟			
（1）工业			
①甲类卷烟（调拨价70元（不含增值税）/条以上（含70元））	56%	30元/万支	万支
②乙类卷烟（调拨价70元（不含增值税）/条以下）	36%	30元/万支	
（2）商业批发	11%	50元/万支	
2.雪茄烟	36%	—	支
3.烟丝	30%	—	千克
4.电子烟			
（1）工业	36%	—	盒
（2）商业批发	11%	—	盒
二、酒			
1.白酒	20%	0.5元/500克（毫升）	500克（毫升）
2.黄酒	—	240元/吨	吨
3.啤酒			
（1）甲类啤酒（出厂价格3 000元（不含增值税）/吨以上（含3 000元））	—	250元/吨	吨
（2）乙类啤酒（出厂价格3000元（不含增值税）/吨以下）	—	220元/吨	

续表

应税消费品名称	比例税率	定额税率	计量单位
4.其他酒	10%	—	吨
三、高档化妆品	15%	—	实际使用计量单位
四、贵重首饰及珠宝玉石			
1.金银首饰、铂金首饰和钻石及钻石饰品	5%	—	实际使用计量单位
2.其他贵重首饰和珠宝玉石	10%	—	
五、鞭炮、焰火	15%	—	实际使用计量单位
六、成品油			
1.汽油	—	1.52元/升	升
2.柴油	—	1.20元/升	
3.航空煤油	—	1.20元/升	
4.石脑油	—	1.52元/升	
5.溶剂油	—	1.52元/升	
6.润滑油	—	1.52元/升	
7.燃料油	—	1.20元/升	
七、摩托车			
1.气缸容量（排气量，下同）=250毫升	3%	—	辆
2.气缸容量＞250毫升	10%	—	
八、小汽车			
1.乘用车			
（1）气缸容量（排气量，下同）≤1.0升	1%	—	辆
（2）1.0升＜气缸容量≤1.5升	3%	—	
（3）1.5升＜气缸容量≤2.0升	5%	—	
（4）2.0升＜气缸容量≤2.5升	9%	—	
（5）2.5升＜气缸容量≤3.0升	12%	—	
（6）3.0升＜气缸容量≤4.0升	25%	—	
（7）气缸容量＞4.0升	40%	—	
2.中轻型商用客车	5%	—	
3.超豪华小汽车	10%	—	
九、高尔夫球及球具	10%	—	实际使用计量单位
十、高档手表	20%	—	只
十一、游艇	10%	—	艘
十二、木制一次性筷子	5%	—	万双
十三、实木地板	5%	—	平方米
十四、电池	4%	—	只
十五、涂料	4%	—	吨

4.国内应税货物消费税的计算

❶消费税的计税方法有三种：第一种是从量定额计征，适用于价格差异不大、计量单位规范的应税消费品，如黄酒、啤酒、汽油、柴油等；第二种是从价定率计征，适用于价格差异较大、计量单位不规范的应税消费品，如贵重首饰、高档化妆品等；第三种是从量从价复合计征，如卷烟、白酒。

❷消费税的计税依据，实行从量定额计征方法的，是应税消费品的销售数量；实行从价定率计征方法的，是含消费税但不含增值税的销售额；实行从量从价复合计征方法的，是应税消费品的销售数量和销售额。

❸消费税应纳税额的计算。

实行从量定额计征方法的应税消费品，计算公式为：

消费税应纳税额=应税消费品数量×消费税单位税额

实行从价定率计征方法的应税消费品，计算公式为：

消费税应纳税额=应税消费品销售额×消费税税率

实行从量从价复合计征方法的应税消费品，计算公式为：

消费税应纳税额=应税消费品数量×消费税单位税额+应税消费品销售额×消费税税率

5.进口应税消费品应纳税额的计算

进口的应税消费品，于报关时缴纳消费税，并由海关代征。部分进口应税消费品的税率为从价定率和复合计税两种方法。进口应税消费品应纳消费税的计算公式为：

应纳消费税税额=组成计税价格×消费税税率

$$组成计税价格=\frac{关税完税价格+关税}{1-消费税税率}$$

【例 7-15】某涉外企业进口高档手表若干，CIF上海外币价折合人民币500 000元，关税税率为40%，消费税税率为20%，增值税税率为13%，应纳税额计算如下：

$$消费税组成计税价格=\frac{500\,000\times(1+40\%)}{1-20\%}=CNY875\,000$$

应纳消费税税额=875 000×20%=CNY175 000

增值税组成计税价格=500 000+500 000×40%+175 000=CNY875 000

应纳增值税税额=875 000×13%=CNY113 750

6.消费税核算账户

企业缴纳消费税，在“税金及附加”和“应交税费”两个账户核算。企业按发生的消费税税额，借记“税金及附加”账户，贷记“应交税费”账户。消费税应在“应交税费”账户下设置“应交消费税”明细账户进行账务处理。该明细账户采用三栏式，贷方核算企业按规定应缴纳的消费税，借方核算企业实际缴纳的消费税或待扣的消费税；期末贷方余额表示尚未缴纳的消费税，借方余额表示企业多缴的消费税。

7.进口消费税的核算

如前所述，进口货物缴纳的消费税是价内税，应计入进口消费品成本。在货物进口时，根据进口人民币总值连同应纳关税、消费税，借记“材料采购”或“库存商品”等账户，贷记“银行存款”或“应付账款”等账户。进口货物向海关交税后方能提货，为简化核算程序，关税与消费税可不通过“应交税费”账户核算，而是直接记入“银行存款”账户。

【例 7-16】某贸易公司从国外进口应税消费品一批，总值USD50 000CIF天津，假设关税税率为15%，消费税税率为10%，增值税税率为13%，汇率为USD1=CNY6.15，货款未付，税款以支票结算，计算应交各项税额如下：

组成计税价格=（50 000+50 000×15%）÷（1-10%）×6.15≈CNY392 917

关税税额=50 000×15%×6.15=CNY46 125

消费税税额=392 917×10%≈CNY39 292

增值税税额=392 917×13%≈CNY51 079

根据计算结果编制分录：

借：库存商品	392 917	
应交税费——应交增值税（进项税额）	51 079	
贷：银行存款		136 496
应付账款——应付外汇账款（USD50 000×6.15）		307 500

补充阅读资料7-4

第132届广交会"云"端链接全球共51万采购商线上观展

今天（10月25日），记者从中国对外贸易中心了解到，第132届中国进出口商品交易会（广交会）线上开幕以来总体运行平稳，在10天集中展示时间内，229个国家和地区的51万采购商注册线上观展，采购商来源地创新高，"一带一路"沿线国家采购商占比55.72%。

第132届广交会参展规模创历史纪录。参展企业数量首次达到3.5万家，比上届增长40%。企业结构更优，品牌企业和拥有国家级高新技术企业、中华老字号、中国海关AEO高级认证等称号的优质企业约5 000家，比上届增长5%。上传展品总量超330万件，比上届增长10%。其中智能产品、绿色低碳产品、自主知识产权产品分别比上届增长21%、11%、14%。

得益于线上平台功能优化，搜索更精准、对接更便捷、体验更友好，本届广交会线上交流积极踊跃，采购商发出即时沟通消息超过11.52万次，主动发布采购需求14 734条，展客商互换电子名片78 152次，企业组织连线展示（直播）7.9万场。截至目前，广交会官网累计访客数1 042万人，访问量3 856万次，分别比上届增长3.27%、13.75%。

资料来源　央视新闻客户端.第132届广交会"云"端链接全球 共51万采购商线上观展[EB/OL].[2022-10-25]. http://news.cnr.cn/native/gd/20221025/t20221025_526042049.shtml.

第二节　我国出口货物免、退税的政策与管理

国家对企业出口的货物给予免、退税，是当前各国普遍实行的奖励企业扩大出口的一项政策措施，为国际贸易中的一项税收惯例。

一、出口免、退税的概念

国家对企业出口货物给予免、退税的优惠政策，是出口货物零税率规定的具体实施方式。税率为零是指出口货物整体税负为零，不仅在出口环节不必纳税，而且还应该退还以

前纳税环节已纳的税款。具体来说，出口货物免、退税是对企业报关出口货物免征或退还在国内各生产环节和流通环节按税法规定已缴纳的增值税和消费税，但其他税不予免、退税。

小知识 7-2

实行出口退税的原因

出口退税是国际上通行的税收和贸易惯例，也是世界贸易组织允许的促进出口措施。出口退税之所以被普遍接受而不被视为补贴，主要基于以下原因：

第一，从税收法理分析，间接税属于转嫁税，虽对生产和流通企业征收，但实际上最终由消费者负担。按照间接税的属地性原则，各国消费者只负担本国的间接税，没有负担其他国家间接税的义务。因此，对于进口国而言，进口货物在进口国境内消费，其间接税应由进口国的最终消费者负担，进口国要对进口货物依照本国税法征收间接税；对于出口国而言，由于出口货物是在国外消费，应将出口货物在国内生产和流通环节所缴纳的间接税予以退还。出口国对出口货物实行出口退税，可以避免双重课税，符合当代税收的公平原则和中性原则。

第二，从发展国际贸易来看，不同国家的货物要在国际市场上公平竞争，必然要求税负平等；而各国税制的不同必然造成货物的含税成本相差较大。只有实行出口退税，才能使出口货物以不含税价格进入国际市场，公平参与竞争。

资料来源　豆丁网.

我国自1985年开始实行出口退税。1994年税制改革后，在《增值税暂行条例》和《消费税暂行条例》中明确规定对出口货物实行增值税零税率并免征消费税，开始对出口货物的增值税、消费税实行比较规范的出口退税办法。2007年7月1日起，按《财政部国家税务总局关于调低部分商品出口退税率的通知》，为控制出口增长过快，缓解顺差过大，优化出口商品结构，抑制“高能耗、高污染、资源性”产品的出口，促进外贸增长方式的转变，减少贸易摩擦，促进经济增长方式转变和经济社会可持续发展，调整部分商品的出口退税政策，共涉及2 831项商品。2009年1月1日起实行新修订的《增值税暂行条例》及其《增值税暂行条例实施细则》，仍然贯彻“纳税人出口货物，税率为零；但是，国务院另有规定的除外”的政策。2012年5月财政部和国家税务总局发布了《关于出口货物劳务增值税和消费税政策的通知》（以下简称《通知》）对近年来陆续制定的一系列出口货物、对外提供加工修理修配劳务（以下统称“出口货物劳务”，包括视同出口货物）增值税和消费税政策进行了梳理归类，并对在实际操作中反映的个别问题做了明确。为减少出口退（免）税申报的差错和疑点，进一步提高申报和审批效率，加快出口退税进度，结合“营改增”的情况，2013年10月15日国家税务总局发布了第61号公告，即《关于调整出口退（免）税申报办法的公告》。为进一步规范管理，准确执行出口货物劳务税收政策，2013年11月13日国家税务总局又发布了第65号公告，即《关于出口货物劳务增值税和消费税有关问题的公告》。2013年12月发布的“营改增”办法中，制定了“应税服务适用增值税零税率和免税政策的规定”。2018年《财政部　税务总局关于调整增值税税率的通知》（财税〔2018〕32号）规定，自2018年5月1日起，纳税人发生增值税应税销售行为或者进口货物，原适用17%和11%税率的，税率分别调整为16%、10%。2019年财政部、税务总局、海关总署公告（〔2019〕39号）规定，**增值税一般纳税人发生增值税应税销售行为或者进口货物，原适用16%税率的，税率调整为13%；原适用10%税率的，税率调整为9%。**

二、出口企业的备案登记

凡从事货物进出口或者技术进出口的对外经营者，应向商务部或商务部委托的机构办理备案登记（不需要备案登记的除外）。对外经营者未按规定办理备案登记的，海关不予办理进出口的报关验放手续。

对外经营者备案登记应遵照如下程序：

❶领取对外贸易经营者备案登记表（以下简称登记表）。

❷对外贸易经营者应按登记表要求认真填写所有事项并确保所填写内容完整、准确、真实，由企业法定代表人或个体工商企业负责人签字、盖章。

❸向备案登记机关提交备案登记材料，包括：登记表；加载有统一社会信用代码的营业执照复印件；若为外商投资企业，还应提交外商投资企业批准证书复印件；依法办理工商登记的个体工商户，须提交合法公证机构公证的财产公证证明；依法办理工商登记的外国（地区）企业，须提交由合法公证机构出具的资金信用证明。

备案登记机关在收到上述材料之日起5日内办理备案登记手续，在登记表上加盖备案登记印章。对外经营者应凭加盖备案登记印章的登记表在30日内到当地海关、检验检疫、外汇管理、税务等部门办理开展对外业务所需的有关手续。逾期未办理的，登记表自动失效。

登记表上的任何登记事项发生变更时，对外经营者应在30日内办理登记表的变更手续，逾期未办理变更手续的，其登记表自动失效。

对外经营者已在相关部门办理注销手续或被吊销营业执照的，自营业执照注销或被吊销之日起，登记表自动失效。

三、出口货物免、退税的类型

出口货物免税，是指货物出口时免缴增值税、消费税；出口退税，是指退还在货物出口前已经缴纳的增值税、消费税。出口免、退税的货物必须是属于增值税、消费税纳税范围的货物，必须已报关离境，并且在会计上已做出口销售核算。

根据我国现行政策，出口货物免、退税有三种类型：

1. 出口免税并退税

出口免税是指对货物在出口销售环节不征增值税、消费税，这是把货物出口环节与出口前的销售环节都同样视为一个征税环节；出口退税是指对货物在出口前实际承担的税收负担，按规定的退税率计算后予以退还。

2. 出口免税不退税

出口免税与上述第1项含义相同。出口不退税是指适用这个政策的出口货物因在前一道生产、销售环节或进口环节是免税的，因此，出口时该货物的价格中本身就不含税，也无须退税。

3. 出口不免税也不退税

出口不免税是指对国家限制或禁止出口的某些货物的出口环节视同内销环节，照常征税；出口不退税是指对这些货物出口不退还出口前其所负担的税款。适用这个政策的主要是税法列举限制或禁止出口的货物，如天然牛黄、麝香等。

四、出口货物免、退税范围

《出口货物退（免）税管理办法》规定，可以退（免）税的出口货物一般应具备以下四个条件：

（1）必须是属于增值税、消费税征税范围的货物。这两种税的具体征收范围及其划分，《增值税暂行条例》和《消费税暂行条例》对其税目、税率（单位税额）均已明确。

（2）必须是报关离境的货物。所谓报关离境，即出口，就是货物输出海关，这是区别货物是否应退（免）税的主要标准之一。凡是报关不离境的货物，不论出口企业以外汇结算还是以人民币结算，也不论企业在财务上和其他管理上做何处理，均不能视为出口货物予以退（免）税。

（3）必须是在财务上做销售处理的货物。出口货物只有在财务上做销售处理后，才能办理退税。

（4）必须是出口收汇并已核销的货物。将出口退税与出口收汇核销挂钩可以有效地防止出口企业高报出口价格骗取退税，有助于提高出口收汇率，有助于强化出口收汇核销制度。

对出口的凡属于已征或应征增值税、消费税的货物，除国家明确规定不予退（免）税的货物和出口企业从小规模纳税人购进并持普通发票的部分货物外，都是出口货物退（免）税的货物范围，均应予以退还已征增值税和消费税或免征应征的增值税和消费税。

下列企业出口满足上述四个条件的货物，除另有规定外，给予免税并退税：

（1）生产企业自营出口或委托外贸企业代理出口的自产货物。

（2）有出口经营权的外贸企业收购后直接出口或委托其他外贸企业代理出口的货物。

（3）下列特定出口的货物：

在出口货物中，有一些虽然不同时具备上述四个条件，但由于这些货物销售方式、消费环节、结算办法的特殊性，以及各国间的特殊情况，国家特准退还或免征其增值税和消费税。这些货物主要有：❶对外承包工程公司运出境外用于对外承包项目的货物；❷对外承接修理修配业务的企业用于对外修理修配的货物；❸外轮供应公司、远洋运输供应公司销售给外轮、远洋国轮而收取外汇的货物；❹企业在国内采购并运往境外作为在国外投资的货物等。

下列企业出口的货物，除另有规定外，给予免税，但不予退税：

（1）属于生产企业的小规模纳税人自营出口或委托外贸企业代理出口的自产货物。

（2）外贸企业从小规模纳税人购进并持普通发票的出口货物，免税但不予退税。但对抽纱、工艺品、香料油、山货、草柳竹藤制品、渔网渔具、松香、五倍子、生漆、鬃尾、山羊板皮、纸制品12类出口货物考虑其占出口比重较大及其生产、采购的特殊因素，特准退税。

（3）外贸企业直接购进国家规定的免税货物（包括免税农产品）出口的，免税但不予退税。

需要说明的是，上述“除另有规定外”是指上述企业出口的货物如属于税法列举规定的限制或禁止出口的货物，则不能免税，当然更不能退税。

下列出口货物，免税但不予退税：

（1）来料加工复出口的货物，即原材料进口免税，加工自制的货物出口不退税。

（2）避孕药品和用具、古旧图书，内销免税，出口也免税。

（3）出口卷烟：有出口卷烟权的企业出口国家出口卷烟计划内的卷烟，在生产环节免征增值税、消费税，出口环节不办理退税。其他非计划内出口的卷烟照章征收增值税和消费税，出口一律不退税。

（4）军品以及军队系统企业出口军需工厂生产或军需部门调拨的货物免税。

（5）国家规定的其他免税货物，如农业生产者销售的自产农业产品、饲料、农膜等。

出口享受免征增值税的货物，其耗用的原材料、零部件等支付的进项税额，包括准予抵扣的运输费用所含的进项税额，不能从内销货物的销项税额中抵扣，应计入产品成本。

除经批准属于进料加工复出口贸易以外，下列出口货物不免税也不退税：

（1）国家计划外出口的原油；

（2）援外出口货物；

（3）国家禁止出口的货物，包括天然牛黄、麝香、铜及铜基合金等。

五、出口货物免、退税方法

出口货物免、退税的只有增值税和消费税。由于纳税性质不同和会计处理不同，其具体的免、退税方法也不相同。

1.先征后退法

先征后退法是出口退税的一种主要计算方法。广义的“先征后退”是指出口货物在生产（供货）环节按规定缴纳增值税、消费税，货物出口后由出口企业向其主管出口退税的税务机关申请办理出口货物退税。狭义的“先征后退”仅指对生产企业自营出口或委托外贸企业代理出口自产货物实行的一种出口退税办法，即有进出口经营权的生产企业自营出口或委托外贸企业代理出口的自产货物，一律先按出口货物离岸价及增值税法定税率计算征税，然后按出口货物离岸价及规定的退税率计算退税。

2.免、抵、退法

免、抵、退法应用于生产企业，具体操作是对生产企业出口销售环节的增值税减免，进项税额准予在内销货物的应纳税额中抵扣，不足抵扣的部分给予退税。免税是指生产企业出口的自产货物免征本企业出口销售环节增值税；抵税是指生产企业出口自产货物所耗用的原材料、零部件、燃料、动力等所含应予退还的进项税额，抵顶内销货物的应纳税款；退税是指生产企业出口的自产货物在当月内应抵顶的进项税额大于应纳税额时，对未抵顶完的部分给予退税。

六、增值税出口退税率

1994年实行税制改革时，按照规范化的增值税制度，对出口货物实行了零税率，货物出口时按13%或17%的税率退税。1995年7月1日第一次调低了出口货物退税率，1996年1月1日又进一步降低了出口货物的退税率。后来又根据国际市场形势和国内经济发展需要对出口退税率多次进行调整，有些货物退税率在逐步降低，有些被取消，在此不一一列举，如有需要可查阅各个时期的有关资料。

至2000年，我国形成了17%、15%、13%、6%、5%共5档增值税退税率。国务院于2003年10月13日发布了关于改革现行出口退税机制的决定，调整后的出口退税率为17%、13%、11%、8%、5%五档，从2004年1月1日（以出口货物报关单上海关注明的出口日期为准）起执行。2018年《财政部　税务总局关于调整增值税税率的通知（财税〔2018〕32号）》规定，自2018年5月1日起，原适用17%税率且出口退税率为17%的出口货物，出口退税率调整至16%。原适用11%税率且出口退税率为11%的出口货物、跨境应税行为，出口退税率调整至10%。2019年财政部、税务总局、海关总署公告（〔2019〕39号）规定，原适用16%税率且出口退税率为16%的出口货物劳务，出口退税率调整为13%；原适用10%税率且出口退税率为10%的出口货物、跨境应税行为，出口退税率调整为9%。

补充阅读资料7-5

2022年减税降费政策陆续来了，第一项利好外贸企业

近日国务院常务会议首次明确了明年外贸行业新的减税降费，这拉开了2022年新的减税降费政策出台序幕。

中央明确2022年要实施新的减税降费政策，近日政策方向逐步清晰，首个具体政策明确。

日前，国务院总理李克强主持召开国务院常务会议，确定跨周期调节措施，推动外贸稳定发展；部署做好《区域全面经济伙伴关系协定》生效后实施工作。其中提出，加强对进出口的政策支持。落实减税降费措施。

会议称，加快出口退税进度，把退税平均时间压缩至6个工作日以内。2022年对加工贸易企业内销暂免征收缓税利息。

近些年全国出口退税平均时间不断缩短，已经从2018年的13个工作日压缩至今年的7个工作日，此次会议要求明年压缩至6个工作日。

上海海关学院教师王永亮告诉第一财经，退税时间的不断压缩，有利于提升企业资金周转效率，帮助企业更快取得退税款，进一步投入到下一轮的生产经营活动中。因为受到新冠肺炎疫情的影响，很多外贸企业度日维艰、利润微薄，能否获得退税以及多长时间获得退税，对企业来说可能都有着重要的影响。

出口退税，是一个国家或地区对已报关离境的出口货物，由税务机关将其在出口前生产和流通的各环节已经缴纳的国内增值税或消费税等间接税税款退还给出口企业的一项税收制度。财政部数据显示，今年前11个月，全国出口退税15 259亿元，同比增长19.2%。

今年税务部门将金税三期系统和出口退税管理系统整合，并在金税三期系统中开发了出口退税管理模块，极大优化了出口退（免）税申报、资料报送、证明开具等流程，这加快了出口退税进度。

一些地方实际出口退税时间更短。比如，今年以来，湖北税务大力推行出口退（免）税“网上办”“容缺办”等便利化措施，通过主动协调国库、科学简化流程、加快内部流转等方式，将出口退税平均办理时间压缩至3.5个工作日。

资料来源　陈益刊．2022年减税降费政策陆续来了，第一项利好外贸企业［EB/OL］.［2021-12-23］. https：//news.sina.com.cn/o/2021-12-23/doc-ikyamrmz0761092.shtml.

七、出口货物免、退税的申报

出口退税的凭证资料，是指企业在申报办理出口退税时，按规定必须提供的各种有效凭证，主要包括：增值税专用发票、出口货物报关单（出口退税专用）、出口收汇核销单（出口退税专用）、出口货物销售明细账、外销发票和税务机关要求报送的其他凭证资料，如果购进出口的消费税应税货物还需提供消费税税收（出口货物专用）缴款书。

（一）增值税专用发票

出口企业购进货物时从供货方取得的增值税专用发票，既是商事凭证，又是计算增值税退税依据的主要凭证。除另有规定外，出口企业只有凭合法有效的增值税进项发票（抵扣联）或增值税电子专用发票，才能申报出口退税，退税机关审核无误后，按规定凭增值税专用发票（抵扣联）或增值税电子专用发票计算应退税额。

（二）出口货物报关单（出口退税专用）

出口货物报关单是经海关审查对出口货物放行离境的一种书面证明，它是货物出口与否的基本证明，是划分货物出口销售和国内销售的重要依据。

出口企业若遗失报关单并向海关补办时，必须在报关出口后6个月内向海关提出补办申请，逾期海关不予受理。

（四）其他凭证资料

1.外贸（流通）企业申报出口退税

外贸（流通）企业申报出口退税时，除上述凭证外，另外还需提供以下退税单证资料：

❶出口货物外销发票。

❷出口货物销售明细账。

❸代理出口货物证明。

❹出口退税货物进货凭证申报表。

❺进料加工贸易申请表。

❻出口退税申报明细表。

❼企业出口货物退税汇总申报表（见表7-4）。

❽实行电算化管理且自行录入的出口企业还需报送申报软盘。

2.生产企业“免、抵、退”税申报

生产企业在货物出口并按会计制度的规定在财务上做销售后，先向主管征税机关征税部门办理增值税纳税和免、抵税申报，并于每月1—15日（逢节假日顺延）向主管征税机关退税部门办理退税申报。在办理增值税纳税及免、抵税申报时，还应提供以下资料：

（1）增值税及附加税费申报表（见表7-5）及其规定的附表。

（2）退税部门确认的上期生产企业出口货物免、抵、退税申报汇总表。

在办理“免、抵、退”税申报时，还应提供以下资料：

（1）生产企业出口货物免、抵、退税申报汇总表（见表7-6）。

（2）生产企业出口货物免、抵、退税申报明细表（见表7-7）。

（3）经征税部门审核签章的当期“增值税及附加税费申报表”。

（4）有进料加工出口业务的，还应填报：

❶生产企业进料加工登记申报表；

❷生产企业进料加工进口料件申报明细表；

❸生产企业进料加工海关登记手册核销申请表；

❹生产企业进料加工贸易免税证明。

（5）装订成册的报表及原始凭证：

❶生产企业出口货物免、抵、退税申报明细表；

❷与进料加工业务有关的报表；

❸加盖海关验讫章的出口货物报关单（出口退税专用）；

❹经外汇管理部门签章的出口收汇核销单（出口退税专用）或有关部门出具的中远期收汇证明；

❺代理出口货物证明；

❻企业签章的出口发票；

❼主管退税部门要求提供的其他资料。

外贸企业应按规定要求，填制外贸企业出口货物退税汇总申报表，在规定时间内到主管退税的税务机关办理出口退税申报。

表 7-4　企业出口货物退税汇总申报表

（适用于增值税一般纳税人）

申报年月：　　　　年　　月　　　　申报批次：

纳税人识别号：　　　　海关代码：

纳税人名称（公章）：　　　　申报日期：　年　月　日　　　　金额单位：元至角分、美元

出口企业申报				主管退税机关审核	
出口退税出口明细申报表	份	记录	条	审单情况	机审情况
出口发票	张	出口额	美元		本次机审通过退增值税额____元
出口报关单	张				其中：上期结转疑点退增值税____元
代理出口货物证明	张				本期申报数据退增值税____元
收汇核销单	张	收汇额	美元		
远期收汇证明	张	其他凭证	张		
出口退税进货明细申报表	份	记录	条		
增值税专用发票	张	其中：非税控专用发票	张		本次机审通过退消费税额____元
普通发票	张	专用税票	张		其中：上期结转疑点退消费税____元
其他凭证	张	总进货金额	元		本期申报数据退消费税____元
总进货税额	元				本次机审通过退消费税额____元
其中：增值税	元	消费税	元		结余疑点数据退增值税____元
本月申报退税额	元				结余疑点数据退消费税____元
其中：增值税	元	消费税	元		授权人申明
进料应抵扣税额	元				（如果你已委托代理申报人，请填写下列资料）
申请开具单证					
代理出口货物证明	份	记录	条		为代理出口货物退税申报事宜，现授权____为本纳税人的代理申报人，任何与本申报表有关的往来文件都可寄予此人。
代理进口货物证明	份	记录	条		
进料加工免税证明	份	记录	条		
来料加工免税证明	份	记录	条		
出口货物转内销证明	份	记录	条		
补办报关单证明	份	记录	条		
补办收汇核销单证明	份	记录	条		
补办代理出口证明	份	记录	条		授权人签字（盖章）
内销抵扣专用发票	张	其他非退税专用发票	张	审单人： 年　月　日	审核人： 年　月　日
申报人申明 此表各栏目填报内容是真实、合法的，与实际出口货物情况相符。此次申报的出口业务不属于“四自三不见”等违背正常出口经营程序的出口业务。否则，本企业愿承担由此产生的相关责任。 企业填表人： 财务负责人：（公章） 企业负责人：　　　年　月　日				签批人：（公章） 年　月　日	

受理人：受理税务机关（签章）

填表说明：

❶根据《中华人民共和国税收征收管理法实施细则》第三十八条及国家税务总局有关规定制定本表。

❷本表适用于增值税一般纳税人填报。具备增值税一般纳税人资格的外贸企业自营或委托出口货物，其申报出口货物退税时，均使用本表。

❸表内各项填写说明：A.本表“申报年月”指外贸企业出口退税申报所属时间，“申报批次”指外贸企业出口退税申报所属时间内第几次申报；B.本表“纳税人识别号”即18位的社会统一信用代码；C.本表“海关代码”指外贸企业在海关的注册编号；D.本表“纳税人名称（公章）”应填写纳税人单位名称全称，不得填写简称；E.本表“申报日期”指外贸企业向主管退税机关申报退税的日期；F.表内各栏次内容根据现行退税审批政策相关规则填写。

表 7-5　　增值税及附加税费申报表

（一般纳税人适用）

根据国家税收法律法规及增值税相关规定制定本表。纳税人不论有无销售额，均应按税务机关核定的纳税期限填写本表，并向当地税务机关申报。

税款所属时间：自　年　月　日至　年　月　日　填表日期　年　月　日　　金额单位：元（列至角分）

纳税人识别号（统一社会信用代码）：　　　　所属行业：

纳税人名称：	法定代表人姓名		注册地址		生产经营地址	
开户银行及账号		登记注册类型		电话号码		

	项目	栏次	一般项目		即征即退项目	
			本月数	本年累计	本月数	本年累计
销售额	（一）按适用税率计税销售额	1				
	其中：应税货物销售额	2				
	应税劳务销售额	3				
	纳税检查调整的销售额	4				
	（二）按简易办法计税销售额	5				
	其中：纳税检查调整的销售额	6				
	（三）免、抵、退办法出口销售额	7			—	—
	（四）免税销售额	8			—	—
	其中：免税货物销售额	9			—	—
	免税劳务销售额	10			—	—
税款计算	销项税额	11				
	进项税额	12				
	上期留抵税额	13				—
	进项税额转出	14				
	免、抵、退应退税额	15			—	—
	按适用税率计算的纳税检查应补缴税额	16			—	—
	应抵扣税额合计	17=12+13-14-15+16		—		—
	实际抵扣税额	18（如17<11，则为17，否则为11）				
	应纳税额	19=11-18				
	期末留抵税额	20=17-18				—
	简易计税办法计算的应纳税额	21				
	按简易计税办法计算的纳税检查应补缴税额	22			—	—
	应纳税额减征额	23				
	应纳税额合计	24=19+21-23				

续表

项目		栏次	一般项目		即征即退项目	
			本月数	本年累计	本月数	本年累计
税款缴纳	期初未缴税额（多缴为负数）	25				
	实收出口开具专用缴款书退税额	26			—	—
	本期已缴税额	27=28+29+30+31				
	①分次预缴税额	28		—		—
	②出口开具专用缴款书预缴税额	29		—	—	—
	③本期缴纳上期应纳税额	30				
	④本期缴纳欠缴税额	31				
	期末未缴税额（多缴为负数）	32=24+25+26−27				
	其中：欠缴税额（≥0）	33=25+26−27		—		—
	本期应补（退）税额	34 = 24−28−29		—		—
	即征即退实际退税额	35	—	—		
	期初未缴查补税额	36			—	—
	本期入库查补税额	37			—	—
	期末未缴查补税额	38=16+22+36−37			—	—
附加税费	城市维护建设税本期应补（退）税额	39			—	—
	教育费附加本期应补（退）费额	40			—	—
	地方教育附加本期应补（退）费额	41			—	—

声明：此表是根据国家税收法律法规及相关规定填写的，本人（单位）对填报内容（及附带资料）的真实性、可靠性、完整性负责。

纳税人（签章）： 年 月 日

经办人： 经办人身份证号： 代理机构签章： 代理机构统一社会信用代码：	受理人： 受理税务机关（章）： 受理日期： 年 月 日

主管税务机关： 接收人： 接收日期：

表 7-6　　生产企业出口货物免、抵、退税申报汇总表

（适用于增值税一般纳税人）

纳税人识别号：　　　　纳税人名称（公章）：

海关代码：　　　　税款所属期：　年　月　日至　年　月　日

申报日期：　　　　年　月　日　　　　金额单位：元（列至角分）

项　目	栏　次	当期	本年累计	与增值税及附加税费申报表差额
		(a)	(b)	(c)
当期免、抵、退出口货物销售额（美元）	1			—
当期免、抵、退出口货物销售额	2=3+4			
其中：单证不齐销售额	3			—
单证齐全销售额	4			—
前期出口货物当期收齐单证销售额	5		—	—
单证齐全出口货物销售额	6=4+5			—
不予免、抵、退出口货物销售额	7			—
出口销售额乘征退税率之差	8			—
上期结转免、抵、退税不得免征和抵扣税额抵减额	9		—	—
免、抵、退税不得免征和抵扣税额抵减额	10			—
免、抵、退税不得免征和抵扣税额	11（如8>9+10，则为8−9−10，否则为0）			
结转下期免、抵、退税不得免征和抵扣税额抵减额	12（如9+10>8，则为9+10−8，否则为0）		—	—
出口销售额乘退税率	13			—
上期结转免、抵、退税额抵减额	14		—	—
免、抵、退税额抵减额	15			—
免、抵、退税额	16（如13>14+15，则为13−14−15，否则为0）			—
结转下期免、抵、退税额抵减额	17（如14+15>13，则为14+15−13，否则为0）		—	—
增值税及附加税费申报表期末留抵税额	18		—	—
计算退税的期末留抵税额	19=18−11（c）		—	
当期应退税额	20（如16>19，则为19，否则为16）			—
当期免抵税额	21=16−20			—
出口企业申明： 兹声明以上申报无讹并愿意承担一切法律责任 经办人： 财务负责人：　　（公章） 企业负责人：　　年　月　日			退税部门 经办人： 复核人：　　（章） 负责人：　　年　月　日	

受理人：　　　受理日期：　　年　月　　　受理税务机关（签章）

注：1.本表一式四联，退税部门审核签章后返给企业两联，其中一联作为下期“增值税及附加税费申报表”的附表，退税部门留存一联，报上级退税机关一联；

2.第（c）列“与增值税及附加税费申报表差额”为退税部门审核确认的第（b）列“本年累计”申报数减“增值税及附加税费申报表”对应项目的累计数的差额，企业应做相应账务调整并在下期增值税纳税申报时对“增值税及附加税费申报表”进行调整。

表 7-7　生产企业出口货物免、抵、退税申报明细表

企业代码：　　　　　　　　　　　　企业名称：

纳税人识别号：　　　　　　　　　　所属期：　　年　　月　　　　　　　　金额单位：元至角分

序号	出口发票号码	出口报关单号	出口日期	代理证明号	核销单号	出口商品代码	出口商品名称	计量单位	出口数量	出口销售额		征税税率	退税税率	出口销售额乘征退税率之差	出口销售额乘退税率	来料加工手册	单证不齐标志	备注
										美元	人民币							
1	2	3	4	5	6	7	8	9	10	11	12	13	14	15=12×（13-14）	16=12×14	17	18	19
合　计																		

出口企业	退税部门
兹声明以上申报无讹并愿意承担一切法律责任 （公章）	（章）
经办人：　　　财务负责人： 企业负责人：　　　年　月　日	经办人：　　　复核人：　　　负责人： 年　月　日

说明：

❶此表一式三联，企业留存一联，资料中装订一联，退税部门留存一联。

❷中标销售的机电产品，应在备注栏内填注ZB标志，人工审单时，应审核规定的特殊退税凭证。

❸单证不齐的，在“单证不齐标志”栏内做标志，缺少报关单的填列B，缺少核销单的填列H，缺少代理证明的填列D，缺少两单以上的，同时填列两个以上对应字母。

❹经征税部门审核签章的当期增值税及附加税费申报表见表7-5。

❺有进料加工业务的还应填报有关表格。

第三节 流通企业出口免、退税的计算与核算

根据税法规定，流通企业出口销售货物时，不但免交出口环节的增值税，而且还退回在购进环节已缴纳的部分或全部增值税。

一、流通企业出口增值税退税额的计算

1.流通企业出口货物增值税应退税额的计算

流通企业出口货物增值税应退税额，应依据购进出口货物增值税专用发票上所注明的进项税额和出口货物适用的出口退税率计算。

应退税额=购进出口货物增值税专用发票上注明的金额×退税率

不得退税税额=购进出口货物增值税专用发票上注明的金额×（征税率-退税率）

2.流通企业从小规模纳税人购进货物出口增值税应退税额的计算

流通企业从小规模纳税人购进货物出口增值税应退税额的计算分两种情况：

（1）流通企业从小规模纳税人购进持普通发票特准退税的出口货物，也实行销售出口货物的收入免税并退还出口货物增值税额的办法。由于普通发票上所列的销售额中包含了应纳增值税额，因此应先换算成不含税价格，再据以计算应退税额，其计算公式为：

应退税额=普通发票所列销售额÷（1+征收率）×征收率

（2）流通企业从小规模纳税人购进并取得税务机关代开的增值税专用发票的出口货物，应退税额计算公式为：

应退税额=增值税专用发票注明的销售金额×3%

二、流通企业出口免、退税的核算

企业按照规定退税率计算应收出口退税款时，借记“其他应收款——应收出口退税”科目，贷记“应交税费——应交增值税（出口退税）”科目；收到出口退税款时，借记“银行存款”，贷记“其他应收款——应收出口退税”科目。按照出口货物购进时取得的增值税专用发票上记载的进项税额或应分摊的进项税额与按照国家规定的退税率计算的应退税额的差额，借记“主营业务成本”科目，贷记“应交税费——应交增值税（进项税额转出）”科目。

1.出口货物单独保管、会计账目健全企业的会计处理

【例7-17】某进出口公司库存商品采取单独保管和核算，5月从H工厂购进机械设备100台，当月出口80台，有关资料如下：

A.总购进价（100×5 000）CNY500 000

B.增值税（税率13%）CNY65 000

C.A、B两项由银行结算付清款项

D.出口销售（80×FOB价每台折合CNY6 000）CNY480 000

E.出口退税率9%

此项业务过程与会计处理如下：

（1）购进出口机械时，根据有关凭证编制分录：

借：在途物资——机械设备	500 000	
应交税费——应交增值税（进项税额）	65 000	
贷：银行存款		565 000

（2）购进商品入库时，根据入仓单编制分录：

借：库存商品——机械设备 500 000

　贷：在途物资——机械设备 500 000

（3）出口机械80台时：

借：应收账款——应收外汇账款 480 000

　贷：主营业务收入——自营出口销售收入 480 000

同时，结转成本：

借：主营业务成本——自营出口销售成本 400 000

　贷：库存商品——机械设备 400 000

（4）收到出口结汇货款时，汇率不变，分录如下：

借：银行存款 480 000

　贷：应收账款——应收外汇账款 480 000

（5）计算应退增值税款并编制分录：

应退税额=400 000×9%=CNY36 000

借：其他应收款——应收出口退税（增值税） 36 000

　贷：应交税费——应交增值税（出口退税） 36 000

（6）计算不予退税的税额，并做转入成本分录：

不予退税额=400 000×（13%-9%）=CNY16 000

借：主营业务成本——自营出口销售成本 16 000

　贷：应交税费——应交增值税（进项税额转出） 16 000

（7）收到出口退税款时，分录如下：

借：银行存款 36 000

　贷：其他应收款——应收出口退税（增值税） 36 000

2.从小规模纳税人购进货物的会计处理

【例 7-18】某旅游纪念品进出口公司从小规模纳税人购入摆件一批，总进价CNY45 000，开具普通发票一张，出口成交一次售完，FOB美元价折合人民币若干。出口业务完成后备齐全套单证。

该项业务的购进、出口销售与上述业务相同（从略），只计算退税额并编制分录：

出口应退税额=45 000÷（1+3%）×3%≈CNY1 310.68

借：其他应收款——应收出口退税（增值税） 1 310.68

　贷：应交税费——应交增值税（出口退税） 1 310.68

假如该旅游纪念品进出口公司从小规模纳税人购入的摆件取得的是当地税务机关代开的增值税专用发票，列明可抵扣进价为39 150元，出口退税率为8%，进项税额为5 850元，则：

出口应退税额=5 850-39 150×8%=CNY2 718

3.代理出口销售的会计处理

涉外企业代理进出口业务的出口退税会计处理已在第五章第四节介绍，受托的涉外企业只代为办理取得出口证明，退税事宜由委托企业在所在地税务机关自行办理，这里不再重述。

4.外轮供应公司、远洋运输供应公司的会计处理

外轮供应公司、远洋运输供应公司销售给外轮、远洋国轮的货物，按月向当地主管出

口退税的税务机关报送出口货物退（免）税申报表，同时提供购进货物的增值税专用发票、消费税专用税票、外销发票和销售货物发票、外汇收入凭证，办理退税。外销发票必须列明销售货物名称、数量、销售金额并经外轮、远洋国轮船长签字方可有效。其计算出口退税和不予退税的方法以及会计处理与一般自营出口销售企业相同，可参见以上处理，不再举例说明。

5.流通企业申报出口退税应附的单证

根据税法规定，流通企业申报出口退税应附单证及其装订排列顺序见表7-8。

表 7-8　　流通企业申报出口退税单证表

<table>
<tr><th>序号</th><th colspan="2">凭证名称</th><th>凭证来源</th><th>提供的时限</th></tr>
<tr><td>1</td><td colspan="2">出口货物退税申报表</td><td rowspan="2">由申报企业填报</td><td rowspan="9">企业申报
退税时提供</td></tr>
<tr><td>2</td><td colspan="2">出口货物进货凭证申报表</td></tr>
<tr><td rowspan="3">3</td><td rowspan="3">发票</td><td>增值税专用发票（抵扣联）或增值税电子专用发票</td><td>由供货企业开具或税务机关代开</td></tr>
<tr><td>普通发票</td><td>由供货方（小规模纳税人）开具</td></tr>
<tr><td>出口销售发票</td><td>由申报企业自制</td></tr>
<tr><td rowspan="2">4</td><td>增值税</td><td rowspan="2">“税收（出口货物）专用缴款书”或“分割单”</td><td rowspan="2">征税的税务机关开具后，由供货方按章纳税</td></tr>
<tr><td>消费税</td></tr>
<tr><td>5</td><td colspan="2">出口货物报关单（出口退税专用）</td><td>海关核准并加盖验讫章</td></tr>
<tr><td>6</td><td colspan="2">出口收汇核销单（出口退税专用）</td><td>由外汇管理部门核准开具</td></tr>
<tr><td>7</td><td colspan="2">销售明细账</td><td>由申报企业记载、保管</td><td>查账时提供</td></tr>
<tr><td>8</td><td colspan="2">代理出口证明</td><td>由受托方税务机关签发</td><td>有委托业务时提供</td></tr>
<tr><td>9</td><td colspan="2">中、远期结汇证明</td><td>由当地外经贸主管部门签发</td><td>有远期收汇业务时提供</td></tr>
<tr><td>10</td><td colspan="2">上述凭证生成的计算机上报盘</td><td>由申报企业录入</td><td>申报时提供</td></tr>
</table>

补充阅读资料 7-6

出口企业应及时办理出口退（免）税认定手续，才能进行出口退税申报

对于出口企业来说，真实的业务是享受出口退税优惠政策的基础，但是严格按照出口程序办事也很重要。如果不按照正常的程序进行，仍不能享受到应有的退税优惠，造成不应有的损失。对于出口企业来说，办理出口退税认定是享受退税的前提，企业应在出口备案登记协议签订之日起30日内到所在地税务机关办理出口退（免）税认定手续。只有先办理完出口退税认定，企业才能进行出口退税申报，享受国家出口退税的优惠政策。同时现行政策规定，办理认定手续前已出口的货物，凡在出口退税申报期限内申报退税的，仍可按规定批准退税；凡超过出口退税申报期限的，须视同内销予以征税。

出口企业应该在税务机关办理税务登记的同时，索取“出口货物退（免）税认定表”，办理出口退（免）税认定手续，防止超期申报补税情况的发生。

资料来源　百度文库.

第四节 生产企业出口免、抵、退税的计算与核算

现行生产企业出口增值税免、抵、退政策，较之流通企业出口免、退税复杂得多，不仅计算免、抵、退税各项数额的勾稽关系复杂，而且会计处理也相当复杂。

一、生产企业出口货物增值税免、抵、退税额的计算

《财政部　国家税务总局关于出口货物劳务增值税和消费税政策的通知》（财税〔2012〕39号）规定，适用增值税退（免）税政策的出口货物劳务，按照下列规定实行增值税免抵退税或免退税办法：

（一）免抵退税办法。生产企业出口自产货物和视同自产货物及对外提供加工修理修配劳务，以及列名生产企业出口非自产货物，免征增值税，相应的进项税额抵减应纳增值税额（不包括适用增值税即征即退、先征后退政策的应纳增值税额），未抵减完的部分予以退还。

（二）免退税办法。不具有生产能力的出口企业（以下称外贸企业）或其他单位出口货物劳务，免征增值税，相应的进项税额予以退还。

免、抵、退税办法中的“免”税是指对生产企业自营或委托外贸企业代理出口的自产货物，免征本企业生产销售环节增值税；“抵”税是指生产企业出口自产货物所耗用的原材料、零部件、燃料、动力等购进时所含的应退还的进项税额，可抵顶内销货物的应纳税额；“退”税是指生产企业出口的自产货物在当月内应抵顶的进项税额大于应纳税额时，经主管退税的税务机关批准，对未抵顶完的部分予以退税。

具体计算过程操作和运用如下：

1.计算当期应纳（退）税额

当期应纳（退）税额=当期内销货物的销项税额−（当期进项税额+上期未抵扣完的进项税额−当期免抵退税不得免征和抵扣税额）

其中：当期免抵退税不得免征和抵扣税额=出口货物离岸价×外汇人民币牌价×（出口货物征税率−出口退税率）−免抵退税中不得免征和抵扣税额抵减项

由于增值税的征收率与退税率之间的差异，应有一部分当期免抵退税不得免征和抵扣税额，计入企业主营业务成本中。那么，若生产企业当期生产产品耗用料件中有免税进口的，应从当期免抵退税不得免征和抵扣税额中扣除这部分。

免抵退税中不得免征和抵扣税额抵减项=免税购进原材料价格×（出口货物征税率−出口退税率）

在这一计算过程中应当准确理解公式中的“当期进项税额”，它是生产企业当期出口货物和内销货物在生产过程中所耗用的原材料等购进时的进项税额。“免抵退税中不得免征和抵扣税额抵减项”的含义是生产企业若有进料加工业务，购进料件免税，所生产的产品复出口自然不应退税，体现了“不征不退”的原则。

通过上述计算，若应纳税额为正数的，则为当期应纳税额；若应纳税额为负数的，则为当期“期末留抵税额”，均表现在企业当期增值税及附加税费申报表中。在这里需注意的是，只有生产企业的当期应纳增值税为负数时才考虑退税的问题。

2.计算免抵退税额

免抵退税额=出口货物的离岸价×外汇人民币牌价×出口货物退税率−免抵退税抵减额

其中：免抵退税抵减额=免税购进原材料价格×出口退税率

3.当期应退税额和免抵税额的计算

如当期期末留抵税额≤当期免抵退税额，则：

当期应退税额=当期期末留抵税额（为企业实际应取得的退税款）

当期免抵税额=当期免抵退税额-当期应退税额（为企业出口抵减内销产品应纳税额）

如当期期末留抵税额>当期免抵退税额，则：

当期应退税额=当期免抵退税额（为企业实际应取得的退税额）

当期免抵税额=0

免抵退税后的未留抵完税额=当期期末留抵税额-当期免抵退税额

免抵退税后的未留抵完税额留到下期继续抵扣。

4.小规模纳税人增值税的计算

小规模纳税人销售货物或者应税劳务所得的销售额，按3%的征收率计算应纳税额，不得抵扣进项税额。因此，小规模纳税人购进货物时，应将支付的货款和进项税额全部作为货物的进价，记入“在途物资”账户，将价税合计数作为库存商品、原材料、包装物和低值易耗品的采购成本。销售商品时，不得填制专用发票，只能采用普通发票，将取得的收入全部记入“主营业务收入”账户。“主营业务收入”账户反映的是含税收入，因而，月末应将其调整为实际的销售额，将增值税额从含税收入中分离出来，调整公式为：

$$实际销售额=\frac{含税收入}{1+征收率}$$

然后根据调整结果计算应纳增值税税额，公式为：

应纳增值税税额=实际销售额×征收率

二、生产企业增值税的免、抵、退税账户体系

根据税法和会计法规的规定，生产企业增值税免、抵、退税会计处理的主要内容是零税率出口销售收入、不得抵扣税额、应交增值税、免抵退税不得抵扣税额、出口货物免抵税额、应退税额以及免抵退税额的调整等事项。

出口企业应按照上述内容，在“应交税费——应交增值税”二级账户下设置有关明细账户，还应设置“应交税费——未交增值税”账户。退税的实质，就是退“应交税费——未交增值税”借方余额的部分。对“应交增值税”和“未交增值税”两个二级账户，在免、抵、退税的会计处理中，主要涉及“出口抵减内销产品应纳税额”“出口退税”“进项税额转出”“转出多交增值税”明细账户和“未交增值税”二级账户。

1.“出口抵减内销产品应纳税额”明细账户

按规定计算的应免、抵税额，借记本明细账户，贷记“应交税费——应交增值税（出口退税）”账户。

2.“出口退税”明细账户

本明细账户记录企业凭有关单证向税务机关申报办理出口退税而应收的出口退税款及应免、抵税额。出口货物应退回的增值税用蓝字登记，退税后又发生退货、退关而补缴的已退税款用红字登记。

3.“进项税额转出”明细账户

企业在核算出口货物免税收入的同时，对免税收入按征、退税率之差计算的“不得抵扣税额”，借记“主营业务成本”账户，贷记本明细账户。当月“不得抵扣税额”发生额

合计数应与本月申报的生产企业出口货物免、抵、退税申报明细表中的“不得抵扣税额”合计数一致。企业收到税务机关出具的生产企业进料加工贸易免税证明后，按其注明的“不得抵扣税额抵减额”做上述会计分录。企业支付国外运保费时按出口货物征、退税率之差计算的分摊额，也做上述会计分录。

4.“转出多交增值税”明细账户

本明细账户，对按批准数进行会计处理的，月末转出数为当期期末留抵税额；对按申报数进行会计处理的，月末转出数为按公式计算的“结转下期继续抵扣的进项税额”。月末将多交增值税转出后，借方余额为尚未抵扣的进项税额。

5.“未交增值税”明细账户

未交增值税明细账户的结构和借贷方登记内容如下：

应交税费——未交增值税

①转入本月多缴增值税、期末留抵税额 ②上缴前期应交未交增值税	①转入本月应交未交增值税
余额：①期末留抵税额 ②专用税票预缴多交税额	余额：结转下期的应交增值税

6.销售账户的设置

生产企业产品销售应按内销、外销分别设账，对自营出口销售、委托代理出口销售应分别设置明细账户，并对不同征税率、不同退税率的出口销售分设账页。

三、生产企业增值税免、抵、退税的核算

生产企业增值税免、抵、退税的核算，是涉外会计中的难点，其程序和计算公式以及各项税额之间的关系不易把握，计算工作量较大。

【例7-19】某企业生产A产品，增值税征税率为13%，出口退税率为9%。5月共销售8吨，其中，出口5吨，离岸价格100 000美元；内销3吨，销售额480 000元，销项税额62 400元。当月取得增值税进项税额合计110 500元，上月期末留抵税额为0。该企业无免税购进原材料的情况。汇率为1美元=6.14元人民币。

第一步，按规定计算出口免抵退税：

当期免抵退税额=100 000×6.14×9%=55 260（元）

当期免抵退税不得免征和抵扣税额=100 000×6.14×（13%-9%）=24 560（元）

当期期末留抵税额=62 400-（110 500-24 560）=-23 540（元）

当期期末留抵税额<当期免抵退税额，因此：

当期应退税额=当期期末留抵税额=23 540元

当期免抵税额=当期免抵退税额-当期应退税额=55 260-23 540=31 720（元）

当期应纳税额=62 400-（110 500-24 560）=-23 540（元）

第二步，编制有关会计分录：

（1）申报出口货物免抵退税：

借：其他应收款——应收出口退税（增值税）　　23 540
　　应交税费——应交增值税（出口抵减内销产品应纳税额）　　31 720
　贷：应交税费——应交增值税（出口退税）　　55 260

（2）当期出口货物不予免征、抵扣和退税的税额，计入出口货物成本：

借：主营业务成本　　24 560
　贷：应交税费——应交增值税（进项税额转出）　　24 560

（3）企业收到退回的税款：

借：银行存款　　23 540
　贷：其他应收款——应收出口退税（增值税）　　23 540

【例 7-20】承【例 7-19】，假设当期取得的增值税进项税额为 193 375元，其他条件不变。

第一步，按规定计算出口免抵退税：

当期免抵退税额=100 000×6.14×9%=55 260（元）

当期免抵退税不得免征和抵扣税额=100 000×6.14×（13%-9%）=24 560（元）

当期期末留抵税额=62 400-（193 375-24 560）=-106 415（元）

当期期末留抵税额>当期免抵退税额，因此：

当期应退税额=当期免抵退税额=55 260 元

当期免抵税额=55 260-55 260=0

当期应纳税额=62 400-（193 375-24 560）=-106 415（元）

第二步，编制有关会计分录：

（1）申报出口货物免抵退税：

借：其他应收款——应收出口退税（增值税）　　55 260
　贷：应交税费——应交增值税（出口退税）　　55 260

（2）当期出口货物不予免征、抵扣和退税的税额，计入出口货物成本：

借：主营业务成本　　24 560
　贷：应交税费——应交增值税（进项税额转出）　　24 560

（3）企业收到退回的税款：

借：银行存款　　55 260
　贷：其他应收款——应收出口退税（增值税）　　55 260

【例 7-21】承【例 7-19】，假设当期内销的增值税销项税额为 85 940元，其他条件不变。

第一步，按规定计算出口免抵退税：

当期免抵退税额=100 000×6.14×9%=55 260（元）

当期免抵退税不得免征和抵扣税额=100 000×6.14×（13%-9%）=24 560（元）

当期期末留抵税额=85 940-（110 500-24 560）=0

当期期末留抵税额<当期免抵退税额。因此：

当期应退税额=当期期末留抵税额=0

当期免抵税额=当期免抵退税额-当期应退税额=55 260-0=55 260（元）

第二步，编制有关会计分录：

（1）申报出口货物免抵退税：

借：应交税费——应交增值税（出口抵减内销产品应纳税额）　　55 260
　贷：应交税费——应交增值税（出口退税）　　55 260

（2）当期出口货物不予免征、抵扣和退税的税额，计入出口货物成本：

借：主营业务成本　　24 560
　贷：应交税费——应交增值税（进项税额转出）　　24 560

此外，出口企业（包括外贸企业和生产企业）出口，《财政部 国家税务总局关于调整出口货物退税率的通知》（财税〔2003〕222号）及其他有关文件规定的不予退（免）税的货物应分别按下列公式计算销项税额：

一般纳税人：

销项税额=（出口货物离岸价格×外汇人民币牌价）÷（1+法定增值税税率）×法定增值税税率

小规模纳税人：

应纳税额=（出口货物离岸价格×外汇人民币牌价）÷（1+征收率）×征收率

四、生产企业申报出口货物免、抵、退税应附的单证

根据税法的规定，生产企业申报出口货物免、抵、退税应附的单证及装订排列次序见表7-9。

表7-9 生产企业申报出口退（免）税应提供的单证及装订排列次序

序号	凭证名称		凭证来源	提供的时限
1	生产企业自营（委托）出口货物免、抵、退税申报表		由申报企业填制	企业申报退税时提供
2	发票	增值税专用发票	由供货企业开具或税务机关代开	
		普通发票	由供货企业（小规模纳税人）开具	
		出口销售发票	由供货企业开具	
3	出口货物报关单（出口退税专用）		海关核准并加盖验讫章	
4	出口收汇核销单（出口退税专用）		由外汇管理部门核准开具	
5	销售明细账		由申报企业记载、保管	查账时提供
6	代理出口证明		由受托方税务机关签发	有委托业务时提供
7	中、远期结汇证明		由当地外贸主管部门签发	有远期收汇业务时提供
8	上述凭证生成的计算机上报盘		由申报企业录入	申报时提供

小知识7-3

生产企业出口的视同自产产品的退税处理

生产企业出口的视同自产产品，凡不超过当月自产产品出口额50%的，主管税务机关按有关规定审核无误后，办理免、抵、退税；凡超过当月自产产品出口额50%的，主管税务机关按有关规定从严管理，在核实全部视同自产产品供货业务、纳税情况无误后，报经省级税务机关核准后办理免、抵、退税。

第五节 出口应退消费税的核算

办理出口退、免税的企业，应将不同税率的出口应税消费品分开核算和申报，凡是因未分开核算而划分不清适用税率的，一律从低适用税率计算退、免税税额。

一、流通企业应退消费税的核算

1.应退税额的计算

流通企业自营出口或代理出口应税消费品，均采取先交后退办法退税。

（1）属于从价定率计征消费税的应税消费品，应依照从生产企业购进时征收消费税的价格计算应退税额，公式为：

应退消费税税额=出口货物的工厂销售额×消费税税率

式中“出口货物的工厂销售额”不含增值税；若含增值税，应换算为不含增值税的销售额。

（2）属于从量定额计征消费税的应税消费品，应依照货物报关出口的数量计算。其计算公式如下：

应退消费税税额=出口数量×消费税单位税额

（3）属于复合计税的，将上述两式合并使用。

流通企业只有受其他流通企业委托代理出口应税消费品才可办理退税；流通企业受非生产性的商贸企业委托代理出口，应税消费品不予退（免）税。

【例 7-22】某流通企业从某化工厂购进高档化妆品出口，购进时增值税专用发票和消费税专用缴款书列明的购进单价为55元，数量为2 800套，货物进价、增值税进项税额、消费税税额分别为154 000元、20 020元、23 100元。本期出口高档化妆品2 000套。其应退消费税税额计算如下（消费税税率为15%）：

应退消费税税额=出口销售数量×购进单价×消费税税率=2 000×55×15%=16 500（元）

2.应退消费税的核算

消费税出口退税与增值税出口退税一样，均在“其他应收款——应收出口退税”账户中进行核算。流通企业自营出口销售，在货物报关出口后申报退税时，按申请退税的金额，借记“其他应收款——应收出口退税”账户，贷记“主营业务成本”账户。

【例 7-23】光大进出口公司购进三轮摩托车100辆，单价为5 000元，总值为500 000元（含消费税50 000元，税率为10%），增值税为65 000元（税率为13%），价税付讫，货物出口销售申办消费税退税的分录如下：

借：其他应收款——应收出口退税（消费税）	50 000	
贷：主营业务成本——自营出口销售成本		50 000

收到消费税退税款时：

借：银行存款	50 000	
贷：其他应收款——应收出口退税（消费税）		50 000

【例 7-24】光大进出口公司上月已办完出口销售的一批货物在本月因我方原因同意予以退回，该批退回货物出口时已退消费税75 000元，现予以冲回，分录如下（其他销货退回分录见第五章出口销售退回分录）：

借：其他应收款——应收出口退税（消费税）　75 000
　贷：主营业务成本——自营出口销售成本　75 000

收到消费税退税款时：

借：银行存款　75 000
　贷：其他应收款——应收出口退税（消费税）　75 000

二、生产企业应退消费税的核算

按税法的规定，生产企业自营出口销售和委托出口销售的应税消费品均免缴消费税，因此不予办理消费税退税。免缴消费税，仅指生产企业按其实际出口数量免缴生产环节的消费税；不予办理消费税退税，是指因已免缴生产环节的消费税，该产品在出口时不含消费税，因此无须办理消费税退税。

当生产企业将应税消费品销售给流通企业出口销售时，即应缴纳消费税。以下举例说明发生此种业务购销双方的会计处理。

【例 7-25】某制酒厂将总值CNY100 000、消费税税率为10%的（不考虑增值税）应税果酒销售给某进出口公司销往国外，双方会计处理如下：

（1）该制酒厂的销售分录：

借：应收账款（或银行存款）　110 000
　贷：主营业务收入　110 000

借：税金及附加　10 000
　贷：应交税费——应交消费税　10 000

缴纳该项消费税时：

借：应交税费——应交消费税　10 000
　贷：银行存款　10 000

（2）该进出口公司的购进分录：

借：库存商品　110 000
　贷：应付账款（或银行存款）　110 000

出口销售（不考虑关税和国外费用）时：

借：应收账款——应收外汇账款
　贷：主营业务收入——自营出口销售收入

结转成本时：

借：主营业务成本——自营出口销售成本　110 000
　贷：库存商品　110 000

办理出口应退消费税时：

借：其他应收款——应收出口退税（消费税）　10 000
　贷：主营业务成本——自营出口销售成本　10 000

收到消费税退税款时：

借：银行存款　10 000
　贷：其他应收款——应收出口退税（消费税）　10 000

三、出口货物发生退关、国外退货的税务处理

应税消费品办理退税后发生退关或国外退货，若购进时已予以免税，报关出口者必须

及时向其所在地的主管税务机关申报补缴已退的消费税税款。

生产企业出口的应税消费品办理免税后发生退关或国外退货，若出口时已予以免税，经所在地的主管税务机关批准可暂不办理补税，待其转为国内销售时再向其主管税务机关申报补缴消费税。

本章小结

本章重点是增值税出口货物退税的依据、计算公式、会计处理以及申报免、退税的手续凭证。由于增值税是价外税，各类企业免、退税政策不一且多变，出口货物的退税率与其征税率又不相同，特别是生产企业现行的增值税免、抵、退税方法比较复杂，是税务会计中的一大难点，读者如果有兴趣，不妨深入研究。消费税是价内税，征、退税率又完全一致，其核算容易许多。关税只缴不退，其核算也较为容易，但应注意进口关税完税价格的确认。

思考题

1. 关税、增值税、消费税是涉外企业的三大税种。在进口时孰为价内税，孰为价外税？出口时三者怎样进行会计处理？

2. 简述出口货物退税的基本原则、依据和意义。

3. 简述流通企业出口货物免、退增值税的计算、会计处理以及申报手续凭证。

4. 简述生产企业出口货物免、抵、退增值税的计算、会计处理及其申报手续凭证。

5. 简述出口货物应退消费税的规定及会计处理。

第八章　加工贸易的核算

学习目标

加工贸易是近年来采用较多、发展较快的一种贸易方式。通过本章学习，应了解和明确国家对开展加工贸易实施的优惠政策，海关、税务机关对加工贸易的各项规定和监管措施；掌握来料加工、进料加工的自营和代理两种业务的会计处理方法。

第一节　加工贸易概述

加工贸易，又称加工装配贸易，是指按合同规定从国外客商进口原材料在规定的期限内加工为成品复出口的一种贸易方式，包括进料加工和来料加工。我国对加工贸易进口料件实行保税制度，并实施免受贸易进口限制政策，是国家实行对外开放的配套优惠政策之一。改革开放初期，我国加工贸易以“三来一补”为主，利用外国先进技术和资金从事简单的加工和装配业务。随着开放的扩大，加工贸易向多层次、深加工、高附加值发展，从劳动密集型向技术、资金密集型发展，目前进料加工已成为加工贸易的主体，今后将有更大的发展。

一、加工贸易的形式

加工贸易的形式有进料加工、来料加工、来件装配、来图生产和来样加工四种。后三种形式一般称为“三来”，是开展加工贸易初始阶段运用较多的三种形式，进料加工是近年来发展迅猛的一种形式，已成为加工贸易主体。

1.进料加工

进料加工是涉外生产企业专为加工出口商品，用外汇购买进口原材料、辅料、元器件、零部件、配套件和包装物料等，经生产企业加工为成品或半成品后，再返销出口的一种经济业务。进料加工的原材料进口和成品出口均属正常买卖关系，均通过外汇收支结算，所有权归生产企业拥有，与国外厂商无关。

2.来料加工

来料加工与进料加工虽一字之差，但两者有显著区别。

（1）来料加工是国外委托方提供原材料，我方按其要求进行加工，成品全部交还对方，我方只按规定收取工缴费；而进料加工属于自营进口，生产的产品可能出口，也可能作为他用。

（2）来料加工的原材料的供应者即是成品的接受者；而进料加工的进口原材料的供应者与出口成品的接受者无联系。

（3）来料加工的双方是委托加工关系；而进料加工的双方完全是买卖关系。

3.来件装配

来件装配是指由国外委托方提供零部件、元配件和工具等，我方按委托方要求的规格、标准、型号和式样及商标等组装成成品再交付对方。

来件装配形式很多，主要有以下几种：

（1）国外委托方提供全散件（简称C. K. D.）或半散件（简称S. K. D.），由我方装配成成品。

（2）国外委托方除提供零部件和元器件外，还为我方代购部分装配设备或测试仪器、仪表等，其垫付的价款从工缴费中扣除。

（3）国外委托方投资兴建工厂，建设工厂和提供设备的价款，分期从我方所得的工缴费中扣减。

4.来图生产和来样加工

来图生产和来样加工，简称来图来样加工，是指由国外委托方提供产品的全套图纸、样品及部分加工技术或零件、工具等，由我方加工制造产品。

来图来样加工业务主要是一些劳动密集型的一般加工工艺，我方技术人员看图或看样即可操作，加工制造产品。通过来图来样加工，利用国外的加工工艺技术和产品销售渠道，有利于提高我国的产品生产水平，扩大出口货源，是发展出口贸易的一条重要途径。

二、加工贸易会计核算的主要特点

我国海关对加工贸易管理的一项重要的制度是对加工贸易货物的保税制度。

加工贸易货物是指加工贸易项下的进口料件、加工成品以及加工过程中产生的边角料、残次品、副产品等。海关对以上货物实行保税政策，即经海关批准进口后，在海关监管下在境内指定的场所储存、加工、装配，并暂缓缴纳各种进口税费。该制度下，加工贸易会计核算的主要特点是要适应海关对保税货物的监管要求，具体分为：

1.手册管理

海关对已经备案的加工贸易合同，核发“登记手册”，该合同项下加工贸易货物的每一次进出口，海关在“登记手册”上逐条登记。因此加工贸易企业会计部门除核对一般会计要素是否一致外，还要核对会计账目和海关“登记手册”的内容是否一致，并查找不一致的原因。

2.严格的单损耗预先测算

加工贸易项下，海关要求企业预先申报加工成品所涉及的进口料件的单损及损耗，即在正常条件下，加工生产单位出口成品所耗用的进口材料的数量和合理的工艺损耗。加工贸易合同一旦获得海关备案，单损耗不允许企业随意更改，需向主管海关申请经批准后才可以。因此，预先对单损耗做严格而准确的测算尤其重要。在这方面，会计部门应积极配合生产技术部门做好测算工作。

3.更细致的存货核算

加工贸易项下，海关及税务等政府部门最重要的工作是加强对保税货物的监管，防止发生走私及偷税漏税现象。因此，对保税货物的储存、领用、投入生产、入仓、出仓等均有严格要求，需要详细登记并明确有关勾稽关系。同时，对加工贸易货物，海关监管时的计量单位和企业常用的计量单位很多时候并不一致，就需要企业进行双单位核算并明确两个单位之间的换算关系。例如，很多电子零件，加工企业一般以“个”为单位，而海关监管时要求以“千克”为单位，这就要求企业明确1个等于多少千克或1千克有多少个，在存货账上同时反映增加或减少的个数及重量。

4.当存在两种以上贸易方式时，应严格区分不同方式下的收入及成本

随着经济的发展，越来越多的企业不仅存在一种加工贸易方式，同一时间，企业可能既有加工贸易，也有非加工贸易；同样是加工贸易，企业既可进行进料加工，也可进行来料加工；同样从事来料加工，企业可以同时完成几个来料加工贸易合同。因此，多方式并存是必然的。但海关对保税货物的监管是以合同为单位进行的，因此在不同的贸易方式下，以及相同贸易方式下不同合同项下的进口、加工、装配以及出口，均要严格地单独核算。同时，保税货物与非保税货物要分别储存。这必然会加大加工贸易企业会计部门的工作量，但这是防止加工贸易方式下发生走私及偷税漏税的重要方法，加工贸易企业必须认真加强管理。

三、加工贸易的程序

前已述及，进料加工是用外汇购进，属于自营进口业务，其程序也与自营进口相同，不再赘述。这里仅就来料加工的三个环节程序进行说明。

1.选择客户

国外客户的资力和信誉好坏是开展对外加工装配业务的重要前提。因此，对外洽谈时，宜选择有资力、信用好、经营能力强的对象，必要时可通过银行及我国驻外使馆机构等进行查询，了解落实，防止经济损失。

2.签订合同

签订合同或协议是顺利开展对外来料加工装配业务的保证。加工装配的特点是进口与出口密切结合，不能脱节，因此，双方的责任一定要在协议条文中明确规定，如来料时间、质量标准、检验方法、仓储数量、消耗定额、交货期限、运输方式、费用开支、事故处理、支付方式、使用货币、利息计算、保险索赔、争议仲裁等问题，必须加以明文规定，以利共同执行。

3.履行合同

协议一经签订，就要严格遵守，保证按时、按质、按量做好加工装配业务，以维护国家的信誉。外商故意拖欠或因经营不善而无力支付工缴费的，我们应及时采取有效措施，有礼有节地据理催收。双方无论哪方违反协议条款，都应按协议规定承担必要的经济责任。

四、来料加工贸易的支付方式

来料加工不同于进料加工，来料加工过程较长、风险较大，因此选择支付方式既要保障我方权益和收汇安全，又要便于贸易，一般应尽量采用以银行为中介的国际通用贸易支付方式，做到责权明确，手续清楚。原则上应争取采用即期信用证方式或预收加工费的方式。如果外商资信可靠，可采取即期付款交单或先交货后付款的方式，如不能按时付款应加收利息。

（1）如果外商信誉好，可采用托收方式结算。具体做法是：来料、来件采用承兑交单托收方式（D/A），成品出口采用付款交单托收方式（D/P），所有进口托收均应包含保险以保证来料和收汇安全。对方来料、来件的D/A期限应包括加工装配和产品生产时间，以及运输、交单索汇时间，并适当增加周转期。例如，对于来料要求较高、必须配套合格

者，可规定货到验收无误后承兑。

（2）来料、来件采用D/A远期，成品出口采用即期信用证。外商开来成品金额信用证，成品出口后所收外汇由银行暂存，备付D/A托收款项。

（3）来料、来件与成品出口采用对开信用证方式。来料、来件时我方开远期信用证，成品出口由外商开来即期信用证。采用这种做法应慎重，务必使收汇、付汇时间衔接好，做到先收后付。相隔期限应根据加工装配、生产运输、单证流转、议付索汇等情况计算所需时间，并留有余地。

小知识8-1

财政部出台2022年对加工贸易企业内销暂免征收缓税利息政策　推动外贸稳定发展

2021年12月21日，国务院常务会议确定跨周期调节措施，推动外贸稳定发展。为落实国务院常务会议精神，财政部印发《关于2022年暂免征收加工贸易企业内销税款缓税利息的公告》，明确自2022年1月1日起至2022年12月31日，暂免征收加工贸易企业内销税款缓税利息。

该政策的出台，有利于做好跨周期调节，助企纾困特别是扶持中小微企业，保订单、稳预期，积极应对当前外贸面临不确定不稳定不平衡因素，促进外贸平稳发展。

资料来源　财政部网站.

第二节　进料加工贸易的核算

进料加工是由进口、加工、出口三个环节组成的，与正常的进出口业务并无区别，只不过是以往的进料加工完全由外贸企业组织进料后，再转给生产企业加工，加工后再由外贸企业复出口，才具有了特色。然而，现在许多生产企业具有了进出口经营权。生产企业经申报的进料加工与原本的进出口业务基本相同，不同的只是在税收管理方面享有优惠政策而已。

进料加工业务的操作程序和结算方式，与第五章、第六章介绍的自营进出口销售相同，与来料加工的核算区别在本章第三节阐述。本节仅就进料加工的税收特点和海关管理以及会计核算加以说明。

一、进料加工的税收规定

专为加工出口成品而进口的料、件，海关按实际加工复出口的数量，免征关税和缓交增值税，在复出口退税时抵扣。

对签有对口合同及以保税工厂监管方式进口用于加工出口产品，而在生产过程中完全消耗掉的合理消耗材料，如触媒剂、催化剂、洗涤剂等化学物品等，进口时予以全额保税。

对用于加工成品必不可少的，但在加工过程中并没有完全消耗掉的仍有使用价值的物品和生产过程中产生的副次品和边角料，海关根据其使用价值，分别估价征税或酌情减免税。

由于改进生产工艺和改善经营管理而节余的料、件或增产的成品转为内销时，海关审核情况属实，其价值在进口料、件总值规定比例以内，并且总值在规定人民币金额以内的，可予免税。

二、进料加工出口增值税退税的计算

办理加工贸易出口增值税退税是加工贸易核算的主要内容。税务部门办理退税时，按不同行业进行退税计算。

流通企业进料加工复出口的货物，按出口货物退税率计算其征税或抵扣的税额，计算公式为：

出口退税额=出口货物的应退税额-销售进口原辅料应交税额

销售进口原辅料应交税额=销售进口原辅料金额×进料加工复出口货物退税率-海关已对进口原辅料实征的增值税税额

生产企业进料加工复出口的货物，在计征加工成品的增值税时对所用进口料件按法定征税率计算的税额予以抵扣，货物出口后计算出口货物的抵免税额时对所用进口料件按退税率计算的税额予以扣减。计算公式为：

当期不予抵扣或退税税额=当期出口货物离岸价×汇率×（法定征税率-退税率）-当期海关核准免税进口原辅料计税价格×（法定征税率-退税率）

三、进料加工的海关监督与备案

开展进料加工业务的企业应在规定的时间内向海关办理合同备案手续、免税登记手续、核销手续等，接受海关监督。

1.进料加工合同登记备案手续

（1）向海关交验下列单证，申请领取进料加工登记手册：❶主管部门签发的进料加工批准书；❷对外签订的正式合同副本或订货卡片，如属对口合同的，还应同时交验出口合同；❸海关认为必要的其他凭证。

（2）海关审核后，确定对进口料、件的不同监管方式。例如，实施全额保税或按比例征免税等，并核发登记手册。

（3）经营单位持登记手册办理有关进料加工的进出口和最终核销等手续。

2.对进料加工料、件的监督

（1）建立保税工厂和备料保税仓库。海关对加工出口产品的工厂、车间，或经营单位拥有专门储存进口料、件和加工成品的仓库，具有健全的专用账册，专人管理，并具备海关监管条件的，可批准其建立保税工厂或备料保税仓库。其料、件进口时先予保税，加工后对实际出口部分所耗进口料、件予以免税，不出口部分予以征税。

（2）签订对口合同。海关对签有料、件进口和加工成品出口对口合同的进料加工，经主管海关批准可对其进口料、件予以保税，加工后对实际出口部分所耗进口料、件予以免税。

（3）定额征税。对不具备上述（1）、（2）项条件的进料加工项下进口的料、件，海关可根据进料加工进口料、件免税比例表的规定，分别按85%或95%予以出口免税，按15%或5%照常征税。

（4）全额征税、出口退税。对有违反海关规定行为的经营单位和加工生产企业，海关认为必要时，对其进口料、件在进口时先予征税，待其加工复出口时按其实际所耗的进口料、件数量予以退税。

3.办理辅料免税登记的手续

对国外客户免费提供或者有偿提供有关进料加工复出口商品所需进口数量的零星辅料、包装物，以及数量合理的小型易耗性生产工具，海关予以免税。为简化手续，不再核发登记手册。

4.进料加工的期限

进料加工项下进口的料、件应自进口之日起限1年内加工为成品返销出口。如有特殊情况需要延长期限的，应向主管海关申请延期。

5.进料加工货物内销时，应经审批、许可

进料加工项下的成品均不得在境内销售，如因故必须转为内销应经主管部门批准并经海关许可，及时向海关缴纳原进口料、件的增值税。

6.办理核销手续

合同执行完毕后1个月内，经营单位应持登记手册、进出口专用报关单、核销申请表等有关单证，向海关办理核销手续。

进料加工贸易申报表见表8-1。

表8-1　进料加工贸易申报表

编号：____

____税务局：

我公司销售下表所列料、件，属于进料加工复出口贸易。请准许在销售发票上按规定税率计算，注明税额，但不计征入库，而由__________从我公司的出口退税款中扣抵。

销售料、件情况

料、件名称	单位	数量	单价	金额	增值税专用发票所列税款	增值税专用发票号码	购进企业	备注

四、生产型企业进料加工业务的核算

按经营企业性质，进料加工还可以分为生产型企业的进料加工业务及流通型企业的进料加工业务。在生产型企业的进料加工业务中，该企业既是材料和产品的进出口经营单位，也是产品的加工企业，产供销只涉及一个企业。它主要包括外商投资企业及有进出口经营权的国有企业。

生产型企业的进料加工业务，其会计核算的主要特点如下：

1.收入的核算

开展进料加工的企业要严格区分加工贸易项下的收入及非加工贸易项下的收入；在加工贸易项下，还要严格区分直接出口收入和深加工结转出口收入。

当企业多种贸易方式并存时，在进料加工下，应单设“主营业务收入——进料加工收入”二级账户核算产品销售收入。

加工贸易的主要特点是“两头在外”，即用于加工成品的全部或部分料件采购来自境外，而加工成品销往境外。随着加工贸易的深入发展，最初的单一加工装配向产业链式的深度加工方向过渡，越来越多的加工贸易企业为缩短生产周期，开始向境内其他加工贸易

企业购买原材料，以代替境外进口。在这种情况下，一家加工贸易企业的产品，也许就是另一家加工贸易企业所需要的原材料、零部件。如果由一家企业出口后，又由另一家企业进口，不仅会造成资源的浪费，也会大大加重企业的物流负担。为适应这一新情况，加工贸易企业之间的深加工结转模式应运而生，并且发展较快。

深加工结转可以分为本关区深加工结转或跨关区深加工结转，是指加工贸易企业进口料件在一直属海关关区内保税加工成成品或半成品后不直接出口，而是卖给本关区或另一直属海关关区内的加工贸易企业继续加工后再出口，而转出和转入企业均可继续享受加工贸易企业原有的保税优惠的经营活动。

鉴于深加工结转模式下的销售有很多特点，海关及税务的管理也不相同，在"主营业务收入——进料加工收入"账户下，再设置"直接出口产品销售收入"和"深加工结转产品销售收入"明细账户，分别核算进料加工合同下直接出口和深加工结转方式的销售收入。

转出企业深加工结转产品送货时，按照送货的数量和单位计算，借记"应收账款"等账户，贷记"主营业务收入——进料加工收入（深加工结转产品销售收入）"账户。同时，如深加工结转产品最终因种种原因，不能完成结转手续，需要作为国内产品销售处理，则应在实际发生这种情况时，借记"主营业务收入——进料加工收入（深加工结转产品销售收入）"账户，贷记"主营业务收入——国内产品销售收入"账户，并补记有关需补缴的税项及海关或税务部门的处罚项目。

2.存货和成本的核算

存货核算是进料加工业务非常重要的核算内容，它与成本核算有紧密的联系。

与收入的核算相对应，存货与成本核算也应严格区分加工贸易项下的存货与成本及非加工贸易项下的存货与成本；加工贸易项下，还需要严格区分直接出口成本和深加工结转出口成本的分摊。

根据海关规定，加工贸易项下和非加工贸易项下，不可以串用材料。因此进料加工项下，存货成本的流转过程应该非常清晰。

当企业多种贸易形式并存时，对存货账户，包括原材料、自制半成品、库存商品等账户，均应按保税或非保税分别设置明细账户，分开核算。即使完全相同的存货，只要来源分属于保税或非保税两种形式，就一定要分开核算。对存货成本的各种核算方法，如加权平均法等，只能在同一来源下使用，不同来源的存货，不可以将这些方法一起使用来核算存货成本。但也要注意，相同的会计期间，不同形式下的存货成本需要使用同一种方法核算。例如，对非保税存货，使用加权平均法核算，则对于保税存货也需要使用加权平均法核算。

当企业保税进口原材料时：

借：原材料——保税进口材料（××材料）
　贷：应付账款——应付外汇账款（或银行存款）

因保税进口暂不涉及进口环节的税收，因此不需要进行税务核算。

保税进口材料只能生产进料加工合同项下的产品，在未向海关申请补交进口环节税前，绝不可以挪作他用。同时，如加工贸易合同规定加工产品所用的原材料全部以保税方式进口，则加工时一般也不可以用非保税的其他材料顶替保税材料。

为鼓励使用国产材料，海关已允许进料加工企业使用国产原料替代进口原料。即使签订进料加工合同时，企业预计使用保税的进口材料，但在实际加工时，发现国内其他材料可以替代使用，如材料的单损耗率没有变化，则企业可以自行使用国内其他材料，至合同执行完毕需要向海关申请核销时，再提供国内采购相同材料的发票给海关计算核销。但如果使用国内其他材料与使用保税进口材料引起材料单损耗的差异时，按照海关关于单损耗的管理规定，企业需要向海关申请变更单损耗后才可以继续生产。

按海关对加工贸易会计核算的要求，进料加工项下，生产成本中的直接材料成本一定要和其他方式下的直接材料成本分开核算。当全部使用保税进口材料时，根据材料领用的记录，借记“生产成本——进料加工生产成本（直接材料成本）”账户，贷记“原材料——保税进口材料（××材料）”账户；如合同规定使用部分国内采购材料，或企业使用部分国内采购其他材料时，也可以贷记“原材料——非保税材料（××材料）”账户。

一般情况下进料加工项下各种制造费用的归集与分摊，与其他工业企业并无不同。

从生产成本结转到产成品时，也要单设明细账户分开核算。进料加工的产成品结转时，借记“库存商品——进料加工商品（××产品）”账户，贷记“生产成本——进料加工生产成本（直接材料成本）”账户，与非进料加工生产成本的结转相区分。

结转销售成本时，只能将进料加工项下的产成品作为进料加工合同下的产品销售，同时，将这部分成本结转为进料加工项下的销售成本。未向海关申请补税转内销的手续前，不允许将进料加工项下的产成品通过其他方式在国内或出口销售，也不允许将其他方式生产的产品在进料加工合同项下销售给外商。结转销售成本时，借记“主营业务成本——进料加工成本”账户，贷记“库存商品——进料加工商品（××产品）”账户。

由此可见，进料加工项下从原材料进口入库、生产领用材料、产成品入库、产成品销售均需要与非进料加工方式下相同内容分别进行明细核算，不可混淆，并要求接受海关严格的监管，这是进料加工会计核算的重点。

3.增值税的“免、抵、退”核算

来料加工一般不涉及增值税的处理，而对进料加工业务的增值税核算，目前统一使用“免、抵、退”的方法。

4.废料及残次品的核算

进料加工合同经海关批准，也可以有一定合理的工艺损耗。对这部分工艺损耗的处理，基本与来料加工方式相同，可以参阅来料加工部分的介绍。但需要指出的是，从事进料加工的企业大多是增值税一般纳税人，不论是向海关补交工艺损耗部分的进口环节增值税，还是向外销售损耗时需要缴纳的增值税，均可以纳入企业增值税“免、抵、退”系统统一计算。

5.账外备查项目

对于来料加工，账外备查登记项目更多的是对于存货的备查登记，海关有严格的规定，这些规定，其实在进料加工项下，海关也是同样要求的。只不过进料加工项下在会计账内就需要核算存货，这部分业务不再是账外备查登记项目而已。

但在进料加工项下，也有一个重要的内容需要进行详细的登记，这就是深加工结转的详细登记。它不仅是海关监管的要求，也是税务部门进行增值税“免、抵、退”计算的要求。

对于深加工结转，备查簿主要记录企业送货、收货及结转情况，按客户、产品分别登记数量及金额。当企业按已经批准的深加工结转申请表送货时，按客户及产品的不同在备查簿上登记该次送货数量及金额，当企业集中与该客户办理该产品的结转手续后，在相应的送货项下逐项记载结转情况，核销已结转的送货。期末累计本期的送货及结转情况，结合上期的余额，计算本期期末的已送货和结转的数量和金额，以便于企业管理层参考及作披露用途。

深加工结转的送货和结转存在一定的时间差，部分送货毕竟没有完全办理海关结转手续，存在一定的不能结转风险，当不能结转时，海关和税务机关的管理就完全不同了。特别是当客户出现经营困难或存在恶意欺诈时，不仅收入的实现存在问题，企业或许会因为不能进行正式结转而需要补缴原材料进口环节关税、增值税、消费税及销售时的增值税、消费税等，并受到海关及税务机关的严厉处罚，导致重大经济损失，甚至出现不能持续经营的情况。因为实际上存在这种风险或者说或有风险，企业在进行财务报告披露时，应列示这些情况，包括：本期结转的深加工销售收入、本期已结转的深加工销售收入、本期未结转的深加工销售收入、本期主要未结转的深加工销售客户及金额、未结转的深加工销售如不能实现结转时可能给企业带来的损失等。同时，注册会计师在对企业进行审计时，也要充分留意深加工结转时的风险，提请企业管理层在报告时充分和适当地披露这些风险。

五、流通型企业进料加工业务的核算

材料及产品的进出口经营单位是流通型的外贸企业，经营单位以保税方式付汇进口材料后，委托国内有加工能力的生产型企业来加工生产。生产完成后，加工企业将产品交回外贸流通型企业再出口销售。外贸流通型企业在接到境外客商的自营订单或者暂时尚没有进出口经营权的生产型企业接到境外客商的订单后，会较多采用这种方式。进料加工不仅仅是收取加工费，而是通过自行加工或以委托、作价形式加工成成品后复出口的业务。进料加工是一个严格意义上的“产、供、销”过程。因此，进料加工实际上由进口、加工及出口三个环节组成，其出口环节的会计核算与自营出口业务完全一致，因此，进料加工贸易核算主要解决的是进口、加工两个环节的核算问题。与来料加工相比，进料加工从境外进口的料件要按进口合同如数支付价款，进口料件的税金实行“保证金台账”制度。在加工环节，由于存在作价加工和委托加工两种方式，因此，应分别两种情况区别对待。现举例说明如下：

【例 8-1】某外贸企业与外商签订进料加工复出口协议，进口螺纹钢2 500吨，CIF价为5 000 000港元，加工生产水泥预制件全部用于复出口，进口原辅料件海关实行减免进口关税及进口增值税。

1.进口原辅料件

根据进口合约规定，对外支付进口原辅料件共计5 000 000港元，银行当日汇率为1港元=0.79元人民币，应凭全套进口单证，编制会计分录如下：

借：在途物资——进料加工商品（进口螺纹钢）	3 950 000	
贷：银行存款（HKD5 000 000×0.79）		3 950 000

支付上述进口原辅料件的各项国内外直接费用，可按上述会计分录同样处理。

2.交付进口税金

为加工复出口，进口的原辅料件，根据出示对应出口合同的具体情况，海关实行减免进口关税及进口增值税制度，即进出口合同需用数量基本一致时，可以免征或少征，无法提供对应合同时，则执行减免85%的征税制度。

本合同项下进料无需交税。如需交税的应按规定税率计算进口关税和进口增值税，并同时应将进口关税归集到“在途物资”账户中。

3.进口料件入库

进口料件入库，应凭储运或业务部门开具的入库单，编制会计分录如下：

借：原材料——进料加工商品（进口螺纹钢）	3 950 000	
贷：在途物资——进料加工商品（进口螺纹钢）		3 950 000

4.进口料件的加工

进口料件的加工主要有两种方式：

（1）采用作价方式进行加工。

根据所订加工合约，按实际进料成本作价给加工企业，凭储运或业务部门开具的出库凭证、增值税专用发票，以及加工单位开具的收据，作如下会计分录：

借：银行存款	4 463 500	
贷：其他业务收入——进料加工收入		3 950 000
应交税费——应交增值税（销项税额）		513 500
借：其他业务成本——进料加工成本	3 950 000	
贷：原材料——进料加工商品（进口螺纹钢）		3 950 000

假设按14 950 000元（含加工费）向该加工企业收回加工成品水泥预制件时，凭储运或业务部门开具的商品入库通知单及加工单位的增值税专用发票，作如下会计分录：

借：库存商品——水泥预制件	14 950 000	
应交税费——应交增值税（进项税额）	1 943 500	
贷：银行存款（如有应收未收原料款应予扣除）		16 893 500

出口企业以“进料加工”贸易方式减免进口原材料、零部件用于加工或转售给其他企业加工时，应先填制“进料加工贸易申报表”，经主管其出口退税的税务机关同意签章后，再将此申请表报送其征税的税务机关，并据此在计算征税时予以扣除，或在开具增值税专用发票时，可按规定税率计算注明销售料件税额，主管出口企业征税的税务机关对这部分准予扣除的税额或销售料件的销售发票上所注明的应交税额不计征入库，而由主管退税的税务机关在出口企业办理出口退税时，在退税额中扣抵。为此，出口企业在进行作价加工时，应注意按税法规定办理申报手续。

（2）委托加工形式。企业进口料件以委托加工形式委托另一加工企业进行加工。

【例8-2】沿用【例8-1】的相关资料，假设加工生产水泥预制件全部用于复出口，加工费为11 000 000元，根据所订加工合约，凭储运或业务部门开具的出库及加工凭证，以及加工单位开具的实物收据，编制会计分录如下：

借：委托加工物资——××加工单位（进口螺纹钢）	3 950 000	
贷：原材料——进料加工商品（进口螺纹钢）		3 950 000

支付加工费时，凭储运或业务部门开具的商品入库单及加工单位开具的加工费收据，

编制会计分录如下：

借：委托加工物资——××加工单位（进口螺纹钢）	11 000 000	
应交税费——应交增值税（进项税额）	1 430 000	
贷：银行存款		12 430 000
借：库存商品——水泥预制件	14 950 000	
贷：委托加工物资——××加工单位（进口螺纹钢）		14 950 000

为符合规定，需办理进料加工贸易申报手续。

有关出口环节和出口退税的核算详见第九章。

流通型企业进料加工的核算类似于生产型企业核算进料加工，但存货的核算，主要通过“委托加工物资”这一账户进行明细核算。按加工合同和受托加工单位设置明细账户，反映加工单位名称、加工合同号、发出加工物资的名称及数量、发生的加工费用和其他费用、退回剩余物资的数量、实际成本以及加工完成物资的实际成本等资料。

而对于接受流通型企业委托的加工企业来讲，其加工方式就是一种国内的来料加工业务，核算方式与前面所述的来料加工企业的核算基本相同。

但有一点应注意，目前的政策，对直接从事出口产品的来料加工业务的企业来说，其收取的出口产品工缴费，经申请可以免征增值税。但加工企业在国内接受流通型企业委托进行进料加工业务时，其所收的加工费需要照章征税。流通型企业可以根据最终产品的流向，再向国税部门申请退税。

补充阅读资料8-1

第十二届中国加工贸易产品博览会交出新答卷

阳江十八子集团现场与相关采购商达成1.2亿元成交意向，超5万人次入场观展洽谈，两场线上推广活动会场共吸引线上采购商150万人次、累计2.5万采购商进行线上采购……第十二届中国加工贸易产品博览会（简称“加博会”）日前在东莞市广东现代国际展览中心圆满落幕。

本届加博会展览面积由上届的5万平方米扩大到7万平方米，共有1 193家企业参展，参展企业涵盖潮流服装服饰、时尚家居用品、智能移动终端及电子消费品、茶文化、境外食品等多个领域，主题展中还增设出口转内销产品展、医疗防护设备及用品展、主宾省（市）展示区等。从线下到线上，丰富多样的展品、精彩纷呈的形式、精心设置的配套活动，呈现了一场更大规模、更高规格、更高水平的商机大展，也聚焦了来自四面八方的客商目光。

紧紧围绕双循环、促内销以及进一步提升展会品质的要求，本届加博会从多维度发力，全力帮助企业拓内销保订单促交易，交出了许多亮眼数据，打造了一场国际化、专业化、市场化的贸易展、商机展、技术展。

资料来源　张德纲．第十二届中国加工贸易产品博览会交出新答卷［EB/OL］．［2020-12-21］．https://finance.eastmoney.com/a2/202012211744303848.html.

第三节　来料加工贸易的核算

来料加工与进料加工互有区别，各具特点。特点之一是，进料加工企业要支付进口原辅料货款，拥有原辅料产权；来料加工的原辅料由外商提供，加工企业不需付款，所有权归外商。特点之二是，进料加工企业承担加工盈亏责任；来料加工企业只收取工缴费，不承担盈亏。因此，来料加工的会计核算重在工缴费的核算。

一、工缴费标准的确定

一般而言，工缴费标准不能以国内加工水平来确定，而应以国际上同行业或相似行业的加工水平来确定。但是，在开展和组织加工业务时，也应参考国内加工水平核算加工产品的成本，并与工缴费比较，以确定项目的可行性。加工生产企业，不仅要考虑外汇收入，还要注意成本核算，既要算外汇账，也要算人民币账，不可顾此失彼。

来料加工贸易在由外商全部提供原材料和零部件的情况下，工缴费的内容包括工人和管理人员的工资、生产费用、折旧费、管理费、手续费、税费；如果使用我方商标，还要包括商标费；如果为加工装配业务成立新企业，还要包括企业注册登记费；如果外商提供的是部分原材料和零部件，我方补充的原材料或零部件的费用也应包括在工缴费之内。

在研究和论证来料加工的可行性时，一般要关注两个指标：工缴费盈亏率和工缴费换汇成本。相关计算公式如下：

$$\text{工缴费盈亏额}=\text{外汇增值额}-\text{工缴费}$$

$$\text{工缴费盈亏率}=\frac{\text{工缴费盈亏额}}{\text{工缴费}}\times 100\%$$

$$\text{工缴费换汇成本}=\frac{\text{工缴费(CNY)}}{\text{外汇增值额(USD)}}$$

二、加工费和生产成本的计算

在确定加工业务的加工费标准时，主要是根据国际市场的加工费水平结合国内成本费用的支出情况，综合测算。因此，在签订合同之前应详细了解和掌握当时国内的试算成本，并对国际市场加工费水平进行调查，最后形成比较合乎实际且合理的加工费收取标准。切忌主观臆断，盲目从事。

这里应指出的要点是：工缴费是以外币计收的，加工成本是以人民币计算的。两者之比即为工缴费的换汇成本。比如来料加工装配电视机，每台支付成本为CNY35。当收汇时，银行美元牌价为6.12，每台电视机工缴费收入折合CNY30.6元，与国内每台加工成本CNY35配比，每台亏损CNY4.4，则此项目不可行。如果国内加工成本为每台CNY30，或国内成本仍为人民币CNY35而工缴费为6美元，则加工项目可行。

因此，在研究和测算某项加工装配业务是否可行时，不仅要侧重考虑加工费是否合理，能创造多少外汇，同时还必须考虑生产成本以及最后业务盈亏成果。

三、来料加工贸易的纳税

涉外企业从事来料加工复出口业务，来料时凭海关核签的来料加工进口料件的报关单和来料加工登记手册，向主管出口产品退税管理的国家机关办理来料加工贸易免税证明，持此证明向相关税务机关申报免、退税手续。

1.来料加工业务的税收特点

来料加工项下的进口料、件、设备以及加工返销出口商品，海关准予免领进出口货物许可证，并对下列进口货物免征进口、出口的关税和进口环节增值税：

（1）外商提供全部或部分用于加工返销出口的原材料、辅料、零部件、元器件、配套件和包装物料。

（2）进口属于加工装配项目所必需的机器设备、品质检验仪器、安全和防治污染设备、装卸设备。

（3）为加强加工企业现代化生产管理，由外商提供直接用于生产出口产品所必需的微型计算机、闭路电视监测系统、传真机、复印机等管理设备。

（4）进口合理数量的用于安装、加固设备的材料。

（5）进口直接用于企业加工生产出口成品而在生产过程中消耗掉的燃料油（加工成品出口时海关免征出口关税）。

2.来料加工合同登记备案手续

涉外企业应在对外签订的来料加工合同自批准之日起1个月内持下列有关单证向主管海关办理合同备案登记手续：

（1）加工单位或涉外企业的营业执照（或统一社会信用代码证，下同）。

（2）税务机关签发的税务登记证（或统一社会信用代码证，下同）。

（3）审批部门的批准文件或合同备案证明书。需国家领导机关批准立项的项目，还应提供批准立项的文件。

（4）对外签订的正式合同的副本。

（5）海关认为必要的其他单证，如保函等。

海关批准后，向经营单位核发对外加工装配进出口货物登记手册（以下简称登记手册），并凭以验放有关进出口货物。

3.来料加工货物办理进出口报关手续

在来料加工项下的料、件进口和加工的成品出口时，有关经营单位或其代理人应持登记手册并填写来料加工进出口货物专用报关单，经海关核准后，予以免税放行。有关免税进口原材料、零部件，办理免税证明和核销的手续规定如下：

（1）出口企业填制来料加工贸易免税证明（见表8-2），会同海关核签的来料加工进口货物报关单和来料加工登记手册，向主管出口退税的税务机关办理免税证明。

表 8-2　　来料加工贸易免税证明

编号：____

____税务局：

____公司销售给____下表所列的料、件属于来料加工复出口贸易。对用上述料、件加工销售的货物请免征增值税、消费税。

来料名称	单位	数量	单价	金额	发票号码	加工出口货物名称	单位	数量	备注

（2）将已签章同意的来料加工贸易免税证明的第一联交加工企业。持此证明到税务机

关申报办理免征委托加工货物的增值税、消费税。

（3）货物出口后，凭来料加工出口货物有关证明向税务机关办理核销手续。

四、来料加工备查簿

根据来料加工的定义，来料加工企业只收取加工费及支付加工成本。收到的物资和制成的成品由于所有权不属于企业，不应包括在“原材料”和“库存商品”账户的核算范围内，因此必须设立受托加工来料备查账簿。该备查账簿须按“外商来料”“拨出来料”“代管物资”分别设账，用于登记企业对外进行来料加工装配业务而收到的原材料、零件及加工成品等收发结存数额。

五、来料加工的核算

（一）来料加工由加工工厂承担合同责任的核算

【例 8-3】某加工厂会同A外贸企业与外商签订了来料加工出口合同，外商提供不计价面料360 000米，通过A外贸企业交加工厂加工服装，规定原料耗用定额为每件3米，应交成品10 000打，每打加工工缴费为USD30，A外贸企业向加工厂收取工缴费收入3%的代理手续费，外贸企业代支付的有关费用由工厂负担，节余的面料需退回外商。

（1）外贸企业收到外商不计价原辅材料料时，应凭业务或储运部门开具的加盖“来料加工”戳记的入库单，连同外商交来的进口单证，通过备查账簿：

借：外商来料——××外商　　360 000米

（2）将外商提供的原辅材料拨给加工厂时，应凭储运及业务部门开具的加盖“来料加工”戳记的出库单以及加工厂开具的收据，通过备查账簿：

借：拨出来料——加工厂　　360 000米
　贷：外商来料——××外商　　360 000米

（3）加工厂交来成品时，应按合约规定的耗用原料定额据以验收入库。凭业务或储运部门开具的加盖“来料加工”戳记的入库单，通过备查账簿：

借：代管物资——××外商　　10 000打
　贷：拨出来料——加工厂　　360 000米

（4）在办理对外出口托运时，应凭业务或储运部门开具的加盖“来料加工”戳记的出库单，通过备查账簿：

　贷：代管物资——××外商　　10 000打

（5）收到业务或储运部门交来成品已出运的有关出口单证及向银行交单的单位联时，假设当日美元汇率为1美元=6.13元人民币，应根据出口发票编制会计分录如下：

借：应收账款——应收外汇账款（外商名称）（USD300 000×6.13）　1 839 000
　贷：应付账款——加工厂　　1 839 000

（6）代加工厂支付境外运保费，凭有关单据及银行购汇水单，假设共支付运保费USD20 000。当日银行汇率为1美元=6.12元人民币，应编制会计分录如下：

借：应付账款——加工厂　　122 400
　贷：银行存款　　122 400

（7）代加工厂支付各项国内费用，共计人民币5 000元，应凭有关单据作如下会计分录：

借：应付账款——加工厂　　5 000
　贷：银行存款　　5 000

（8）外贸企业收到工缴费的外汇时，假设银行汇率为1美元=6.12元人民币，应凭银行水单编制会计分录如下：

借：银行存款（USD300 000×6.12）　　1 836 000
　　应付账款——加工厂　　3 000
　贷：应收账款——应收外汇账款（外商名称）（USD300 000×6.13）　　1 839 000

（9）外贸企业收到工缴费后，应逐笔与加工厂进行清算并收取手续费，本例中扣除垫付境内、外费用和汇兑损益以及手续费等后与加工厂结算。

1 839 000−122 400−5 000−3 000=1 708 600（元）

1 839 000×3%=55 170（元）

1 708 600−55 170=1 653 430（元）

借：应付账款——加工厂　　1 708 600
　贷：其他业务收入——加工补偿　　55 170
　　　银行存款　　1 653 430

（10）设加工厂结余面料10 000米，应凭业务部门开具的原辅料结算单，以及业务或储运部门开具的盖有“来料加工”戳记的入库单，通过备查账簿：

借：外商来料——××外商　　10 000米

归还外商时：

　贷：外商来料——××外商　　10 000米

如合约规定节余原料应归加工厂时，不需作以上会计分录，应由加工厂自行处理，并应负责向海关办理申报补税或核销手续。

（二）来料加工由外贸企业承担合同责任的核算

1.外贸企业对工厂采取委托加工方式

【例8-4】沿用【例8-3】的资料，改由外贸企业独自与外商签订合同，承担加工补偿任务，外商付给外贸企业每打成品USD30的外汇工缴费，然后外贸企业采取委托加工方式组织某国内加工厂生产，并支付加工厂每打成品180元的加工费。

（1）外贸企业收到外商提供的不作价的原辅材料，以及将该原辅材料拨交工厂委托加工时，应同样以表外科目“外商来料”及“拨出来料”做记录，详见【例8-3】的（1）和（2）。

（2）加工厂交来成品时，应按合约规定的耗用原料数量进行表外科目记录，详见【例8-3】的（3）的拨出来料记录。

（3）支付工厂加工费：

借：其他业务成本——委托加工　　1 800 000
　贷：银行存款　　1 800 000

（4）在办理对外出口托运时，同【例8-3】的（4）。

（5）收到业务或储运部门交来成品已出运的有关出口单证，假设当日美元汇率为1美元=6.13元人民币。

借：应收账款——应收外汇账款（××外商）（USD300 000×6.13）　　1 839 000
　贷：其他业务收入——委托加工　　1 839 000

（6）支付境外运保费：

借：其他业务成本——委托加工　　122 400

　贷：银行存款　　122 400

（7）支付各项国内费用：

借：其他业务成本——委托加工　　5 000

　贷：银行存款　　5 000

（8）外贸企业收到工缴费的外汇时：

借：银行存款（USD300 000×6.12）　　1 836 000

　其他业务成本——委托加工　　3 000

　贷：应收账款——应收外汇账款（××外商）（USD300 000×6.13）　　1 839 000

2.外贸企业对工厂采取作价加工方式

【例8-5】沿用【例8-4】的资料，改由A外贸企业采取作价加工方式组织国内某加工厂生产，比照国内同类产品作价10 800 000元（每米30元），并支付加工厂每打成品180元的加工费。

（1）外贸企业收到外商提供的面料：

借：原材料——外商名称　　10 800 000

　贷：应付账款——应付外汇账款（××外商）　　10 800 000

（注：视同进口但不付汇，只在出口后冲减）

（2）将来料作价给工厂：

借：银行存款（或应收账款——××加工厂）　　10 800 000

　贷：其他业务收入——作价加工　　10 800 000

借：其他业务成本——作价加工　　10 800 000

　贷：原材料——××外商　　10 800 000

（3）加工厂交来成品12 600 000元（10 800 000+1 800 000）时：

借：库存商品——服装　　12 600 000

　贷：银行存款（或应收账款——××加工厂）　　12 600 000

（4）外贸企业在将加工成品办理出口托运时：

借：发出商品——服装　　12 600 000

　贷：库存商品——服装　　12 600 000

（5）向银行办理出口交单、收到工缴费外汇以及支付各项费用时，应编制的会计分录与【例8-4】的（5）、（6）、（7）、（8）完全相同。

同时，在出口后增加一笔分录，结转付给加工厂的加工费及成本：

借：应付账款——应付外汇账款（××外商）　　10 800 000

　其他业务成本——作价加工　　1 800 000

　贷：发出商品——服装　　12 600 000

另外，对客户同时提供部分设备的，如不作价的只进行账外登记，不另编制会计分录；如设备作价，又符合“固定资产”条件的（假设该设备作价USD50 000，转账日银行中间价为1美元=6.13元人民币），则应凭有关进口单证，编制会计分录如下：

借：固定资产——来料加工设备　　306 500

贷：应付账款——应付外汇账款（××外商）（USD50 000×6.13） 306 500

上述固定资产拨给加工厂时，应根据对内加工合同有关设备处理的规定，区别有偿、无偿、租赁、借调等不同情况，按固定资产管理的有关规定进行会计处理，如明确由外贸企业提取折旧，有关折旧费用应列入产成品成本。出口交单时，用应收加工商品复出口销售收入冲减应付设备款。

六、来料加工企业会计核算的特殊性

综上所述，来料加工企业会计核算具有一定的特殊性，具体表现如下：

（一）收入的核算

来料加工企业只核算工缴费收入，工缴费标准由加工合同确定，加工企业根据每月的交货数量（包括直接出口交货及深加工结转交货），计算每月应收的工缴费。

同时由于来料加工合同的工缴费以外币计价，因此还需要对应收账款等账户进行双币种核算。目前，来料加工企业的形式更多地表现为由各地经批准设立的加工服务企业设立相对独立核算的来料加工工厂，这些工厂一般规模不大，绝大部分属于小规模纳税人，也没有独立的外币账户，因此外币业务处理也比较简单，一般根据业务发生当月月初的汇率记账，待实际收到外汇时按当时银行买入价结汇入账，其差额计入汇兑损益。

（1）出货时编制会计分录如下：

借：应收账款——应收外汇账款（××客户）

　贷：主营业务收入——加工费收入（××产品）

（2）当境外委托加工单位支付加工费时，外汇按实际收款日的银行外汇买入价售汇给开户银行，并编制会计分录如下：

当实际收汇日的汇率低于账面记账汇率，有汇兑损失时：

借：银行存款

　财务费用——汇兑损益

　贷：应收账款——应收外汇账款（××客户）

当实际收汇日的汇率高于账面记账汇率，有汇兑收益时：

借：银行存款

　贷：应收账款——应收外汇账款（××客户）

　　财务费用——汇兑损益

（二）成本与费用的核算

来料加工企业的成本与费用也分为生产成本和期间费用。

因为不是由本企业自己提供直接材料，来料加工企业的生产成本不再区分直接生产成本和制造费用等账户，一般来讲生产成本就等于制造费用，主要核算与加工生产有关的厂房、机器折旧或者厂房、机器租赁成本，生产工人的工资与福利费，水电能源费，修理费，物料消耗，劳动保护费，环保费等直接与加工生产有关的成本费用。

同时，因为来料加工企业不负责产品的销售，期间费用也一般只包括管理费用和财务费用，不包括销售费用。

按照一般的会计原则，成本应当与收入相配比，但来料加工企业有其特殊性，它没有一般意义上讲的存货，因此期末结转生产成本时，没有可以依附的实体，因此不采取将生产成本结转为产成品、再计算主营业务成本的做法。

一般的来料加工企业规模都比较小，按订单生产及出货，为加快资金流动，委托加工的外商一般也要求尽快出货，尽可能减少产成品及在产品存货，因此，来料加工企业期末一般不会留存较大量的产成品或在产品存货，或者，即使有留存，一般每个月的留存数也会比较固定。在这种情况下，本月的主营业务成本等于生产成本。因此，绝大部分情况下，可以直接将生产成本结转为本月的主营业务成本，即：

借：主营业务成本——加工成本（××产品）
　　贷：生产成本

当期末的产成品和在产品数量较大，且变化也较大时，建议只将与本月收入相配比的生产成本结转入“主营业务成本”账户，其余成本继续留在“生产成本”账户，延至下个会计期间计算。

（三）工艺损耗的核算

经海关批准，来料加工业务可以有合理的工艺损耗。例如，用布料加工衣服，布料开料后总是有不能使用的边角料。

这部分工艺损耗，有两种处理方式：第一，按照来料加工合同约定，可以将工艺损耗的损耗料，报送退运给委托方，由委托方自行处理。来料加工企业无须进行会计处理，只需进行备查登记及相关报关手续即可。第二，委托方放弃这部分工艺损耗料，由加工企业自行处理。来料加工的材料是经商务部门批准并在海关备案后，保税进口的，绝大部分材料已经加工成成品出口，而工艺损耗部分材料，虽也经批准并备案，但没有出口，因此，海关需要对损耗料加征关税及进口环节增值税。但海关在对这部分损耗料征税时，是以损耗后的废料变现价值为计税依据的，而不是以材料原始进口价值为计税依据。加工企业只有向海关补办工艺损耗料的补税手续后，才可以处理这部分废料。同时，处理废料中如果有收入，要计算增值税。

一旦委托方放弃工艺损耗料，加工企业也向海关补纳了进口税金，这部分损耗料的所有权就归来料加工企业，对它们的处理可以比照销售材料处理，主要通过“原材料”“其他业务收入”“其他业务成本”“应交税费”等账户核算。

当企业向海关补交各种税金时，因来料加工企业一般为小规模纳税人，所交的税金直接作为存货成本，会计分录如下：

借：原材料——工艺损耗料（××材料）
　　贷：银行存款

当企业处理这部分工艺损耗料，取得收入时，会计分录如下：

借：银行存款
　　贷：其他业务收入——工艺损耗料处理收入

计算企业处理这部分工艺损耗料应交增值税或消费税时，会计分录如下：

借：其他业务成本——工艺损耗料处理支出
　　贷：应交税费——应交增值税
　　　　　　　　——应交消费税

结转这部分工艺损耗料的成本（补交的关税及进口环节增值税），会计分录如下：

借：其他业务成本——工艺损耗料处理支出
　　贷：原材料——工艺损耗料（××材料）

除工艺损耗外，加工企业还可能有残次品的损耗，海关要求对这两类损耗严格区分。残次品损耗所耗用的进口保税原材料，需要按进口原材料的价格为海关计税价格补征关税及进口环节增值税，之后才可以由加工企业处理。但加工企业在补税后的会计处理与处理工艺损耗料的处理过程是相同的。

同时也要注意，很多企业管理者认为，损耗料已经向海关补税，处理时就不再需要交税。这个理解是错误的，向海关补交进口关税及进口环节增值税，只是取得处理这部分材料的资格，关税是进口的成本，而进口环节的增值税是材料的进项税额，当加工企业是小规模纳税人时，其实质也是进口的成本。而销售这部分损耗料时，还需要按照增值税的有关规定，计算增值税的销项税额。

（四）账外备查登记

来料加工企业，加工所用的原材料由委托方提供，加工企业不需要付汇购买，产品直接返还给委托方，委托方只需要支付加工费，因此，材料、在产品、产成品的所有权均不属于加工企业，加工企业不需要在会计账上核算及反映这些内容。同时，目前很多来料加工企业，加工所用设备也由委托方无偿借用给加工企业使用，但加工完成后需要归还委托方，因此产权也不属于加工企业，加工企业账目上也不需要核算这部分设备及折旧。但为适应海关监管及企业自身内部管理的要求，对这些内容应在账外设立备查簿登记。

本章小结

加工贸易发展迅猛，利用此种方式的出口已占近年来出口总值的一半以上，而且今后发展势头不可小觑。本章阐述了国家对开展加工贸易实施的优惠政策，海关、税务机关对加工贸易的监管措施，进料、来料、出口产品的计税、免税、退税规定，并举例详细列示了来料、进料两种方式下自营和代理的核算程序和会计处理方法，特别是根据形势的发展着重阐述了新兴的生产企业自营加工贸易的核算。

思考题

1.简述加工贸易与自营贸易的区别，以及加工贸易的具体方式和发展趋势。

2.简述加工贸易中的工缴费和加工成本的计算和具体方法。

3.国家对开展加工贸易有哪些鼓励和优惠政策？

4.简述海关对加工贸易来料加工、进料加工的监管措施，以及各环节的单据、手续规定。

5.税务机关对来料、进料加工的进出口公司和生产企业在计、免、抵、退税方面有哪些具体规定？核算方法如何？

6.简述各种加工贸易核算方式下的免、抵、退税。

第九章　补偿贸易的核算

学习目标

补偿贸易始于20世纪60年代末，兴于东欧与西方发达国家，现已具有一定规模。通过本章学习，应了解和熟悉补偿贸易业务的特点、类型、实施前的可行性研究、实施后的贷款计息和偿还；掌握补偿贸易业务引进设备、材料和投入生产的成本计算，以及返销产品出口、贷款偿还等全过程的会计处理程序和方法。

第一节　补偿贸易概述

补偿贸易是指在信贷的基础上，从国外购进机器、设备、技术和服务等，约定在一定期限内，以该项目生产的产品或其他货物或劳务或其他办法偿还贷款。由于进口机器设备的企业偿还贷款本息是采用补偿办法，故称为补偿贸易。将补偿贸易比喻为“借鸡下蛋，卖蛋还债”，一语中的，道出了补偿贸易的实质。

一、补偿贸易的特点

补偿贸易是于20世纪60年代末和70年代初逐渐发展起来的一种贸易方式。目前，它在国际贸易中，已被发展中国家、东欧各国及西方发达国家所接受，现在已具有一定规模。据海关统计，我国2021年1—11月其他方式（含补偿贸易方式）出口金额为人民币85 939 550万元，占出口总额的3.94%；其他方式（含补偿贸易方式）进口金额为人民币7 374 683万元，占进口总额的0.45%。

补偿贸易的特点表现在以下方面：

（1）贸易与信贷相结合。引进机器设备的一方在对方提供信贷的基础上购进所需要的货物，与易货贸易不同。

（2）贸易与生产相联系。补偿贸易双方是相辅相成的，出口方更关心工程项目的进展和产品生产情况，进口方更关心产品在出口方国家和其他市场的销售情况。

（3）设备进口与产品出口相联系。补偿贸易多数情况是利用其设备制造出来的产品进行偿还，一般不动用现汇。

（4）补偿贸易双方是买卖关系。进口方不仅承担支付货款的义务，而且承担付息的责任，对机器设备或其他原材料具有所有权。

二、补偿贸易的类型

补偿贸易的形式和种类较多，主要有以下几种：

1.直接产品偿付型

直接产品偿付型，也称产品返销型。采用这种方式，出口机器设备的一方在签订出口合同时，必须承担按期购买一定数量的由其提供的机器设备生产的产品，即负有购买直接产品的义务；进口方用直接产品分期偿还合同价款。这种补偿贸易形式一般适用于购买机器设备和技术贸易。

2.间接产品偿付型

在补偿贸易中，如果在进口方引进的设备技术所生产的产品并非出口方所需要的，或引进的设备技术不生产有形产品等情况下，进口方可以使用非直接产品进行偿还，即间接产品偿付型。

3.产品与现汇结合偿付型

在此方式下，进口方引进的设备技术作价，一部分以直接产品或间接产品偿还，一部分可以用现汇偿付，比例在签订的合同中规定。

4.第三方偿付型

这种补偿贸易形式发生在引进设备技术的进出口双方中间存在第三者的情况下，当进口方引进的设备技术所生产的产品不适于出口方时，可以由中间人承担返销义务，然后中间人再偿付出口方。这种业务也称“三角补偿贸易”。

三、补偿贸易的可行性研究

补偿贸易是一项较复杂的贸易方式，涉及贸易、生产和信贷三方面，需同时考虑经济效益。因此，在决定投资以前必须进行可行性研究和具体的经济效益测算。有关研究测算的指标如下：

1.补偿贸易偿还能力

补偿贸易偿还能力，是指采用补偿贸易的企业每年收入外汇数额，扣除生产成本及其他费用以后，偿还贷款需要多长时间，即偿还期限。其计算公式为：

$$偿还能力=\frac{引进外汇总成本}{年外汇收入-年生产成本及费用}$$

引进外汇总成本包括进口机器设备的贷款、贷款利息和其他费用。国际市场一般均按复利计算利息。

年外汇收入取决于出口产品的价格和数量。企业在计算外汇收入时，应根据市场价格变化的规律及影响价格变化的因素推算出一个平均价格，再根据每年的出口数量和平均价格求出年外汇收入总额。

年生产成本及费用包括固定资产折旧、原材料、动力费、水电费、职工薪酬及税金等，将上述人民币金额按外汇牌价折合外币后进行测算。

2.补偿贸易换汇率

补偿贸易换汇率，是指使用1元人民币的国内资金所获得的外汇金额。其计算公式为：

$$补偿贸易换汇率=\frac{外汇总收入}{国内人民币资金投入额}\times 100\%$$

计算求得的补偿贸易换汇率如果超过出口商品平均换汇率，则这项补偿贸易是不可行的；反之，则可行。

3.补偿贸易利润率

补偿贸易利润率，是指采用补偿贸易方式所获得的利润额占总投资的百分比，其计算公式为：

$$补偿贸易利润率=\frac{总收入 - 总成本}{总成本}\times 100\%$$

在计算补偿贸易利润率时，须将外汇总收入和其他外汇支出按外汇牌价折合人民币，以人民币统一计算利润率。

补偿贸易是一种复杂的贸易方式，在进行经济效益的可行性研究时，应根据补偿贸易的具体方式选择能反映经济效益的有关指标进行测算，在保证获得理想经济效益的基础上再对外洽商和签约。签约后企业据以开展补偿贸易经营活动。

第二节 补偿贸易价款

就其实质而言，补偿贸易是一项商业信贷行为，属于信贷范畴，所以必然涉及贷款利息计算、偿还方式以及产品成本、销售价格测算等一系列问题。这一系列问题构成了补偿贸易会计的核算内容。

一、补偿贸易贷款的计息和偿还

在实践中，补偿贸易贷款有短期、中期和长期三种，常用的是中、长期贷款。其贷款的具体实施方法是，出口方出口设备后从银行取得部分或全部贷款，再由进口方按约定负责分期向银行还本付息。

贷款偿还期限一般有5年、10年、20年和25年之分。对进口方来说，偿付时间短则负担利息较少。偿付时间的长短取决于引进企业的偿还能力。偿还能力是衡量引进企业经济效益的重要标志。偿还能力的计算以外汇成本核算为基础，其计算直接与下列因素有关：❶贷款资金总额的大小；❷利率的高低；❸从工程兴建到投产时间的长短；❹直接产品的年度产量；❺直接产品的出口价格。

其中，❶、❷项签约时已确定，❸项是有限的，关键是最后两项。企业生产能力，在外部条件具备的情况下，取决于技术运用和管理水平。企业建立以后，必须加强管理，提高生产效率，并尽快出口产品，才能及早偿还贷款。

二、补偿产品的成本和价格测算

开展补偿贸易事先要做好可行性研究和准备工作，其中最重要的是做好成本和价格的预测。可以说，补偿贸易成功与否，关键在于价格，即产出的经济效益。

补偿贸易价格的高低主要取决于成本水平。成本应如何测算，价格应如何确定，外商提供的设备和材料我方是否需要付息，进口设备价值在多长时间内摊销完，国内配套设备和土建项目投资是否在补偿贸易期间全部摊入成本……这些问题交织在一起，需要统筹测算，科学、合理地认定。如果考虑不周，顾此失彼，就可能给国家和企业带来经济损失。理想的价格既能保证我方获得较多的外汇收入，又能让外商获得应有的利益。

开展补偿贸易，企业必须有盈利，并在补偿贸易期结束时赚回一整套进口设备和国内配套设备。因此，计算产品价格时应将进口设备和国内配套设备的价值，包括设备贷款利息，全部计入补偿贸易的产品成本中，以求得实际成本，在实际成本的基础上，再测算在各种不同利润率下的产品价格。通常要给产品制订“力争价格”、“让步价格”和“最低限度价格”三种方案，以便在与外商洽谈中灵活掌握并具有回旋余地。

现以某制鞋厂与外商开展的拖鞋补偿贸易为例说明产品成本和价格的测算方法，见表9-1。

表9-1 产品成本和价格测算表

产品名称：拖鞋 金额单位：元/双

利润率（%）	工厂成本	利润	税金	管理费	出厂价格
20	12.04	3.26	0.82	0.16	16.28
10	12.04	1.43	0.72	0.15	14.34
5	12.04	0.68	0.68	0.14	13.54
2	12.04	0.26	0.66	0.13	13.09

表中所列的力争价格为16.28元/双，最低限度价格为13.09元/双，以上两个价格之间的价格，即为让步价格。

三、补偿贸易的商品作价

补偿贸易的商品作价包括出口方出口的设备、技术等的作价和偿付产品的作价两个方面。设备、技术的作价一般是固定的，在签约时就予以确定，其价格的高低取决于技术先进程度和是否附带技术出口。

偿付产品的价格，签约时一般不予以确定，只规定一个作价原则。交货时有的以交易所价格为准，有的以某国际组织或某专业刊物公布的价格为准，有的以进口方向第三者出口同类产品的价格为基础。总之，偿付产品的价格不应高于同类产品的国际时价。

作价使用的货币，由双方协商确定。由于机器设备价格在签约时已确定，而到实际付款还有相当一段时间，这个期间的币值变动构成其中一方的直接风险。对进口方来说，一般都选择币值较弱、价格趋跌的货币。但货币的选择并不能完全由一方的意愿决定，贷款银行有很大的决定权。在这种情况下，只能采取其他附加条件以减少风险。还要根据偿还期限的长短和各种货币利息高低结合起来考虑。在一定时期内，货币风险不大，硬币利息较低，也可以采用硬币。偿付产品由于交货和结算时间短，风险较小，一般根据习惯选择货币。

小知识9-1

2022年《财富》世界500强发布，中国大公司数量连续三年位居各国之首

8月3日，最新的《财富》世界500强排行榜发布。2021年，500强排行榜企业的营业收入总和约为37.8万亿美元，比上年大幅上涨19.2%，为该榜单有史以来最大的涨幅。进入排行榜的门槛（最低销售收入）也从240亿美元跃升至286亿美元。

总营收和利润创新高

今年上榜公司的总营业收入达到37.8万亿美元，净利润总和达3.1万亿美元，均创下该榜单有史以来的新高。

如果按国家排名，美国、中国、日本、德国和法国的上榜企业营业收入和利润名列前茅。这五个国家上榜企业的总营业收入和总利润，约占全部上榜公司总营业收入和总利润的2/3。今年上榜的中国公司145家，美国公司124家。

145家中国公司上榜

在2022年《财富》世界500强榜单上有145家中国公司。其中，中国大陆公司增长了1家，达到136家，大公司数量连续三年位居各国之首。中国上榜企业的营收占500家上榜企业总营收的31%，首次超过美国。榜单前五名中，三家企业来自中国，分别是国家电网、中石油、中石化。按行业分布统计,中国上榜公司能源金属类、金融银行类的公司总体数量多。

此次《财富》世界500强排行榜一共有44家新上榜和重新上榜公司，其中有14家中国公司，它们是：中国中化、苏商建设、杭州钢铁、蜀道投资、中国航空油料集团、湖南钢铁、潞安化工、新疆中泰、比亚迪、顺丰、山东高速、成都兴城、上海德龙钢铁、台湾中油股份有限公司。

资料来源 佚名.2022年《财富》世界500强发布，中国大公司数量连续三年位居各国之首[EB/OL]. [2022-08-03]. https: //www.51ldb.com/shsldb/cj/content/018263127018c0010000df844d7e124a.htm.

第三节 补偿贸易的核算

补偿贸易的业务过程从引进设备到清偿结束，时间较长，环节较多，会计处理也很繁琐，大体可划分为引进的核算、投入生产的成本计算、以产品补偿引进设备款的核算等环节。

【例9-1】蓝天制造厂与国外K客户签订一宗补偿贸易合同，主要条款如下：

A.引进生产线一套总价CIF天津USD100 000

B.引进专利权作价USD30 000

C.进口原材料总价USD80 000

D.补偿期间5年

E.年利率（不计复利）7%

F.计价和结算货币USD

G.汇率按当日汇率记账

此项补偿贸易业务5年的会计处理过程可分为引进、生产、产品成本计算和返销还款四个阶段，该厂以人民币为记账本位币。

一、引进的核算

引进的内容，一般包含引进设备、引进专利权、引进材料三个方面。引进设备时在“在建工程”账户核算，其引进作价和安装费用、支出等记入其借方，交付使用时转入“固定资产”账户的借方；引进专利权在“无形资产”账户中设专户核算；引进材料在“原材料”账户下设专户核算，这三者的融资负债对方账户均为“长期应付款”账户。长期应付款待投入生产后以产品偿还。

（1）引进总值USD100 000生产线一套，汇率为USD1=CNY6.13。

借：在建工程——引进项目 613 000

贷：长期应付款——应付外汇账款（K客户）（USD100 000×6.13） 613 000

（2）安装和调试设备共支付费用人民币23 000元。

借：在建工程——引进项目 23 000

贷：银行存款 23 000

（3）设备验收投入生产使用。

借：固定资产——引进设备 636 000

贷：在建工程——引进项目 636 000

（4）引进专利权，经检测评估合格。

借：无形资产——引进专利权 183 900

贷：长期应付款——应付外汇账款（K客户）（USD30 000×6.13） 183 900

（5）引进原材料验收入库。

借：原材料（或材料采购）——引进材料 490 400

贷：长期应付款——应付外汇账款（K客户）（USD80 000×6.13） 490 400

因为补偿贸易享有进口减免税优惠政策，故此例无进口各项纳税会计处理。

这里还应指明，如果引进设备和原材料不是采用CIF价，而是采用FOB价或CFR价，其支付的国外运费、保险费应计入进口设备、原材料进价内，构成进口设备、原材料的进价组成部分。

二、生产的核算

生产是产品形成和产品成本归集的阶段，即产品成本的计算阶段。计算产品成本，首先，应确定成本计算期，通常是定期按月进行，但对于生产周期较长的产品，也可将产品生产周期作为成本计算期；其次，应按产品品种或批次确定成本计算对象；最后，将生产过程中发生的应计入产品生产成本的生产费用分别分配计入各相应产品，计算其制造总成本和单位成本。

生产阶段发生的应计入产品成本的生产费用，在计入相应产品成本时，按生产费用的经济用途进行归集，计入相应的成本项目。产品成本的计算项目有下列三项：

（1）直接材料，指为产品生产而耗用的原材料、辅助材料、备品备件、外购半成品、燃料、动力、包装物、低值易耗品以及其他直接材料等。

（2）直接人工，即直接从事产品生产的工人工资、奖金、津贴和补贴等。

（3）制造费用，是企业各生产单位为组织和管理生产所发生的各项费用，包括车间管理人员工资和福利费、固定资产折旧费和修理费、机物料耗费、办公费、差旅费、水电费、劳保费等。

其中，前两项与相应产品生产的关系较为直接，一般可以直接认定计入产品的制造成本之中。第三项为多种产品共同负担的费用，不直接计入产品的制造成本，应采用适当的分配标准合理地分配计入各种产品的生产成本。

补偿贸易的产品成本核算与一般工业企业的产品成本核算相同，但需建立专户进行核算，与一般产品成本核算区别开来，并在有关原始凭证和记账凭证等上面加盖“补偿贸易业务”戳记，以便识别。

【例 9-2】承【例 9-1】，假设蓝天制造厂的该宗补偿贸易在生产过程中发生耗费和支出的情况如下：

A.领用进口原料CNY400 000

领用国内材料CNY100 000

B.支付生产工人工资CNY280 000

C.引进设备折旧CNY114 480

D.专利权摊销CNY36 780

E.动力、燃料耗费CNY85 000

F.车间制造费用CNY30 000

上述耗费和支出，按其与补偿产品生产的关系，有的可以直接认定计入生产成本，有的则需采用一定分配方式分配计入生产成本。领用的进口原材料、辅料、配件、耗用的国内材料等，可直接认定计入生产成本。会计分录如下：

（1）领用进口原材料400 000元，用于生产甲产品，其中，A、B两种规格产品各50%。

借：生产成本——直接材料（A）	200 000	
——直接材料（B）	200 000	
贷：原材料——引进材料		400 000

领用国内材料100 000元，用于生产甲产品，其中，A、B两种规格产品各50%。

借：生产成本——直接材料（A）	50 000	
——直接材料（B）	50 000	
贷：原材料——国内材料		100 000

（2）支付生产A、B规格产品工人工资分别为150 000元、130 000元。

借：生产成本——直接工资（A）	150 000	
——直接材料（B）	130 000	
贷：应付职工薪酬——工资		280 000

同时：

借：应付职工薪酬——工资	280 000	
贷：库存现金（或银行存款）		280 000

（3）计提引进生产线折旧费（残值为10%）。

每年折旧费=636 000×（1-10%）÷5=114 480（元）（不再按月分摊，假设以此数计入成本）

借：生产成本——制造费用	114 480	
贷：累计折旧——引进设备		114 480

（4）摊销引进专利权。

借：生产成本——制造费用（183 900÷5）	36 780	
贷：无形资产——引进专利权		36 780

按有关规定，无形资产摊销记入“管理费用——无形资产摊销”账户。因本例的专利权属补偿贸易产品专用，故直接计入生产成本。虽与制度规定有悖，但省去了参与层层分摊的麻烦，且经过分摊的数额肯定小于此数许多，将导致最后计算的补偿贸易经济效益不准确。

（5）计算动力、燃料费。

借：生产成本——制造费用　85 000

　贷：有关账户　85 000

（6）计算车间的各项费用。

借：生产成本——制造费用　30 000

　贷：有关账户　30 000

（7）计算厂部支出费用时。

借：管理费用（销售费用、财务费用）

　贷：有关账户

企业会计准则中规定，产品成本采用制造成本法计算，不将企业管理费用摊入产品成本，故此例对管理费用未设计支出数字。

三、产品成本的归集和计算

为归集产品生产成本，应设置生产成本明细账，用以归集和分配生产过程中发生的应计入产品成本中的各项耗费。生产成本明细账应按产品品种、批别或类别设置，并采用一定的成本计算方法，以正确计算产品的制造成本。

计算产品的制造成本，应结合企业的生产类型、工艺流程和管理要求，分别选择品种法、分批法、分步法等不同的成本计算方法。在【例9-2】中只生产一个品种，采用品种法计算，同时又是一个批次，也可以说采用的是分批法。

【例9-3】承【例9-1】和【例9-2】，假设该项补偿贸易生产成本采用分批法计算成本时，有关会计处理如下：

（1）分批法下，期初没有在产品。

（2）将本期发生的直接材料、直接工资、其他直接支出直接记入生产成本明细账的相应项目。

（3）本期发生的制造费用共计266 260元（包括折旧费114 480元、专利权摊销36 780元、燃料动力费85 000元、其他30 000元），按一定比例分摊计入A、B两种规格产品成本。

假定补偿贸易期末时，全部加工完成产品1 000件，其中，A种和B种规格产品各500件，采用实际工时分配法，A种规格产品实际耗用工时为80 000小时，B种规格产品实际耗用工时为70 000小时。

每小时应分摊制造费用=266 260÷（80 000+70 000）≈1.78（元/小时）

A规格产品应分摊制造费用=80 000×1.78=142 400（元）

B规格产品应分摊制造费用=266 260−142 400=123 860（元）

根据计算结果编制分录：

借：生产成本——A　142 400

　　　　　　——B　123 860

　贷：生产成本——制造费用　266 260

（4）在分批成本计算法下，生产完成后无在产品。

（5）将上述A、B两种规格产品成本登入生产成本明细分类账，见表9-2和表9-3。

表 9-2　　生产成本明细分类账

产品名称：甲产品　　产品规格：A　　单位：元

摘　要	借　　方			
	直接材料	直接工资	制造费用	合　计
进口材料	200 000			
国内材料	50 000			
工人工资		150 000		
分配制造费用			142 400	
本期发生额	250 000	150 000	142 400	542 400

表 9-3　　生产成本明细分类账

产品名称：甲产品　　产品规格：B　　单位：元

摘　要	借　　方			
	直接材料	直接工资	制造费用	合　计
进口材料	200 000			
国内材料	50 000			
工人工资		130 000		
分配制造费用			123 860	
本期发生额	250 000	130 000	123 860	503 860

（6）根据A、B产品生产成本明细账中的各项目记录，计算总成本和单位成本，编制完工产品制造成本计算表，见表9-4。

表 9-4　　完工产品制造成本计算表　　单位：元

成本项目	A（500件）		B（500件）		合计（1 000件）	
	总成本	单位成本	总成本	单位成本	总成本	单位成本
直接材料	250 000	500	250 000	500	500 000	500
直接人工	150 000	300	130 000	260	280 000	280
分摊制造费用	142 400	284.8	123 860	247.72	266 260	266.26
合　　计	542 400	1 084.8	503 860	1 007.72	1 046 260	1 046.26

（7）生产完工，产品验收入库，根据入仓单和有关凭证编制分录：

借：库存商品——A　　542 400
　　　　　　——B　　503 860
　贷：生产成本——A　　542 400
　　　　　　　——B　　503 860

四、返销出口和货款结算的核算

此过程是补偿贸易业务的最后阶段，即以产品补偿贷款和销售产品收取货款的阶段，具体包括返销产品销售价格的预计、出口交单结汇、偿还贷款和收取外汇等内容。

1.返销产品销售价格的预计

前已述及，补偿贸易事先应进行可行性调查研究和做好补偿产品的成本和价格测算工作，以作为与外商谈判的基础。当补偿产品生产完成，实际成本确定后，还应进行返销产品价格的预算，具体方法是编制返销产品价格预算表。

返销产品价格预算表由变动成本、固定成本、应加费用和利润三部分组成。其计算公式为：

成本总额=单位变动成本×产量+固定成本

返销产品价格=成本总额+销售和管理费用+合理利润

从完工产品制造成本计算表（表9-4）可知，此例总生产成本为1 046 260元，其中，变动成本为780 000元，固定成本266 260元，而假设应加的各项费用和合理利润共计为30%，各项具体比例见表9-5。

表 9-5 返销产品价格预算表

20××年12月31日　　单位：人民币元

项　目	单位成本	总成本
一、变动成本		
直接材料	500	500 000
直接工资	280	280 000
小计	780	780 000
二、固定成本		
分摊制造费用	266.26	266 260
应负担的营业外支出		150 000
财产损失		28 000
其他		12 000
小计		456 260
总成本		1 236 260
三、应加费用和利润		
销售费用（运费、保险费）	按销价8%	141 287
税金	按销价5%	88 304.
管理费用	按销价7%	123 626.
利润	按销价10%	176 6089
小计		529 826
总预算销售价格（按总预算销售价格公式求得）		1 766 086
单位预算美元销售价格（按汇率6.13折合美元）		USD288.11

根据补偿产品销售价格预算表三部分的关系，可列出计算公式：

❶总预算销售价格 $=\frac{\text{总成本}}{1-\text{应加费用和利润率}}=\frac{1\,236\,260}{1-30\%}\approx$ CNY1 766 086

❷单位预算销售价格=总预算销售价格÷产品数量=1 766 086÷1 000≈CNY1 766.09

❸单位预算美元销售价格=单位预算销售价格÷美元汇率=1 766.09÷6.13≈USD288.11

补充阅读资料9-1

央行：上半年跨境贸易人民币结算业务发生2.15万亿元

北京商报讯（记者 廖蒙）7月11日，央行发布2022年上半年金融统计数据报告。数据显示，上半年跨境贸易人民币结算业务发生4.58万亿元，直接投资人民币结算业务发生3.01万亿元。

具体来看，报告期内，以人民币进行结算的跨境货物贸易、服务贸易及其他经常项目、对外直接投资、外商直接投资分别发生3.47万亿元、1.11万亿元、0.81万亿元、2.2万亿元。

资料来源 和讯网.

2.引进设备、材料价款的归还

原则上引进设备、材料、专利权的价款应按合同规定执行，但不能一开始就把交付的全部产品用来还款，只能用交付产品的一部分还款，另一部分收回货款，以便企业能够维持再生产。引进材料款的偿还，可按交付产品数量和消耗定额计算；引进设备款和专利权转让费可按商定的5年平均计算。根据交付产品的数量和商定的产品价格计算的销售收入，减去每年还款后的余额，为企业应收的出口销售外汇收入。

【例9-4】假设蓝天制造厂本期生产的1 000件产品全部交付出口，每件按预算销售价格USD288（舍去小数）结算，归还贷款与销售收入情况如下：

A.出口总销售额（FOB价288×1 000）USD288 000

减：归还进口原材料全部价款USD80 000

引进设备款（100 000÷5）USD20 000

引进专利权（30 000÷5）USD6 000

B.余额（应收外汇销售收入）USD182 000

3.出口销售产品补偿贷款的核算

此项补偿贸易引进设备、专利权和原材料的价款已作为负债，记入“长期应付款”账户的贷方，归还时借记该账户，贷记“主营业务收入——补偿贸易”账户。出口销售总收入扣除引进三项价款的余额，视同正常出口销售处理，借记“应收账款”账户，贷记“主营业务收入”账户。

【例9-5】假设蓝天制造厂将该批生产完工的库存A规格产品542 400元、B规格产品503 860元全部装运出口，一部分作偿付补偿贷款，余下部分为出口收汇时：

（1）发运待装。

借：发出商品	1 046 260	
贷：库存商品——A		542 400
——B		503 860

（2）出口交单向银行办理偿付引进贷款和应收外汇结算，总额USD288 000，其中USD106 000还贷款，其余收汇，汇率为USD1=CNY6.13。

借：长期应付款——应付外汇账款（K客户）（USD106 000×6.13）　649 780
　　　　　　　——应付外汇账款（K客户）（USD182 000×6.13）1 115 660
　贷：主营业务收入——补偿贸易　1 765 440

同时，结转成本：

借：主营业务成本——补偿贸易　1 046 260
　贷：发出商品　1 046 260

（3）银行通知国外K客户转来收汇部分货款，汇率为USD1=CNY6.12。

借：银行存款（USD182 000×6.12）　1 113 840
　　财务费用——汇兑损益　1 820
　贷：长期应付款——应付外汇账款（K客户）（USD182 000×6.13）　1 115 660

（4）年终计付引进设备、专利权、原材料价款利息时，年利率为7%。为便于计算，假设以年度为计息期间，此三项利息为USD210 000×7%=USD14 700，汇率为USD1=CNY6.13，编制会计分录：

借：财务费用——利息　90 111
　贷：长期应付款——应付外汇账款（K客户）（USD14 700×6.13）　90 111

实际办理支付利息，美元汇率为6.14元。

借：长期应付款——应付外汇账款（K客户）（USD14 700×6.13）　90 111
　　财务费用——汇兑损益　147
　贷：银行存款（USD14 700×6.14）　90 258

（5）年终计付利息。

第2年利息额=（原引进价款额-第1年补偿额）×7%

第3年利息额=（第1年余额-第2年补偿额）×7%

以此类推……

应说明的是，补偿贸易享有进出口优惠政策，故此例未涉及进出口税收问题。如果遇有应纳税行业或应税货物，参见进料、来料加工业务和自营进出口业务处理。

本章小结

补偿贸易是流通、生产、信贷三位一体的经济业务，涉及领域较广，核算任务较重。本章为叙述方便，只以一宗业务、一个品种、一个生产车间、一个生产周期，既无期初在产品又无期末未完工产品，简单举例。但实际中远非如此，比如，产品成本的归集和计算是工业会计的重中之重；再比如，贷款的偿还涉及进出口双方的协议和银行具体为双方划转款项的事项，手续复杂，账务处理繁琐，限于篇幅，未及详述。

思考题

1.简述补偿贸易业务的特点及与生产、信贷业务的关系。

2.简述补偿贸易业务的形式和类型及前期经济效益的预测的程序和方法。

3.简述补偿贸易业务款项的计息和偿还。

4.补偿产品的成本和价格如何测算？

5. 简述补偿贸易业务在引进设备、专利权、原材料过程中的账户设置和账务处理方法。

6. 简述补偿贸易业务在生产过程中的成本内容、账户设置和账务处理方法。

7. 简述补偿贸易业务的产品成本归集、成本的计算步骤和成本计算方法。

8. 简述返销出口前的产品销售价格预算表的编制内容和编制方法。

9. 简述归还引进设备、材料、专利权的款项和出口销售收汇的账务处理方法。

10. 简述补偿贸易的利息支付和账务处理方法。

第十章　对外承包工程的核算

学习目标

对外承包工程是在我国开展较晚，但发展迅速的一项业务，其特点是周期长、效益高、风险大。通过本章学习，应当了解对外承包工程业务的性质、特点和核算任务；熟悉对外承包工程的成本归集和成本分配、核算方法；掌握对外承包工程在不同结算方式下的会计处理方法。

第一节　对外承包工程概述

对外承包工程是我国对外承包公司或国际经济技术合作企业，在境外从事工程承包业务，自主经营、独立核算、自负盈亏的一种业务。

我国对外承包工程业务是在对外开放政策的指导下，于20世纪70年代后期逐步发展起来的，现在，已经有了一定的规模，在国际市场上也有了一席之地，并已成为我国非贸易创收外汇的一条重要途径。

一、对外承包工程的状况

对外承包工程是由国内企业和境外企业共同完成的，而且承包业务的重点在国外。国内对外承包企业指经国家批准、有对外经营权的从事对外承包工程业务的独立法人企业。境外企业指国内对外承包工程公司或对外经济合作企业的驻外独立机构或分支机构，包括法人公司、分公司、经理部、办事处、代表处及项目组等部门和单位。

承包工程的业务是对外承包工程公司或对外经济合作企业，通过国际招标投标而中标承包的外国政府、国际组织和私人企业的建筑项目。承包工程的具体内容，视国外业主的要求和工程的性质、范围、规模、技术等实际需要而定，一般包括：工程设计，提供技术，供应机器设备，供应材料、能源和动力，施工与安装，人员培训，试车，资金的供应等。

目前，我国对外承包工程公司和对外经济合作企业已发展到数千家，其中有的已跻身国际工程承包大公司行列，承包业务内容从一般的土建项目、劳务输出发展到公路、港湾、铁路、电站、地质勘探、航道疏浚等多种项目，从单纯提供劳务或分包别国公司承包的项目发展到以“交钥匙”方式承包达上亿美元的巨大项目，从而进入总承包人的行列。

开展对外承包工程业务，对我国社会主义经济建设和实现现代化有着重要的意义和作用，具体表现在：有利于增加国家外汇收入和外汇储备；有利于带动国内设备材料出口；有利于拓宽和扩大就业门路，减轻国内劳动市场压力；有利于学习国外的先进技术和管理经验；有利于促进国内民航、银行、保险、远洋运输、邮电等部门业务的发展，增进我国科学、技术、文化的国际交流，扩大我国的国际影响，树立良好的国家形象。

二、对外承包工程业务的特点

当前，国际承包工程市场与其他国际经济市场同样存在着激烈而严峻的竞争，同时也存在着良好的开拓和发展机遇，为我国发展对外承包工程业务提供了条件。对外承包工程业务与国内承包工程有着明显的不同：

1.生产周期长，业务风险大

对外承包工程是一项风险事业。从投标、洽谈成交、组织施工，到竣工验收、交付使用，通常需要两三年甚至更长的时间。在漫长的生产过程中，由于国际政治和经济形势的变化，驻在国有关进出口、资金和劳务等方面的政策法令的变动，以及一些不可预见的偶然事件，都有可能直接或间接地影响经营活动的正常进行，给对外承包企业带来减利、亏损的风险。这些风险主要包括：政治风险，如政变、罢工和战争，以及当地政府采取废弃合同、宣布拒付的强制性政治措施等；经济风险，如国际承包市场上经常发生的汇率变动、货币贬值、通货膨胀，业主采取各种手段拖延付款，致使对外承包资金周转困难，加之有些地方政府部门制造各种各样的麻烦，使物资进口、劳务人员入境关卡重重，需要付出更多的时间和代价等；其他风险，如水灾、气候异常、地震、火山爆发等自然灾害以及其他不可抗拒的灾害等。可见，对外承包工程企业所面临的风险的范围和程度，都远远大于国内其他企业。

2.业务范围广，综合性强

对外承包工程企业的经营范围，包括勘察，设计，施工，提供设备、材料、技术、动力能源等。每一项又包括许多内容，仅采购成套设备就涉及询价、订货、运输、保险、报关、纳税等多项具体业务内容。就筹建一座工厂而言，除了要有厂房、车间等主要建筑外，还要有办公楼、宿舍等附属设施，综合性很强。其他承包项目，无不如此。

3.管理复杂，要求较高

对外承包工程企业作为法律主体，在我国注册、登记。它既有国内施工任务又有国外施工任务，既有国内机构又有国外机构和施工单位，因此，既要遵守我国的法律和有关规章制度，又要遵守驻在国的法律和有关规章制度，同时还要服从我国的外交方针与政策。各个国家的社会制度和币制不同，因而对工程承包的管理制度和核算方法也有所不同。对外承包工程的经营管理和核算就比国内工程的管理和核算更加复杂，因此，对外承包企业的领导和职工必须具有较高的组织和管理水平。

4.竞争激烈，经营难度大

对外企业的经营活动多在发达国家进行，而承包工程又是通过建筑市场投标竞争夺取工程项目承包权的。由于发达国家的市场体系比较完善，价值规律在市场竞争中起着决定性的作用，所以竞争更广泛、更激烈，对外承包企业的经营难度也越来越大。

三、对外承包工程的业务程序

国际承包工程是通过招标投标进行的。各国对外承包企业要想获得经营权并取得盈利，做好投标准备并中标是前提条件。中标后便是签订施工合同和履行合同。对外承包业务的程序分为招标投标、签订承包合同和履行承包合同三大步骤。

1.招标投标

发包人通过招标来开展建设项目，目的在于使得各承包人之间为取得承包权而竞争，并在竞争中放低索取的价格，从而使项目投资最经济、项目质量最上乘，达到以最低的投资来换得时间短、质量好的工程项目的目的。而承包人则是以投标的方式参与竞争，以低索取、高质量夺得标的，为企业生存发展创造机遇。

2.签订承包合同

国际上通用的承包合同包括以下几项内容：

（1）有关转让和分包的规定。承包人如未经发包人事先同意，不得将合同全部或部分转让给别人。

（2）特殊情况的规定。在合同执行过程中，如发生承包人无法预料的自然灾害和人为障碍，承包人应将详细情况、建议增加附加工程和需要增添的施工机械设备以及预计要延迟的工期等书面通知工程师（或建筑师，下同），为此所增加的有关费用应由发包人承担。

（3）保险。合同应规定承包人为承包工程项目办理有关保险。保险的形式、类别、金额或占标价的百分比应在合同中加以规定。

（4）开工、停工及延期。合同应规定承包人接到工程师的书面通知后立即开工。承包人应于合同规定的日期之前完成工程项目，否则将被罚款。

（5）竣工和维修。工程的竣工应由工程师发给承包人竣工证书以资证明，并以证书签发之日作为工程维修期的开始。

（6）支付条件。工程款项的支付条件有：❶预付款，即在工程开工以前或工程前期，发包人预付给承包人的款项，一般以合同总价的一定百分比（如10%~15%）计算。❷中间结算。在工程施工过程中可每月或以工程阶段作为中间结算期，由承包人向工程师提交结算单，经审核、签署后转交发包人，以此作为支付凭证。❸最终结算。承包人在完工证书签发之日起的数日内，向工程师提交该工程项目的最终结算单，并附有关证明文件和单据，由工程师在一定期限内签发最终支付证书。❹支付期限。一般在工程师签发结算单起的1个月内，发包人将款项支付给承包人，如拖延支付，应加付利息。

（7）违约。承包人如未获得发包人同意，擅自将合同转让给他人，不按合同要求施工或使用不符合质量要求的材料等，应被视为违约。承包人违约的，发包人有权没收承包人的履约保证金，有权依法对其财产物资进行扣押并处理，有权雇用其他承包人来完成工程，有权要求承包人赔偿损失。

发包人如未按工程师支付证书支付给承包人应得款项、未结算支付证书、宣告破产等，应视为违约。发包人违约的，承包人有权要求其支付违约金，有权解除合同并要求赔偿一切损失。

（8）索赔。承包人应在有关事件发生后的规定时间内向工程师提出索赔要求，并说明索赔理由，否则将丧失索赔的权利。

（9）争端的调解和仲裁。双方如有争议，首先交工程师解决。对工程师的决定，如一方或双方感到不满，则按国际商会的调解仲裁规章或各合同条件的规定，提交有关仲裁委员会进行仲裁。

小知识10-1

对外承包工程聘请工程师是惯例

按照国际惯例，承包工程应正式书面聘请工程师（或建筑师）来监督合同条款中规定的技术质量、工程进度等的执行情况。他们是独立的法人，他们的职责、义务和权利应在合同中规定。

资料来源　王玉红.施工企业会计［M］. 5版.大连：东北财经大学出版社，2019.

3.履行承包合同

对承包人来说，履行承包合同即从开工至工程竣工结算的全过程。后面将对承包人履行合同结合会计核算程序一并说明。

第二节　对外承包企业会计核算的特点

对外承包企业会计，除承担一般企业会计应负的核算任务外，还要严格遵守国际、国内有关法规、惯例，协助企业领导组织和实施对外承包工程经济管理活动，如期完成承包合同任务。

一、对外承包企业会计的特点

对外承包企业会计与国内施工企业会计，既有共同点，又有不同点。其不同点主要表现在：

1.记账本位币是驻在国货币

国内主管企业一般以人民币作为记账本位币。而所属分支机构分布在世界各国和地区，都采用驻在国货币为记账本位币。我国会计准则规定驻外企业可以采用驻在国货币作为记账本位币，但向国内呈报报表时必须折算为人民币。

2.涉及的基本是外币业务

由于对外承包企业的施工、生产、供应、结算、销售等各个环节都与外国发生经济联系，各种收付大量涉及外币业务，使用外币记账和结算。国际市场汇率变动频繁，发生汇兑损益成为一种普遍现象。这就要求财会人员能够正确组织外币业务的会计核算，能够正确预测汇率的变动趋势，采取有效措施防范汇率风险。

3.国内外往来结算繁多

对外承包企业在国内外均与许多单位和个人发生各种往来结算业务，从而形成了复杂的多层次、多渠道结算关系。在国外，企业除了要与业主或发包单位进行正常的合同价款结算外，还要分别与国外银行、政府财税机关发生往来、结算业务；在国内，与物资供销单位、银行或其他金融机构、财税机关等办理货款的支付、资金的收付、税金的缴纳等结算业务，由于企业内部机构层次较多和承包、分包形式的多样化，内部结算业务更为复杂，如总公司、国外分公司、国外项目组之间有关资金调拨、工程价款结算、国内材料供应、出国人员出国费用的结算、相互借贷垫支、管理费的结算等。

4.财务报表汇编特殊

对外承包企业境外分支机构的记账本位币各不相同，填制财务报表的币别也不一样。

汇总以不同货币反映的财务报表就成为对外承包企业会计的一个特点。根据现行会计准则规定，对外经济合作企业的国内公司一律用人民币填列，境外分公司以美元填列。国内公司应对境外分公司上报的财务报表先按美元进行汇编，然后将汇总的美元金额按规定的折合率折成人民币金额，再与国内分公司上报的和总公司本身的财务报表进行汇编。

二、对外承包企业会计的核算

根据对外承包企业经营管理的要求，其会计除采用一般会计方法外，还采用一些特殊方法，比如，对国外分支机构记账本位币的确定、国内国际上下机构单位间的往来款项结算、承包项目结算、承包项目成本与收入的配比方法等。

1.国外分支机构记账本位币的确定

按照企业管理原则的规定，对外承包企业的国外分支机构均为会计核算独立单位，其记账本位币选择何种货币首先考虑驻在国对境内企业会计管理的要求，其次考虑所从事业务的主要币种，一般是驻在国货币业务占绝大比重，再次考虑与国内主管公司的往来结算用何种货币比较简便。

2.内部往来的核算

企业的内部往来包括国内总公司与所属国内、境外分公司之间及境外分公司与所属独立核算的项目组之间，有关合同价款结算、费用和收入的划转以及其他应收、应付、暂收、暂付款项。

（1）内部往来业务，设置“内部往来”账户进行明细核算。本账户借方登记企业与所属内部独立核算单位之间发生的各项应收、暂付和转销的应付、暂收款项；贷方登记企业与所属内部独立核算单位之间发生的各项应付、暂收和转销的应收、暂付款项；期末余额应与所属各明细账户的借方余额合计和贷方余额合计的差额相等。年终编报时将“内部往来”账户借方余额并入“应收账款”项目，贷方余额并入“应付账款”项目。

（2）总公司与所属独立核算单位的上交、下拨经营资金，应在“长期投资——拨付所属资金”和“实收资本——上级拨入资金”账户核算；总公司与分包单位之间有关合同价款的代收、代付，公司管理费的上交和结转，以及其他应收、应付、暂收、暂付款项，应在“应收账款”“应付账款”“预收账款”“预付账款”账户核算；拨给非独立核算的内部单位的周转金，应在“备用金”账户核算。年终编报时，将备用金并入“货币资金”项目。

（3）内部往来账簿的设置原则是保证往来款项的记录相互一致，使用“内部往来记账通知单”，由经济业务发生单位填制，送交对方及时记账，并由对方核对后及时将副联退回。每月月末，由规定的一方根据明细账记录抄列内部往来清单，送交对方核对账目；对方应及时核对并将一份清单签回发出单位，如有未达账项或由于差错等原因核对不相符时，应在签回的清单上详细注明。发出单位对于对方指出的差错项目，应及时查明并做调整记录。

根据企业会计准则的有关规定，结合上述对外承包工程企业的特殊核算方法，举例如下：

【例 10-1】假设国内A对外承包工程总公司在境外有若干独立核算分支公司，境外B分公司以瑞士法郎（CHF）为记账本位币。本月总公司与该分公司发生的两项内部往来业务及相关会计资料如下：

分公司向总公司汇交承包工程款USD200 000

分公司向总公司上交管理费USD2 000

附：

总公司记账本位币为CNY

分公司记账本位币为CHF

美元对瑞士法郎的汇率为USD1=CHF0.95

美元对人民币的汇率为USD1=CNY6.15

对于这两项业务，分公司与总公司各自的会计处理如下：

（1）境外B分公司的会计处理：

❶汇交承包工程款USD200 000，折算为记账本位币CHF190 000（200 000×0.95）。

借：内部往来——总公司　CHF190 000

　贷：银行存款　CHF190 000

❷上交管理费USD2 000，折算为记账本位币CHF1 900（2 000×0.95）。

借：主营业务成本——内部结算　CHF1 900

　贷：内部往来——总公司　CHF1 900

（2）总公司的会计处理：

❶收到境外分公司汇来承包工程款USD200 000，折算为CNY1 230 000（200 000×6.15）。

借：银行存款　1 230 000

　贷：内部往来——B分公司　1 230 000

❷总公司开具内部转账通知向境外B分公司索取管理费CNY12 300（2 000×6.15）。

借：内部往来——B分公司　12 300

　贷：主营业务收入——内部转账收入　12 300

❸境外B分公司结转来管理费USD2 000，折算为CNY12 300（2 000×6.15）。

借：银行存款　12 300

　贷：内部往来——B分公司　12 300

3.总公司与分公司调拨物资的核算

当国内总公司向国外分公司调拨物资时，国内总公司按内部结算价格（进价加一定比例的费用），通过“内部往来”账户进行核算。内部物资调拨，如需纳税，国内总公司应借记“内部往来”账户，贷记“应交税费——应交增值税”“主营业务收入——内部结算收入”账户，同时结转进价，借记“主营业务成本——内部结算成本”账户，贷记“原材料”账户等。期末结算时，将“内部结算收入”与“内部结算成本”两个明细账户之间的差额结转至“本年利润”账户。

【例10-2】国内A总公司以内部作价方式将一批原价为100 000元的材料作价124 300元（含增值税14 300元），调拨给境外B分公司。

（1）国内总公司的会计处理：

借：内部往来——B分公司　124 300

　贷：应交增值税——应交增值税（销项税额）　14 300

　　主营业务收入——内部结算收入　110 000

同时，结转成本：

借：主营业务成本——内部结算成本　　100 000
　贷：原材料　　100 000

（2）境外分公司的会计处理：

境外B分公司以瑞士法郎为记账本位币，将人民币作价材料CNY124 300按汇率CHF1=CNY6.47折算为瑞士法郎，即124 300÷6.47≈CHF19 212。

借：原材料　　CHF19 212
　贷：内部往来——总公司　　CHF19 212

4.以实物结算工程款的核算

对外承包工程使用实物结算，是指企业在对外工程承包中，按照合同规定，从发包单位分期或一次性拨交验收入库的材料物资抵作合同价款。

（1）作为备料款的实物结算。在收到发包方作为备料款的材料物资时，应按合同发票价格，借记“原材料”账户，按结算价款中所含的增值税税额，借记“应交税费——应交增值税（进项税额）”账户，按结算价格，贷记“预收账款”账户。结算物资运送过程中发生的运杂费计入存货成本，借记“原材料”账户。

（2）与收入相对应的实物结算。在不采用预收备料款进行实物结算的情况下，在收到按合同规定的结算物资时，应按合同规定的或增值税专用发票上载明的价格，借记“原材料”账户，按结算价款所含的增值税税额，借记“应交税费——应交增值税（进项税额）”账户，贷记“应收账款”账户。

【例10-3】某对外承包工程企业（以人民币为记账本位币）收到发包方作为备料款的钢材一批，增值税专用发票注明：价款CNY100 000、增值税CNY13 000，材料已经验收入库，分录如下：

借：原材料　　100 000
　　应交税费——应交增值税（进项税额）　　13 000
　贷：预收账款　　113 000

5.职工薪酬的核算

对外承包企业对派出国外人员薪酬待遇的核算内容包括：按国内制度规定发放出国人员的国内工资，提取福利费，支付差旅费、服装费等；按合同规定向境外分公司收取出国人员费，但不是按国内实际支付的数额收取，而是按合同规定在内部计算收取。

支付境外人员国内工资的实际数额，记入“出国人员费”账户的借方；按向境外分公司收取的出国人员费，记入“出国人员费”账户的贷方；期末结转时，将“出国人员费”账户贷方收入数额减去借方实际支出数额的余额转入“本年利润”账户。

【例10-4】某对外承包企业本月支付国外C分公司职工工资CNY800 000，支付差旅费CNY25 000和服装费CNY5 000。根据工资单等单证，总公司与分公司各自的账务处理如下：

（1）国内总公司的账务处理：

借：出国人员费　　830 000
　贷：应付职工薪酬——工资　　800 000
　　　银行存款　　30 000

按规定标准向境外分公司开出内部结算单，收取出国人员费CNY1 800 000，分录如下：

借：内部往来——C分公司 1 800 000
　　贷：出国人员费 1 800 000

期末将“出国人员费”账户余额转入“本年利润”账户：

借：出国人员费 970 000
　　贷：本年利润 970 000

（2）境外分公司的账务处理：

境外分公司接到国内总公司收取出国人员费通知时，应按人民币与记账本位币的汇率，将人民币1 800 000元折算成记账本位币记账，按【例10-1】的汇率折算。

人民币通过美元折算为瑞士法郎=1 800 000÷6.15×0.95≈CHF278 049

借：有关成本或费用账户 CHF278 049
　　贷：内部往来——总公司 CHF278 049

6.承包项目收入的结算

承包项目收入，即发包人付给承包人的价款，也就是承包人投标后中标的标价。

（1）承包工程是先确定价款，然后进行施工。承包项目价款，就是向发包人递交投标书的标价，是各个单独结算的分项目标价的汇总，并以合同的形式固定下来，具有法律作用，因此承包项目结算不必再进行讨价和还价。

（2）承包工程的施工周期长。承包工程企业为不影响企业资金的周转，可采取向发包人预收一部分合同款或者将整个承包工程分成若干分项工程进行中间结算，因此，承包工程价款的结算是预收、中间结算和最终结算的结合。

在按分项工程结算或采用按月进行中间结算时，企业应把该月内完成的各分项工程的工程量向工程师提出工程结算单，而不论该分项工程是否已经全部完工，即本月完成了多少工程量就应提出多少工程量的结算单。得到工程师认可的工程量和相应的结算价款，应及时结算登记入账。工程结算单的格式见表10-1。

表10-1 工程结算单

发包人：

合同编号： 工程总造价：

工程名称： 已完工程造价：

工程名称	计量单位	单价	完工工程量	应收工程款	经营管理费率（%）	利润率（%）	合计
备注：							
调整后应收工程款合计		减：预收合同款		减：保留金	结算工程款	工程师签字	

7.承包项目成本与收入的配比

对外承包企业的承包项目成本与承包项目收入配比的计算，是一项复杂的系统工程。承包工程项目周期长，涉及两个或两个以上会计期间，而且，在周期中承包项目成本不断发生，如果采用按项目结算收入的方式，只有等到工程进展到一定阶段或全部完成才能结算项目收入，致使项目成本支出与项目收入不能同步核算，无法确定盈亏。因此，会计的配比原则要求两者配比。在实际工作中采用的结算方法有项目完工结算法和项目完成率结算法。

（1）项目完工结算法。承包项目的收入只有在承包项目全部或基本完成时才能确认，其成本只有在承包项目全部或基本完成时才能结转。

项目完工结算法将收入的确认延至合同完成的最后阶段，承包项目成本在承包项目结束前始终留在成本账上，不进行结转，是一种比较稳健的方法。其缺点是不能及时了解承包项目的盈亏情况，在承包项目结束前的会计期难以进行利润分配等。

（2）项目完成率结算法。随着承包工程进度来确认承包项目的利润或结转承包项目的成本，每期的利润由总的预计利润乘以项目完成率来求得。

计算和确定已完成工作量与整个项目所需工作量比率的方法有已完工承包项目面积与总面积之比、已砌砖块数与总砖块数之比、已浇混凝土重量与总混凝土重量之比等。常用的项目完成率，是承包项目已经发生的成本与承包项目总的预计成本之比，计算公式如下：

$$项目完成率=\frac{已发生成本}{预计总成本}\times100\%$$

【例 10-5】某对外承包工程分公司，承包一项3年期的项目，合同总金额USD8 000 000，采用项目完成率结算法分3年结算，各期预计成本与实际完工成本资料如下：

A.第一年预计总成本为USD7 450 000，实际完工成本为USD2 500 000

B.第二年预计总成本调整为USD7 500 000，实际完工成本为USD3 500 000

C.第三年实际完工总成本为USD7 420 000，实际完工成本为USD1 420 000

根据资料，计算各年的收入、成本和利润额。

（1）第一年计算的结果：

项目完成率=2 500 000÷7 450 000×100%≈33.56%

预计总利润=8 000 000-7 450 000=USD550 000

确定利润=550 000×33.56%=USD184 580

确定收入=8 000 000×33.56%=USD2 684 800

（2）第二年计算的结果：

项目完成率=（2 500 000+3 500 000）÷7 500 000×100%=80%

预计总利润=8 000 000-7 500 000=USD500 000

确定利润=500 000×80%-184 580=USD215 420

确定收入=8 000 000×（80%-33.56%）=USD3 715 200

（3）第三年计算的结果：

项目完成率=（2 500 000+3 500 000+1 420 000）÷7 420 000×100%=100%

实际总利润=8 000 000-7 420 000=USD580 000

确定利润=580 000-184 580-215 420=USD180 000

确定收入=8 000 000×（100%-80%）=USD1 600 000

根据计算结果编制项目完成率及收入、成本、利润计算表（见表10-2）。

表 10-2　　工程项目完成率、收入、成本、利润计算表

项目名称：　　金额单位：万美元

年度	合同总金额	各年实际成本	各年预计总成本（第3年为实际成本）	预计利润	
				项目完工结算法	项目完成率结算法
1		250	745	0	18.458
2		350	750	0	21.542
3		142	742	58	18
合计	800	742	742	58	58

根据计算结果编制记账凭证，做结转分录，见本章第四节收入核算举例。

按项目完工结算法计算，利润是在承包项目结束时计算，即将承包项目合同总金额减去历年实际成本累计数。因而每个会计期只需计算承包项目的成本，不必结转利润，利润在项目结束时一次结转。

按项目完成率结算法计算，每期（或年）均需参照项目完工结算法的账务处理，做结转成本、收入、利润分录。

第三节　对外承包工程成本的核算

如前所述，对外承包工程是由独立核算的国外分支机构或项目组承担工程的建造和实施，承包工程核算的内容主要有工程成本和费用、工程收入和结转利润三方面。其中的利润核算与一般企业相同，这里仅说明工程成本和费用、工程收入两项核算。

一、承包工程的成本和费用

在实施和建造承包工程过程中，对外承包企业所发生的各项物化劳动和活劳动的耗费与支出称为工程费用，按其经济用途的不同和与实施承包工程关系的密切程度分为直接费用、间接费用和期间费用。与承包工程关系密切并可认定的费用应直接计入成本，如材料消耗、工人工资等；与承包工程关系不密切的间接费用不能直接计入承包工程成本，应当按一定标准分摊计入，如制造费用、辅助生产成本等；对于期间费用，境外发生的能直接计入的直接计入当期损益，境内发生的总公司费用原则上应按照境内、境外营业额分摊计入当期损益，如管理费用、财务费用等。

为正确区分各种费用的性质、用途，加强费用的管理，控制和监督费用支出，正确归集、分配费用和计算承包项目成本，必须对费用进行科学的分类，确定成本核算项目。在制造成本法下，承包工程核算的成本项目一般包括：

（1）直接材料费，是施工过程中耗用的构成工程实体或有助于工程实体形成的主要材料、其他材料和周转材料的摊销及租赁费用。

（2）直接人工费，是施工过程中直接生产工人的薪酬等。

（3）机械使用费，是在施工过程中使用自有施工机械设备发生的使用费和租用外单位施工机械设备的租赁费，以及施工机械设备的安装、拆卸和进出场费等。

（4）临时设施费，是在施工现场建造临时建筑物所发生的费用，如搭建工棚、仓库、临时宿舍、食堂、临时道路等所发生的费用。

（5）其他直接费用，是除直接材料费、直接人工费、机械使用费和临时设施费以外的各项能分清受益对象的其他直接费用，如勘察费、设计费等。

（6）建造费用，是按照某一费用分配标准而应负担的不能直接计入成本的费用，如管理部门为组织和管理生产而发生的工资、折旧费、劳动保护费、水电费、办公费及其他费用。

二、成本核算对象的划分

成本核算是以工程项目为对象来归集发生的生产费用和计算其实际成本的。对一定时期内发生的各项费用，按照成本开支范围的规定，采用一定的程序和方法，最终计算出特定成本对象的已完工实际成本。

正确确定成本核算对象是正确组织成本核算的前提，既不能过粗，也不能过细。过粗则不能提供具体的信息资料；过细则增加不必要的工作量。按有关规定，承包工程的成本核算对象划分有：❶以每一个独立承包工程合同为成本核算对象；❷规模大、工期长或单位工程较多的承包合同，以独立的单位工程或施工区域为成本核算对象；❸若干个规模小、工期接近、费用难以划分且在同一地点施工的承包合同，可合并为一个成本核算对象。

成本核算对象确定后，企业各有关部门必须共同遵守，不得任意变更。所有原始记录和核算资料，都必须按照确定的成本核算对象填写清楚，以便归集和分配生产费用，保证成本核算的正确性。

为集中地反映和计算各个成本核算对象本期应负担的生产费用，会计部门应为每一成本核算对象设置成本明细账，并按成本项目分设专栏，组织各成本核算对象的成本核算。

三、成本费用账户的设置

根据有关规定，结合自身管理特点和要求，对外承包企业一般设置“生产成本（或施工成本）”、“出国人员费”、“建造费用”和“辅助生产费用”四个总分类账户进行成本核算。

1.“生产成本”账户

该账户核算企业施工经营过程中发生的直接费用、摊入的辅助生产费用，具体包括原材料、燃料及动力、工资及福利费，以及为组织和管理生产所发生的费用等。本账户的借方登记本期发生的各项直接费用；贷方登记已完工或按合同规定分期或按月办理结算的已完工的工程成本，期末借方余额反映尚未结转的工程成本。

具体核算工作应按承包工程费用支出情况，结合成本对象划分，再按工程项目设置明细账户进行核算。

2.“出国人员费”账户

该账户核算企业派出职工到国外执行对外承包合同所发生的各种费用，包括出国人员的国内工资、福利费、差旅费、服装费、人身保险费等。本账户的借方登记派出职工发生的出国人员费；贷方登记已办理出国人员费结算而转入“主营业务成本”账户的出国人员费；期末一般应无余额。本账户应按业务类别或合同进行明细核算。

3."建造费用"(即制造费用)账户

该账户核算企业各生产部门和现场管理部门为组织和管理生产所发生的管理人员的薪酬、所使用的固定资产的折旧、修理费、低值易耗品摊销费、劳动保险费、水电费、办公费、差旅费和其他费用等。本账户的借方登记本期发生的上述费用;贷方登记分配转出的建造费用;期末一般无余额。本账户应按不同的生产部门和费用项目进行明细核算。

4."辅助生产费用"账户

该账户核算企业所属不独立核算的辅助生产部门为工程施工、生产和提供劳务所发生的各种费用。本账户的借方登记发生的各项辅助生产费用;贷方登记完工实际成本和分配计入工程项目成本的劳务费用;期末借方余额反映辅助生产部门在产品的实际成本。本账户应按车间、部门和成本核算对象设置明细账,并按成本项目分设专栏进行明细核算。

四、对外承包工程成本费用的核算

为反映和监督对外承包工程成本费用的发生情况,承包企业应在"生产成本"账户下设置"承包工程支出"明细账户,并在该明细账户下按成本核算对象设置"直接材料费"、"直接人工费"、"机械使用费"、"临时设施费"、"其他直接费用"和"建造费用"专栏进行明细核算。

1.直接材料费的核算

为加强材料的管理和核算,会计部门对于领料单、退料单等应加强审核,划清工程用料和非工程用料,按成本核算对象编制材料费用分配表,据以进行材料成本的核算。

假设锦城对外承包工程总公司在境外有甲、乙两个分公司,实行两级管理、两级独立核算制。现以甲分公司为例说明直接材料费的核算。境外甲分公司以美元为记账本位币,采用实际成本制和分期结算法进行工程核算。

【例 10-6】境外甲分公司以美元为记账本位币,购入建造材料一批,发票总值为USD500 000,以美元支付,材料验收入库,分录如下:

借:原材料(这里只记总账,明细账从略)　　USD500 000
　贷:银行存款　　USD500 000

【例 10-7】甲分公司月终归集整理领料单、退料单、材料耗用分配表和非工程用料单等单证,编制材料费用分配表,报会计部门审核入账,见表10-3。

表 10-3　材料费用分配表

202×年10月　　单位:美元

成本对象	主要材料				结构件	其他材料	总计	周转材料摊销
	钢材	水泥	其他主要材料	小计				
A工程	117 800	21 850	32 130	171 780	84 850	25 442	282 072	4 200
B工程	85 680	13 104	12 852	111 636	67 872	16 968	196 476	2 100
合　计	203 480	34 954	44 982	283 416	152 722	42 410	478 548	6 300

根据材料费用分配表的资料编制分录：

（1）借：生产成本——承包工程支出（A工程）　　USD286 272

　　贷：原材料——主要材料　　USD171 780

　　　　　　——结构件　　USD84 850

　　　　　　——其他材料　　USD25 442

　　　　　　——周转材料　　USD4 200

（2）借：生产成本——承包工程支出（B工程）　　USD198 576

　　贷：原材料——主要材料　　USD111 636

　　　　　　——结构件　　USD67 872

　　　　　　——其他材料　　USD16 968

　　　　　　——周转材料　　USD2 100

根据上述分录，记入其所属工区的承包工程支出明细账和工程成本卡的有关栏内。

2.直接人工费的核算

承包工程所发生的人工费，按人员构成可分为国内人员费和国外人员费，生产工人（含技术人员）工资费用和管理人员工资费用。

【例10-8】甲分公司所属某工区，202×年10月份发放A、B工程项目各类人员的工资费，按出勤记录统计，编制人工费用分配表（见表10-4），送会计部门审核，据以发放工资。

表10-4　人工费用分配表

202×年10月　　单位：美元

项　目	生产工人工资		工程管理人员工资	国内管理人员工资	合　计
	A工程	B工程			
金　额	52 500	42 000	10 500	11 550	116 550

根据上述人工费用分配表编制分录：

借：生产成本——承包工程支出（A工程）　　USD52 500

　　　　　——承包工程支出（B工程）　　USD42 000

　　建造费用　　USD10 500

　　管理费用　　USD11 550

　贷：应付职工薪酬——工资　　USD116 550

同时，根据上述分录，记入该工区的承包工程支出明细账和工程成本卡的有关栏内。

实际发放各类人员工资时：

借：应付职工薪酬——工资　　USD116 550

　贷：库存现金（或银行存款）　　USD116 550

3.机械使用费的核算

承包工程使用的施工机械，一般可分为自行管理和租赁两种，其使用费的核算方法和应用的账户有所不同。

（1）承包工程使用自有施工机械时，应计提施工机械的折旧费、修理费、施工机械操作人员工资、耗用的燃料和油料及其他费用。根据计提施工机械折旧费的数额，借记“生产成本——承包工程支出”账户，贷记“累计折旧”账户。根据支付修理费的数额，借记“生产成本——承包工程支出”账户，贷记“银行存款”账户。根据领用燃料、油料的数额，借记“生产成本——承包工程支出”账户，贷记“原材料”账户。根据分配施工机械操作人员工资的数额，借记“生产成本——承包工程支出”账户，贷记“应付职工薪酬”账户。

【例 10-9】甲分公司于10月末根据自有机械施工记录，领用燃料、油料出库单，租赁费结算单等，编制机械使用费分配表（见表10-5）。

表 10-5　机械使用费分配表

202×年10月　　单位：美元

成本对象 费　用	A工程			B工程			合　计
	折旧费	银行存款	原材料	折旧费	银行存款	原材料	
自有施工机械	525	2 100	2 625	630	2 310	3 150	11 340
租入施工机械		1 050			1 260		2 310
合　计	525	3 150	2 625	630	3 570	3 150	13 650

根据机械使用费分配表的资料编制分录：

借：生产成本——承包工程支出（A工程）　USD6 300
　　　　　　——承包工程支出（B工程）　USD7 350
　贷：累计折旧　USD1 155
　　　银行存款　USD6 720
　　　原材料　USD5 775

同时，根据上述分录记入该工区的承包工程支出明细账和工程成本卡的有关栏内。

（2）承包工程在施工过程中使用租入机械设备时，可根据出租单位送达的租赁费结算单，经审核直接计入有关工程项目成本，借记“生产成本——承包工程支出”账户，贷记“银行存款”账户。因其账务处理与上述相同，不再举例。

4.临时设施费的核算

临时设施一般包括临时性的职工宿舍、食堂、办公室、仓库、机具棚，临时给水、排水、供电、供热等管线，以及临时道路等。企业在临时设施搭建完工后，应将其费用转入“长期待摊费用”账户的借方；然后按受益原则在各受益对象之间进行分摊。在承包工程完工后，拆除临时设施而回收的残值，冲减待摊的临时设施费。

【例 10-10】假设该工区在施工现场搭建各种生产和生活临时设施，人工费共计USD1 575，其中，归属于A工程的为USD525，归属于B工程的为USD1 050，根据有关凭证编制分录：

借：长期待摊费用——临建工程　USD1 575
　贷：库存现金（或银行存款、原材料等）　USD1 575

搭建临时设施完工交付使用时，按A、B两项工程分配人工费数额，编制分录如下：

借：生产成本——承包工程支出（A工程）　USD525
　　　　　——承包工程支出（B工程）　USD1 050
　贷：长期待摊费用——临建工程　USD1 575

同时，根据上述分录记入该工区的承包工程支出明细账和工程成本卡的有关栏内。

5.其他直接费用的核算

各项费用发生时，可直接计入各受益对象。

【例10-11】假设A、B两项工程项目共发生勘察费和设计费USD8 925，其中，归属于A工程的为USD2 625，归属于B工程的为USD6 300，根据有关凭证编制分录：

借：生产成本——承包工程支出（A工程）　USD2 625
　　　　　——承包工程支出（B工程）　USD6 300
　贷：银行存款（或其他有关账户）　USD8 925

同时，根据上述分录记入该工区的承包工程支出明细账和工程成本卡的有关栏内。

6.建造费用的核算

对于承包工程实施过程中发生的共同性的建造费用，按规定，月末时应采取一定的分配标准，将本月发生的建造费用分配计入有关工程成本中。

【例10-12】假设该工区以工程直接费用为标准分配建造费用与直接费用时，经计算，当月建造费用与工程直接费用之比为12%，A、B工程项目应摊建造费用额见表10-6。

表10-6　建造费用分配表

202×年10月　金额单位：美元

成本对象	直接费用	分配率	应分配建造费用
A工程	348 222	12%	41 787
B工程	255 276	12%	30 633
合　计	603 498	—	72 420

根据建造费用分配表的资料编制分录：

借：生产成本——承包工程支出（A工程）　USD41 787
　　　　　——承包工程支出（B工程）　USD30 633
　贷：建造费用　USD72 420

同时，根据上述分录记入该工区的承包工程支出明细账和工程成本卡的有关栏内。

通过以上核算和结转，该工区会计部门即可将本月发生的各项费用集中地反映在承包工程支出明细账和工程成本卡的有关栏内，见表10-7、表10-8、表10-9。

表 10-7

承包工程支出明细账

单位：美元

202×年 月	日	摘　要	直接材料费	直接人工费	机械使用费	临时设施费	其他直接费用	建造费用	合　计
10	1	月初余额	204 540	32 445	8 589	1 386	5 250	29 190	281 400
		材料费	286 272						286 272
		材料费	198 576						198 576
		分配人工费		94 500					94 500
		分配机械使用费			13 650				13 650
		分配临时设施费				1 575			1 575
		分配其他直接费用					8 925		8 925
		分配建造费用						72 420	72 420
		本月费用发生额	484 848	94 500	13 650	1 575	8 925	72 420	675 918
		减：本月竣工成本	395 976	73 500	15 750	2 100	10 500	59 823	557 649
		减：本月已完工程成本	286 587	50 295	5 964	861	3 675	41 787	389 169
		月末余额	6 825	3 150	525	—	—	—	10 500

表 10-8

工程成本卡

工程项目：A工程

单位：美元

202×年 月	日	摘　要	直接材料费	直接人工费	其他直接费用	建造费用	合　计
10	1	月初余额	7 140	945	1 575		9 660
		材料费	286 272				286 272
		人工费		52 500			52 500
		分配机械使用费			6 300		6 300
		分配临时设施费			525		525
		分配其他直接费用			2 625		2 625
		分配建造费用				41 787	41 787
		本月费用发生额	286 272	52 500	9 450	41 787	390 009
		减：本月未完工成本	6 825	3 150	525		10 500
		本月完工成本	286 587	50 295	10 500	41 787	389 169

表 10-9　　工程成本卡

工程项目：B工程　　单位：美元

202×年		摘　要	直接材料费	直接人工费	其他直接费用	建造费用	合　计
月	日						
10	1	月初余额	197 400	31 500	13 650	29 190	271 740
		材料费	198 576				198 576
		人工费		42 000			42 000
		分配机械使用费			7 350		7 350
		分配临时设施费			1 050		1 050
		分配其他直接费用			6 300		6 300
		分配建造费用				30 633	30 633
		本月费用发生额	198 576	42 000	14 700	30 633	285 909
		减：本月完工成本	395 976	73 500	28 350	59 823	557 649

7.已完工程实际成本的计算和结转

在承包工程的核算过程中，已完工程实际成本的核算至关重要，可以说是关键所在。其成本计算时间的确定和结算方法的选择，关系到企业的经营成果和经济效益。已完工程实际成本的计算和结转在本章第二节已有涉及，可依据施工具体情况和管理需要，采用项目完工结算法或项目完成率结算法。现进一步阐明如下：

（1）项目完工后一次结算的实际成本计算法。承包工程项目竣工后一次结算的工程，平时发生的各项施工费用应记入工程成本卡的有关栏内。工程竣工时，根据工程成本卡的记录，计算出该项竣工工程的实际成本。其计算公式如下：

竣工工程实际成本=月初施工费用余额+本月施工费用发生额

从【例 10-7】至【例 10-12】登记的工程成本卡可知，B工程项目已全部竣工，可根据该工程的工程成本卡结合上述计算公式求得B工程的实际成本：

B工程全部实际成本=271 740+285 909=USD557 649

根据计算结果，编制记账凭证，分录如下：

借：主营业务成本　　USD557 649
　贷：生产成本——承包工程支出（B工程）　　USD557 649

将上述分录登记入账后，B工程的工程成本卡月末应无余额，表示该项工程已经竣工，并将该成本卡抽出，归档保管。

（2）假设采用按月（或按完成率）分次结算。凡是已完成的不再进行施工的工程，称为“已完工程”。对于已完工的工程可以按月（或按完成率）计算其实际成本，并向发包单位收取工程款。对于期末尚未完成的工程，称为“未完工程”，相当于工业企业的“在产品”。未完工程不能计算实际工程成本，不能向发包单位收取工程款。承包工程企业在月末计算已完工程实际成本的公式如下：

本月已完工程实际成本=月初未完工程实际成本+本月发生的成本费用-月末未完工程实际成本

由此公式可知，在计算本月已完工程实际成本依据的三项数字中，前两项在工程成本卡便可取得，是已知的数据，唯最后一项“月末未完工程实际成本”需要通过一定方法计算求得。其常用的方法有项目完成率结算法、估量计算法和估价计算法。项目完成率结算法前已述及，现将后两种计算法分别说明如下：

❶估量计算法。在采用估量计算法时，首先根据施工现场盘点未完工程实物量，经过估计，折合成相当于已完工程实物量，再乘以该项工程的预算单价。其计算公式为：

月末未完工程的预算成本=未完工程折合成已完工程实物量×该项工程的预算单价

从【例10-7】至【例10-12】登记的工程成本卡可知，A工程月末尚有部分工程未完工。根据该项工程的工程成本卡结合上述公式计算求得月末未完工程的成本。

【例10-13】假设该工区对A工程采取按月结算法，月末盘点未完工程，估计相当于已完工程的50%。编制未完工程盘点表（见表10-10）。

表10-10 未完工程盘点表 金额单位：美元

工程名称	分项工程		已做工序					其中		
	名称	预算单价	工序名称	占工程的百分比	已做数量	折合完工工程量	预算未完工成本	材料费	人工费	机械使用费
A工程	地面抹灰	10.5		50%	2 000	1 000	10 500	6 825	3 150	525
	…									
	…									
	…									
合计							10 500			

根据未完工程盘点表所示，本月预计未完工程的成本为USD10 500，前面A工程项目工程成本卡所列期初未完工程成本USD9 660，本月发生成本费用USD390 009，计算A工程已完工程实际成本为USD389 169（9 660+390 009-10 500），编制结转分录：

借：主营业务成本 USD389 169
　贷：生产成本——承包工程支出（A工程） USD389 169

❷估价计算法。在采用估价计算法时，首先确定分部、分项工程内各个工序的费用占整个预算单价的百分比，计算出每个工序的单价，然后再乘以未完工程各工序的完成数量，确定未完工程的预算成本。其计算公式如下：

某工序单价=分部分项工程预算单价×该工序的费用占预算单价的百分比

未完工程预算成本=未完工程中某工序完成量×该工序单价

估价计算法与估量计算法实质是相同的，大同小异，不再举例，可参照估量计算法进行计算和结转已完工程的实际成本。

补充阅读资料 10-1

9 996.2 亿元！2021 年中国对外承包工程完成营业额公布！

中国商务部新闻发言人束珏婷近期在新闻发布会上介绍，2021 年，中国对外投资合作平稳发展。全行业对外直接投资 9 366.9 亿元人民币，同比增长 2.2%。

据介绍，2021 年，中国对外承包工程完成营业额 9 996.2 亿元人民币，同比下降 7.1%；新签合同额 16 676.8 亿元人民币，同比下降 5.4%。全年对外投资合作呈现以下特点：

一是对“一带一路”沿线国家投资增长较快。对“一带一路”沿线国家非金融类直接投资 203 亿美元，同比增长 14.1%。

二是对外承包工程大项目增多。新签合同额上亿美元项目 560 个，较上年增加 46 个，主要集中在交通运输等基础设施领域。

三是境外经贸合作区建设成效显著。截至 2021 年末，纳入商务部统计的境外经贸合作区分布在 46 个国家，累计投资 507 亿美元，上缴东道国税费 66 亿美元，为当地创造 39.2 万个就业岗位。

当天，束珏婷还介绍《区域全面经济伙伴关系协定》(RCEP) 进展情况。她称，RCEP 于 2 月 1 日起对韩国生效。中韩贸易投资往来密切，双方在电子、机械、汽车、纺织等领域有着广泛合作。在 RCEP 中，中韩双方均作出高水平开放承诺，为两国贸易投资自由化、便利化创造了更好的条件，有利于推动双边贸易投资高质量发展。同时，RCEP 形成了统一大市场，进一步深化了包括中日韩在内的亚太产业链供应链关系，将有助于发挥各自优势和产业互补性，深化高端产业链供应链合作，不断提升域内国家贸易投资合作水平。

资料来源 商务部网站.

第四节 对外承包工程收入的核算

对外承包工程收入，是对外承包工程企业根据合同规定向发包方或业主办理工程款结算所取得的收入。对外承包工程收入是对外承包企业的主要收入，其核算与一般企业收入的确认时间和确认方式有所不同。

一、对外承包工程收入的确认时间

对外承包工程，特别是承包全过程的“交钥匙”工程，应根据合同规定的结算方式和结算时间进行工程款收入的确定，而且确定的收入又有一次实现或分次实现两种方式。

如果合同规定以分期付款方式结算的工程项目，其工程款收入可作为递延营业收入，相应的成本作为递延营业成本，期末作为递延收益反映。对合同规定以即期方式结算的工程项目，其工程价款虽已结算但期末尚未收到的，也可以作为递延营业收入处理，相应的成本作为递延营业成本，期末作为递延收益反映。

二、对外承包工程收入的核算账户

为反映和监督对外承包工程收入的实现及相关成本、费用的结转情况，对外承包企业应设置下列账户：

1. “主营业务收入”账户

该账户核算承包工程实现的营业收入。其贷方登记本期实现的各种经营业务收入；月末贷方余额反映企业自年初起至本月末止累计实现的营业收入；年终结账时，将本年实现的全部营业收入由借方转入“本年利润”账户，结转后本科目无余额。本科目应按营业收入的类别设置明细账户，进行明细核算。

2. “主营业务成本”账户

该账户核算承包工程支付的各项营业成本。其借方登记企业本期结转的营业成本；月末借方余额反映自年初起至本月末止累计结转的营业成本；年终结账时，将本年发生的全部营业成本由贷方转入“本年利润”账户，结转后无余额。本账户应按与收入相对应的明细账户进行明细核算。

3. “递延营业收入”账户

该账户核算按照合同规定以分期付款、延期付款、实物结算等方式确认的递延营业收入。其贷方登记按照合同规定在确认每期营业收入实现时的应收款项金额；借方登记期末转入“递延收益”账户的递延营业收入；结转后，本账户无余额。本账户应按经营业务类别设置明细账户，进行明细核算。

4. “递延营业成本”账户

该账户核算按照合同规定以分期付款、延期付款、实物结算等方式确认的与递延营业收入相配比的递延营业成本。其借方登记与递延营业收入相配比的营业成本；贷方登记期末转入“递延收益”账户的递延营业成本；结转后，本账户无余额。本账户应按经营业务类别设置明细账户，进行明细核算。

5. “递延收益”账户

该账户核算按照合同规定以分期付款、延期付款及实物结算等方式确定的递延营业收入和递延营业成本结转后的递延收益。其贷方登记期末转入的递延营业收入和转入“本年利润”账户的递延损失；借方登记期末转入的递延营业成本和转入“本年利润”账户的递延收益；期末余额反映尚未实现的递延收益或递延损失。

6. “税金及附加”账户

该账户核算生产经营过程中应缴纳的税金及随同税金一并计算缴纳的附加税费。其借方登记企业按规定计算应缴纳的税金；月末借方余额反映企业自年初起至本月末止累计发生的税金总额；年终结账时，应将本账户借方余额全数转入“本年利润”账户的借方；结转后，本账户无余额。

三、对外承包工程收入的核算

对外承包工程收入，按合同规定，在不同的工程款结算方式下有不同的核算方法。现就两种主要的结算方式举例说明。

1. 即期结算方式的工程收入核算

所谓即期结算方式，即按承包合同规定在工程竣工时或在工程施工前收到工程款的一种结算方式。企业进行即期结算时，应按结算金额借记“银行存款”或“应收账款”或“应收票据”等账户，贷记“主营业务收入”账户。如果企业采用预收款结算方式，应同时转销预收款项，抵扣应收款项。

【例 10-14】境外甲分公司，当月发生的工程收入、工程成本和缴纳税金等经济业务资料如下：

A.预收现汇工程款 USD80 000

B.工程竣工总价款 USD500 000

扣除预收款后收到 10 日付款汇票一张 USD420 000

C.工程成本 USD438 000

D.汇票到期如数收回工程款 USD420 000

E.按驻在国税法规定缴纳税款 USD40 000

根据上述有关经济业务资料，编制当月的会计分录：

（1）按合同规定，收到发包方预付工程款 USD80 000 时：

借：银行存款　　USD80 000
　贷：预收账款——发包方　　USD80 000

（2）与发包方结算已完工程款，扣除预收额，收到余额汇票 USD420 000 时：

借：应收票据　　USD420 000
　　预收账款——发包方　　USD80 000
　贷：主营业务收入　　USD500 000

同时，结转工程成本 USD438 000：

借：主营业务成本　　USD438 000
　贷：生产成本——承包工程支出（某项目）　　USD438 000

（3）汇票到期，银行扣收手续费 3‰，余款入账时：

借：银行存款　　USD418 740
　　财务费用——手续费　　USD1 260
　贷：应收票据　　USD420 000

（4）向驻在国计缴税款 USD40 000 时：

借：税金及附加　　USD40 000
　贷：应交税费　　USD40 000

（5）通过银行转账，实际缴纳税款时：

借：应交税费　　USD40 000
　贷：银行存款　　USD40 000

（6）期末结算时将营业收入与营业成本转入“本年利润”账户：

借：主营业务收入　　USD500 000
　贷：本年利润　　USD500 000
借：本年利润　　USD438 000
　贷：主营业务成本　　USD438 000

结转后，“主营业务收入”与“主营业务成本”两账户结平，无余额。

2.分期收款结算方式的工程收入核算

如果对外承包工程企业与发包方签订合同规定分期结算价款，其工程价款收入可作为递延营业收入处理。

【例 10-15】境外乙分公司与国外发包单位签订一项承包工程合同，总工程款为USD800 000，工程施工期为1年，分三次结算工程款，具体条款规定如下：

A.总工程款 USD800 000

B.结算方式为三次，以实物结算

第一次开工前预收 30% 实物	USD240 000
第二次工程完成 50% 时，收 30% 实物	USD240 000
并可结转预收款实物 50%	USD120 000
第三次竣工结算时收 40% 实物	USD320 000
C.预计工程成本	USD730 000

此项承包工程的会计处理过程及分录如下：

（1）开工前收到第一批实物时：

借：原材料（或周转材料等）	USD240 000	
贷：预收账款——发包方		USD240 000

（2）工程进度完成 50%，办理第二次结算，按工程总造价计入营业收入 50% 时：

借：应收账款——分期应收款	USD400 000	
贷：递延营业收入		USD400 000

并结转预计的 50% 工程成本：

借：递延营业成本	USD365 000	
贷：生产成本		USD365 000

（3）收到第二批结算实物，并结转 50% 预收款时：

借：原材料（或有关账户）	USD240 000	
预收账款——发包方	USD120 000	
贷：应收账款——分期应收款		USD360 000

（4）工程完工办理结算时：

借：应收账款——分期应收款	USD400 000	
贷：递延营业收入		USD400 000

同时结转 50% 工程成本：

借：递延营业成本	USD365 000	
贷：生产成本		USD365 000

（5）收到第三批实物，并结转预收款 50% 时：

借：原材料（或有关账户）	USD320 000	
预收账款——发包方	USD120 000	
贷：应收账款——分期应收款		USD440 000

（6）结算时，分别将“递延营业收入”和“递延营业成本”转入“递延收益”账户：

借：递延营业收入	USD800 000	
贷：递延收益		USD800 000
借：递延收益	USD730 000	
贷：递延营业成本		USD730 000

（7）期末结算时，将“递延收益”转入“本年利润”账户：

借：递延收益（800 000−730 000）　　USD70 000
　贷：本年利润　　USD70 000

结转后，各收入、成本账户以及“递延收益”账户均结平，无余额。

【例10-16】假设境外某所属公司与所在国发包单位签订承包工程合同，规定结算方式为分期结算工程款，本月发生有关工程款的经济业务和会计分录如下：

（1）按照合同规定将应收款USD480 000作为当月的递延收入时：

借：应收账款——分期应收款　　USD480 000
　贷：递延营业收入　　USD480 000

同时结转相应的递延营业成本USD430 000：

借：递延营业成本　　USD430 000
　贷：生产成本　　USD430 000

（2）月末分别将“递延营业收入”和“递延营业成本”转入“递延收益”账户：

借：递延营业收入　　USD480 000
　贷：递延收益　　USD480 000
借：递延收益　　USD430 000
　贷：递延营业成本　　USD430 000

（3）实际收到分期应收账款USD200 000时：

借：银行存款　　USD200 000
　贷：应收账款——分期应收款　　USD200 000

（4）结算时按实际收到的分期应收款与全部发生的分期应收款的比例计算收益率，再求得本期实现的递延收益额，计算公式如下：

$$实现递延收益率=\frac{全部递延收入-全部递延成本}{全部递延收入}\times 100\%$$

$$实现递延收益额=实际收到递延收入\times 实现递延收益率$$

$$=200\,000\times\frac{480\,000-430\,000}{480\,000}\times 100\%$$

$$\approx USD20\,833$$

根据计算将本期实现的递延收益数额在期末时转入“本年利润”账户。

借：递延收益　　USD20 833
　贷：本年利润　　USD20 833

小知识10-2

既要保持对外贸易稳定增长，更要切实加快外贸发展方式转变

针对当前依然复杂的国内外形势，必须切实把工作着力点放到保持对外贸易稳定增长和优化进出口结构上来。一方面，要保持外贸政策的基本稳定，继续用好出口信用保险、出口退税、出口信贷等行之有效的政策，充分发挥“引进来”和“走出去”对扩大出口的带动作用，特别注重改善中小外贸企业的融资条件，及时帮助企业解决实际困难，努力为对外贸易稳定发展营造良好环境。另一方面，要切实加快转变外贸发展方式，坚持科技兴贸、以质取胜和市场多元化，积极推动加工贸易转型升级，鼓励企业发展研发设计、自主品牌和境外营销渠道，争创参与国际竞争和合作的新优势，全面提升对外贸易质量和效益。

资料来源　百度文库.

本章小结

对外承包工程核算，属施工企业会计范畴，技术性强、周期长、风险大。其执行的法规制度涉及国内、驻在国、国际三个方面。其计价、结算使用两种或两种以上货币，难点特别多，会计账务处理也较进口业务复杂，如费用的认定、各项工程成本的归集、收入与利润的核算等。因此，对从事对外承包工程会计工作的人员在政治思想、政策水平、业务能力、外语水平等方面要求较高。

思考题

1. 对外承包工程业务的性质和特点有哪些？

2. 简述对外承包工程的业务程序及操作方法和承包方与发包方签订承包合同的主要内容及注意事项。

3. 承包工程企业会计核算的任务、特点是什么？

4. 简述国内总公司与境外分支机构间的往来业务会计处理方法。

5. 简述工程项目成本与工程项目收入的配比核算方法。

6. 一般对外承包工程常用的项目收入结算方式有哪几种？

7. 简述承包工程的成本内容、成本项目两者的关系，成本的归集、分配步骤，以及成本核算的会计处理方法。

8. 简述承包工程收入的确认原则、核算账户以及采用不同结算方式下的会计处理方法。

第十一章　对外劳务合作的核算

学习目标

对外劳务合作是我国开展较早的一项涉外经济业务，既可为国内丰富的劳动力资源找到市场，又可为国家开辟外汇来源，一举两得。通过本章学习，应当了解我国开展对外劳务合作的状况、内容及意义；熟悉对外劳务合作的业务程序、管理要求；掌握对外劳务合作的成本费用和劳务收入的会计处理方法。

第一节　对外劳务合作概述

对外劳务合作是我国对外经济合作企业按照与国外业主或发包人签订合同的规定，为外方提供劳动服务，并按劳动数量和质量收取劳动报酬的一种服务性业务。

一、我国对外劳务合作概述

我国对外劳务合作业务，在初期主要限于建筑领域，即某项工程由业主或发包单位发包给本国或其他国家的承包商总承包，其中劳务部分由承包商再发包给我国的对外经济合作企业承担。

目前，我国对外经济合作企业所承担的劳务合作项目已扩大到建筑劳务以外的许多行业，如技术承包、大型建筑、传授技术、培训人员、指导生产和咨询服务等方面，所面向的国家和地区，已从东亚、中东、北欧、非洲扩展到大洋洲、南北美洲，劳务项目日益增多，劳务地域日益扩大，已成为一项朝阳式涉外事业。

我国劳动力资源丰富，开展对外劳务合作具有重要意义：

1. 可以增加就业门路

目前，我国通过劳务合作在国外从事劳务承包和技术服务工作的人员数以万计。对外劳务合作使个人增加了收入，学到了技术，增长了知识；为国家增加了外汇来源，增添了就业渠道，既减轻了国内就业的压力，又在国际市场上发挥了我国劳动力多的优势。

2. 可以增加外汇收入

对外经济合作业务是非贸易创汇的主要方式之一，包括劳务承包、技术服务和其他各种对外经济合作业务，有利于平衡国家的财政收支。历年来对外经济合作企业创汇额逐年增加，已成为我国一项十分重要的外汇收入来源。

3. 可以学到国外的先进技术和管理经验

发展对外劳务合作业务，相当于派出数以万计的人员出国锻炼，为学习国外先进技术和科学管理方法提供了良好机遇。对外经济合作企业在国际承包市场的激烈竞争中，既能锻炼我们的职工队伍，又能学到许多先进技术和管理经验，提高技术水平和管理水平。

4.可以增进我国与各国之间的相互了解，扩大我国的国际影响

在对外劳务合作过程中，外派劳务、技术人员精湛的技艺、较高的工作效率和良好的工作作风以及完成项目的高质量，博得了各方的好评，从而树立了我国在世界上的良好形象，提高了我国的国际威望。

二、对外劳务合作的形式

我国对外经济合作企业从事的对外劳务合作，主要包括以下两方面内容：

1.劳务承包

劳务承包，是指在工程承包中只承包劳务部分，按完成工程量的多少结算劳务承包收入。工程施工中的材料物资、设备及施工机械由发包人提供，其中，有些施工机械也可由我国对外企业自备自用。发包人可以是建设单位自己，也可以是其他的承包公司。后者把整个工程承包以后，再分包给我国对外劳务合作企业。在实际中，应努力争取多做第一手发包人和建设单位的劳务业务，避免转包人从中渔利，减少劳务收入。

2.技术服务承包

技术服务承包，是派遣技术人员和管理人员为发包人承担地形地貌测绘，资源勘探与普查，项目可行性研究，提供设计文件、技术资料，指导生产，传授技术，开展咨询业务和培训人员等经营活动。这类劳务合作合同条件严格，任务艰巨，要求技术人员水平高，相应服务收入也多。

第二节 对外劳务合作的程序

我国对外开展劳务合作的程序，基本与一般承包工程的程序相同，是通过招标和投标中标，与国外业主或发包人签订劳务合作合同来完成，可参照第十章对外承包工程的程序进行操作和办理。

一、对外劳务合作业务的经营管理

对外劳务合作，是由对外经济合作企业和境外经营劳务的分支机构或经理部、办事处及项目组等单位共同协作实现的，其经营管理体制一般为两级管理、两级核算，各自独立建账，自负盈亏。国内境外上下组织机构间的一切经济业务通过往来账户核算，相互登记入账，年终汇总报表时，上下往来账项互相轧抵，最终求得以国内总公司为主体的盈亏结果。

在国内境外两级管理体制，各自独立核算、自负盈亏的管理模式下，内部往来应建立健全严格的手续制度，通过内部结算单互相记账，并在一定时期互相核对账目，保证账实相符、国内境外账目清楚真实，遇有差错及时查找处理。

二、境外分支机构的会计核算

对外劳务合作业务主要是在境外实施，涉及驻在国的法规和经济政策以及国际有关惯例较多，如驻在国的税收制度、外汇管理政策和会计核算法规等。

1.记账本位币的选择

从国际惯例来看，一般各国均规定境内企业以本国货币为记账本位币，但也关照使用别种货币业务较多的特殊企业以其认为方便的货币为记账本位币。无疑，我国对外劳务合作的会计核算至少涉及驻在国货币、人民币和中间货币。按制度规定，境外企业在境外无

论使用何种货币为记账本位币，期末向国内总公司报送报表时，统一折算为美元报表，以便再统一折算为人民币报表进行汇总。

2.人工费的核算

在对外劳务合作的总支出中，绝大部分属于劳务输出，人工费占有相当比重。对派出人员（不含国内临时雇用和驻在国聘用人员）的工资、津贴、奖金的支付，国内总公司在账务处理中，一方面按国内制度规定发放出国人员工资，另一方面按合同规定向境外机构收取出国人员费（其数额大于国内实支额）。国内总公司支付境外人员的薪酬，记入“出国人员费”账户的借方，收取境外分支机构缴纳的出国人员费，记入“出国人员费”账户的贷方，期末结算时，将两者的差额转入“本年利润”账户。

【例 11-1】某对外劳务合作企业当月支付出国人员工资CNY570 000，根据工资计算单编制分录：

（1）国内总公司支付出国人员薪酬时，分录如下：

借：出国人员费　570 000
　贷：应付职工薪酬　570 000

同时，向境外M分支机构开出内部结算单，收取出国人员费CNY1 200 000，分录如下：

借：内部往来——境外M分支机构　1 200 000
　贷：出国人员费　1 200 000

期末将“出国人员费”账户的贷方余额转入“本年利润”账户，分录如下：

借：出国人员费　630 000
　贷：本年利润　630 000

（2）境外M分支机构接到国内总公司转来的内部结算单，缴回出国人员费CNY1 200 000，该分支机构记账本位币为美元，假设汇率为USD1=CNY6.12，折算成USD196 078，分录如下：

借：主营业务成本（或有关费用账户）　USD196 078
　贷：内部往来——总公司　USD196 078

3.自带机械设备的核算

如果合同规定对外劳务合作可以自带部分机械设备，国内总公司可按内部结算价格，通过“内部往来”账户核算；如果享受免税可不计缴增值税（需要纳税时，亦应计缴）。国内总公司调出机械设备时，借记“内部往来”账户，贷记“主营业务收入——内部结算收入”账户；同时，结转进价成本，借记“主营业务成本——内部结算成本”账户（原进价），贷记“固定资产”账户。期末结算时，将“内部结算收入”与“内部结算成本”两个明细账户之间的差额结转至“本年利润”账户。

【例 11-2】国内总公司以内部作价方式将数台原进价为CNY350 000的设备作价CNY400 000（出口免税），交付派出劳务分支机构带出境外，交给境外M分支机构，会计分录如下：

（1）国内总公司：

借：内部往来——境外M分支机构　400 000
　贷：主营业务收入——内部结算收入　400 000

同时，结转业务成本：

借：主营业务成本——内部结算成本　　350 000
　贷：固定资产　　350 000

（2）境外M分支机构根据国内总公司设备结算单，假设将CNY400 000按汇率USD1=CNY6.12折算为USD65 359入账：

借：固定资产　　USD65 359
　贷：内部往来——总公司　　USD65 359

4.境外分支机构向国内总公司汇交劳务收入和管理费的核算

境外分支机构应根据规定按期或按项目向国内总公司汇交一定比例的劳务收入和管理费用。

【例 11-3】境外M分支机构向国内总公司汇交劳务收入USD600 000、管理费USD5 000，分录如下：

（1）境外M分支机构：

借：内部往来——总公司　　USD600 000
　贷：银行存款　　USD600 000

根据总公司转账通知，将应交管理费计入营业成本时：

借：主营业务成本——内部结算成本　　USD5 000
　贷：内部往来——总公司　　USD5 000

（2）国内总公司收到境外M分支机构汇来的劳务收入USD600 000，汇率为USD1=CNY6.13，折合为CNY3 678 000：

借：银行存款　　3 678 000
　贷：内部往来——境外M分支机构　　3 678 000

对收取的境外M分支机构管理费USD5 000，汇率为USD1=CNY6.13，折合为CNY30 650。

借：内部往来——境外M分支机构　　30 650
　贷：主营业务收入——内部结算收入　　30 650

补充阅读资料 11-1

2021 年我国对外劳务合作业务简明统计

2021 年，我国对外劳务合作派出各类劳务人员32.3万人，较上年同期增加2.2万人；其中承包工程项下派出13.3万人，劳务合作项下派出19万人。年末在外各类劳务人员59.2万人。

资料来源　商务部合作司. 2021 年我国对外劳务合作业务简明统计［EB/OL］.［2022-01-25］. https：//swt.fujian.gov.cn/xxgk/tjxx/dwtzhz/qsdwtztj/202201/t20220125_5824899.htm.

第三节　对外劳务合作成本费用的核算

对外劳务合作企业在经营过程中发生的各项耗费称为费用，包括直接费用、间接费用和期间费用。

直接费用是企业直接为完成劳务、技术服务承包任务发生的各项支出，包括工资和其他直接费用，直接计入劳务项目成本。企业发生的各项间接费用，应当按一定标准分配计入劳务项目成本。

对外劳务合作企业管理部门为组织和管理经营活动而发生的管理费用和财务费用作为期间费用，能直接计入的，应直接计入当期损益，不能直接计入的，原则上应按照境内、境外营业额分摊计入当期损益。

对外劳务合作企业在经营活动中会发生各种费用，会计部门应按照上述费用的划分原则和一定的程序归集、汇总和分配。

一、劳务合作成本的核算

对外劳务合作是根据业主的要求向业主提供劳务人员，并向业主收取劳务费的一项业务。劳务人员向业主提供劳务，企业需要支付人员费和组织管理费。人员费属于直接费用，而组织管理费在一般情况下属于间接费用，需按一定的分配标准进行分配。如果企业只从事一个劳务合作项目，则组织管理费也是直接费用。

为反映和监督劳务合作支出，并正确计算劳务合作成本，应在“生产成本”账户下设置“劳务合作支出”明细账户，并按业主或劳务合作项目名称设置明细账，进行明细核算。企业可以按业主或劳务合作项目设置成本卡，并按“直接人工费”和“管理费用”等成本项目设置专栏进行核算。

在劳务合作成本核算中，支付人员费时应直接记入“生产成本——劳务合作支出（×××业主）”的“直接人工费”专栏；对于为组织和管理劳务合作人员及业务的各项支出，应先记入“建造费用”账户的借方，月末再按一定分配标准分配转入“生产成本——劳务合作支出（×××业主）”账户借方的“管理费用”成本项目。

【例 11-4】境外M分公司以美元为记账本位币，实行项目完工结算方式，202×年8月份签订A、B两项劳务承包合同，当月竣工，按规定一次现汇结算劳务费，有关资料如下：

❶支付境外人员费　USD75 000
　其中：A项目　USD45 000
　　　　B项目　USD22 500
　　　　直接管理人员　USD7 500
❷支付间接管理费　USD19 500

根据上述资料，编制会计分录如下：

（1）支付境外人员工资时：

借：应付职工薪酬　USD75 000
　贷：库存现金（或银行存款）　USD75 000

同时编制工资分配表，见表11-1。

表 11-1　**工资分配表**

202×年8月　　单位：美元

金额项目	境外人员费	出国人员费	合　计
A项目	45 000		45 000
B项目	22 500		22 500
直接管理费用	7 500		7 500
合　计	75 000		75 000

（2）根据工资分配表编制分录：

借：生产成本——劳务合作支出（A项目） USD45 000
——劳务合作支出（B项目） USD22 500
建造费用 USD7 500
贷：应付职工薪酬 USD75 000

（3）以现金或银行存款支付各项间接管理费USD19 500时：

借：建造费用 USD19 500
贷：库存现金（或银行存款） USD19 500

（4）月末归集和分配本月发生的建造费用，采用工资标准进行分配，计算A、B项目应分配的数额：

费用分配率=（7 500+19 500）÷（45 000+22 500）×100%=40%

A项目应分配费用=45 000×40%=USD18 000

B项目应分配费用=22 500×40%=USD9 000

根据计算结果编制建造费用分配表，见表11-2。

表11-2 建造费用分配表

202×年8月 金额单位：美元

项 目	工资标准额	分配率	分配金额	备 注
A项目	45 000	40%	18 000	
B项目	22 500	40%	9 000	
合 计	67 500	40%	27 000	

根据建造费用分配表编制分录：

借：生产成本——劳务合作支出（A项目） USD18 000
——劳务合作支出（B项目） USD9 000
贷：建造费用 USD27 000

（5）结转已完工A、B项目的劳务成本时：

借：主营业务成本 USD94 500
贷：生产成本——劳务合作支出（A项目） USD63 000
——劳务合作支出（B项目） USD31 500

二、管理费用的核算

管理费用，是对外劳务合作企业为组织和管理劳务经营活动所发生的不能直接认定的间接费用，包括企业国内外行政管理部门的办公费、差旅费、董事会费、咨询费、审计费、诉讼费、劳务保险费、待业保险费、技术转让费、工资及福利费、广告宣传费、考察联络费、招标投标费、无形资产摊销、折旧及修理费、材料物资盘亏和毁损（减盘盈）、工会经费、业务交际费、业务资料费、佣金及其他管理费等。

为反映和监督管理费用的发生和结转情况，对外劳务合作企业应设置“管理费用”账户。本账户借方登记本期实际发生的各项管理费用；借方余额反映企业自年初起至本月末止发生的管理费用的累计数；年终时，应将本账户的借方余额转入“本年利润”账户，结转后本账户无余额。本账户应按费用项目设置明细账进行明细核算。

【例 11-5】假设某对外劳务承包总公司计付本月份管理部门人员和境外派出人员工资CNY350 000，其中，国内管理人员工资CNY150 000，境外派出人员工资CNY200 000，分录如下：

借：管理费用——工资　150 000
　　出国人员费　200 000
　贷：应付职工薪酬——工资　350 000

实际发放工资时：

借：应付职工薪酬——工资　350 000
　贷：库存现金（或银行存款）　350 000

根据规定，计算当月应付养老保险费CNY3 500、失业保险费CNY800：

借：管理费用　4 300
　贷：应付职工薪酬——社会保险费　4 300

以银行存款支付办公费、差旅费、咨询费、审计费等总计CNY25 000：

借：管理费用——有关明细账户　25 000
　贷：银行存款　25 000

计提行政管理部门使用的固定资产折旧费CNY3 900：

借：管理费用　3 900
　贷：累计折旧　3 900

计提无形资产摊销费CNY2 300：

借：管理费用　2 300
　贷：累计摊销　2 300

预提技术转让费CNY4 500：

借：管理费用　4 500
　贷：其他应付款　4 500

期末将当期发生的管理费用汇总一笔转入"本年利润"账户：

借：本年利润　190 000
　贷：管理费用　190 000

三、财务费用的核算

财务费用，是企业在劳务合作经营过程中为筹集资金而发生的各项费用，如利息支出（减利息收入）、汇兑损失（减汇兑收益）、金融机构手续费以及筹资发生的其他财务费用等。利息支出、汇兑损失和金融机构手续费，只有在生产经营期间发生的，才能计入财务费用，否则，不能计入财务费用，而是应计入有关资本成本之中，构成其总值的一部分。

为反映和监督财务费用的发生和结转情况，对外劳务合作企业应设置"财务费用"账户。该账户借方登记企业发生的各项财务费用；贷方登记企业发生的应冲减财务费用的利息收入、汇兑收益；期末余额反映企业自年初起至当月末止累计发生的财务费用，年终时应全部转入"本年利润"账户。结转后本账户应无余额。本账户应按财务费用项目设置明细账，进行明细核算。

【例 11-6】假设某对外承包劳务总公司发生以下财务费用支出：

（1）委托银行发行证券，支付银行手续费CNY25 000，分录如下：

借：财务费用——银行手续费　　25 000
　贷：银行存款　　25 000

（2）预提流动资金借款利息CNY63 000，分录如下：

借：财务费用——利息支出　　63 000
　贷：应付利息　　63 000

（3）收入存款利息CNY4 500元，分录如下：

借：银行存款　　4 500
　贷：财务费用——利息收入　　4 500

（4）按期末汇率调整外汇账户，发生汇兑收益CNY8 200，分录如下：

借：有关外汇账户　　8 200
　贷：财务费用——汇兑损益　　8 200

期末时，将本年发生的财务费用汇总转入“本年利润”账户，分录如下：

借：本年利润　　75 300
　贷：财务费用　　75 300

如果“财务费用”账户年终出现贷方余额，则做相反分录：

借：财务费用
　贷：本年利润

第四节 对外劳务合作收入的核算

对外劳务合作收入，是对外从事劳务合作的企业根据合同规定向发包单位、分包单位或内部核算单位办理劳务结算而实现的收入。

一、对外劳务合作收入的确认时间

根据企业会计准则规定的收入确认的基本条件，对外劳务合作收入的确认时间是在劳务已经提供、双方按合同规定的结算期办理结算手续的时间。

二、对外劳务合作项目的价款结算

对外劳务合作如果是承包工程项目的劳务部分，则其价款结算与承包工程的价款结算相似，可分为按月结算和按项目结算。由于这种劳务合作往往是一种分包形式，故结算单主要是向总承包人提出。在填制价款结算单时，只计算人工费单价和工程量以及经营管理费率和利润率。劳务合作的内容如果是提供劳务生产产品，则其价款结算一般应按月进行，但也须在合同中规定结算的方式。

技术服务项目相对于承包工程项目来说，时间比较短，价款结算一般采用项目结算形式。项目前期所需的资金，主要是预支一部分合同款或者自己贷款来解决。对于地形地貌测绘、资源勘探和普查等周期较长的项目，应将整个项目划分成若干小项目，并在合同中规定其可作为单独结算的分项目，分别进行结算。

三、对外劳务合作收入的核算

为反映和监督企业劳务收入的实现及其相关的成本、费用的结转情况，应设置下列账户核算：在“主营业务收入”账户下设置“劳务合作收入”明细账户，进行明细分类核算，其账户结构和登记方法与一般业务相同；在“主营业务成本”账户下设置

“劳务合作成本”明细账户，进行明细分类核算，其账户结构和登记方法与一般业务相同。

劳务承包收入、技术服务收入属于对外结算收入。其性质与承包工程收入相同，会计核算方法可比照承包工程收入的核算方法进行。在收入实现时，按结算金额，借记“银行存款”“应收票据”“应收账款”等账户，贷记“主营业务收入”账户。采用分期付款方式结算营业收入时，应通过“应收账款”和“递延营业收入”账户核算。如果有预收款，应抵扣其分期应收账款。

【例 11-7】某境外分公司以英镑为记账本位币，本期对外承包一项劳务项目，合同规定结算方式为完工验收后一次结算。竣工后，收到发包单位转来的20天付款银行汇票一张，金额GBP20 000。根据劳务结算单和银行汇票，编制会计分录：

（1）收到银行票据时：

借：应收票据——××项目　　GBP20 000
　贷：主营业务收入——劳务合作收入　　GBP20 000

（2）假设票据到期，承兑银行扣收3‰的手续费时：

借：银行存款　　GBP19 940
　　财务费用——手续费　　GBP60
　贷：应收票据　　GBP20 000

小思考 11-1

根据下列劳务项目的收支资料计算境外机构的英镑亏损额（倒贴数）和国内总公司的人民币亏损额：

一、境外分公司劳务收入GBP100 000

劳务成本GBP86 000（含上交总公司人工费GBP4 000）

期间管理费GBP1 200

税费GBP900

未交总公司经费GBP100

应摊折旧费GBP300

未入账存款利息收入GBP500

二、国内总公司支付外派员工工资CNY50 000

国外人员差旅费CNY15 000

应分摊管理费CNY8 000

收境外交来人工费（GBP4 000×15.10）CNY60 400

境外分公司欠交管理费（GBP100×15.10）CNY1 510

【例 11-8】假设【例 11-7】劳务项目的GBP20 000劳务款按预收和完工各50%结算，编制会计分录如下：

（1）预收劳务费时：

借：银行存款　　GBP10 000
　贷：预收账款　　GBP10 000

（2）劳务项目完成结算时：

借：预收账款　　GBP20 000
　贷：主营业务收入——劳务合作收入　　GBP20 000
借：银行存款　　GBP10 000
　贷：预收账款　　GBP10 000

本章小结

本章简要介绍了国际劳务合作的现状、劳务合作的内容、经营管理要求及其意义和作用，具体举例叙述了劳务合作业务的费用成本和劳务收入的会计处理方法。

对外劳务合作就其性质而言，与对外承包工程相似，但就其业务内容而论，又较其简易得多。

思考题

1. 对外劳务合作与对外承包工程的业务性质的异同是什么？
2. 我国当前开展对外劳务合作业务的具体内容是什么？
3. 对外劳务合作业务的经营管理方法和要求是什么？
4. 简述对外劳务合作业务的成本费用内容和计算方法及其特点。
5. 对外劳务合作业务成本费用的会计核算的程序有哪些？
6. 对外劳务合作收入的确认原则和应用的账户有何规定？
7. 期末对外劳务合作收入如何结转？

第十二章　国际旅游服务的核算

学习目标

国际旅游服务业是新兴朝阳产业，发展迅速，前景看好。通过本章学习，了解国际旅游服务业的性质、特点和经营管理原则；熟悉国际旅游服务业外汇收兑业务知识；掌握国际旅游服务业营业收入、营业成本的计算和会计核算方法。

第一节　国际旅游服务概述

随着社会经济的发展及人们需求欲望的增长，国际旅游服务业有了快速的发展，已成为以旅游资源为依托、以先进的旅游设施为基础，通过旅游服务来满足国际、国内旅游者多种需要的重要产业。

一、旅游服务业的性质和特点

现代旅游业以科学技术和生产高度社会化为特征，集合现代生产的人力、资金、物质、能源等诸多要素，运用旅游资源，针对旅游者的各种需求，有计划、有组织、讲效率地开展旅游服务活动。

旅游服务业的经营活动受季节影响极大，有淡旺季之分，季节差异带来了旅游服务业的波动性。旅游服务业的产品是服务产品，具有服务与消费同时进行的特点。游客的消费是旅游服务业生存和发展的前提，没有国际、国内游客的光顾和消费，旅游服务业就难以为继，其营业收入和经济效益亦无从实现。

旅游服务业产品价格的高低对旅游消费者有着直接的影响。虽然市场行情取决于诸多供求因素，但对旅游服务业来说，价格因素是其中的重要因素，而且价格因素属于企业自身可控因素之一。现代旅游服务以高固定成本为特点，同时要求以高服务销售量与之相配合，争取高销售量的手段是针对不同季节和市场需求，采用灵活的浮动价格，这是旅游服务业的显著特点。

二、我国旅游服务业的经营状况

旅游服务是通过国内和国际旅行社来开展的，即旅行社通过组织旅游者外出旅游并同时为之提供饮食、住宿、交通、导游等服务。旅行社是为旅游者提供服务的中介机构，是以营利为目的从事旅游服务的企业。

旅行社按其经营业务范围不同，可分为国际旅行社和国内旅行社。国际旅行社主要经营入境旅游业务、出境旅游业务，同时也经营国内旅游业务。国内旅行社主要经营国内旅游业务。

旅行社按其为旅游者提供的服务形式不同，分为组团社和接团社。组团社从国内或国外组织旅游团队，为旅游者办理出入境手续、保险，安排游览计划，并选派翻译、导游人员随团为旅游者提供服务。接团社为旅游者在某一地区提供翻译、导游，安排旅游者的参观游览日程，并为之订房、订餐及订机（车）票，为到下一站旅游做好安排。

旅游服务业的范围较广，除旅行社外，还包括旅游饭店、汽车出租公司和其他各种旅游服务公司。旅游产品是一种组合产品，是由许多环节构成的有机服务整体，只有对整个旅游服务活动进行合理计划、组织、协调，通力合作，才能满足旅游消费者在行、住、食、游、购方面的需求。我国属于世界上的旅游资源大国之一，在辽阔的国土上，河山绚丽，文化灿烂，有着丰富多彩的旅游资源。

第二节 国际旅游服务外汇收兑

按照《外汇管理条例》和外汇管理改革的新规定，企业发生的非货物贸易外汇和携入的外汇票据，除核定自存的部分外，必须向外汇银行兑换成人民币，外汇不得在我国境内流通使用。单位或个人需用外汇时，一律向指定的外汇银行按照有关规定以人民币购汇，严格贯彻执行，否则以违规处理。

一、外汇收兑业务

外汇收兑是按规定由我国经营外汇业务的银行办理的收兑外汇现钞、旅行支票、旅行信用证、汇票，兑付信用卡，以及买入票据等项业务。收兑外汇是我国旅游业对外结算的重要业务之一。

目前，在我国境内可以收兑的外汇仅有美元、英镑等几种外币。鉴于有些货币伪钞较多，有些货币已属停止流通的废币，在旅游者交来外汇现钞时，应先鉴别其真伪以及是否是停止流通使用的货币。确认无误后可以收兑，并向银行提交一式两联的兑换水单，配齐人民币，复核现金后，连同一联水单付给顾客。

二、外汇收兑票卡的种类

目前，国际旅行社与外汇银行常见的旅游收兑票卡有信用卡、旅行支票、旅行信用证三种。其收兑手续简要说明如下：

1.收兑信用卡

信用卡是由银行及一些大型商店、旅游机构和其他专门机构发行、供持卡人使用的一种短期消费信贷凭证。信用卡的发放，通常以一定量的存款、固定职业或可靠担保人为条件。持卡人可以先购物、后付款，凭信用卡到指定的商店或交通和旅游机构购买商品、支付劳务费用等，只需在发票或其他单证上签字，不必支付现金。接受信用卡的单位凭持卡人签字的发票、单证，向发卡机构的结算部门收款，结算部门定期向持卡人结算。

信用卡一般印有持卡人姓名、签字、账号等。持卡人还可向发卡银行的分、支行或代理行透支信用额度范围内的现金。如果持卡人账户存款不足，则限期补交款项，透支期间作贷款处理。因此，信用卡具有支付和信贷两种功能。

持卡人出示信用卡要求收兑时，经办人员应首先审核信用卡，确认是可以收兑的信用卡后，方可按协议书条款办理。除个别信用卡代办行不向持卡人收取手续费外，其他信用卡根据持卡人使用金额计算收取附加手续费，加总填制取现单由持卡人当面签字，确认与初签相符后付款，并将取现单的顾客联交持卡人代作外汇兑换凭据。

小知识12-1

信用卡于20世纪20年代起源于美国，50年代后在西方国家广泛流行。中国银行总行于1981年起，先后在国际上与许多国家和地区发行信用卡的银行和公司签订了办理信用卡业务的协议书。目前，接受的比较多的信用卡主要有：

（1）发达卡（Federal Card，中国香港南洋商行发行）；

（2）运通卡（American Express Card，美国运通公司发行）；

（3）百万卡（Million Card，日本东海银行发行）；

（4）签证卡（VISA Card，中国香港东亚银行发行）；

（5）万事达卡（Master Card，中国香港汇丰银行发行）；

（6）大来卡（Diner's Club Card，中国香港花旗银行发行）；

（7）JCB卡（JCB Card，日本三和银行发行）。

资料来源 根据搜狐理财频道"信用卡知识系列讲座"整理.

2.接收旅行支票

旅行支票是大银行或大旅行社为旅游者备付旅途费用而开立的一种定额支票。它是银行汇票的一种，具有兑取方便、携带安全等优点，是国外旅游者结算旅游费用的主要方式之一。旅行支票按所使用货币分为外汇旅行支票和人民币旅行支票。

我国境内有外汇经营权的银行，通过事先与境外发行旅行支票的银行洽妥代兑业务，并备有旅行支票样本供核验使用，按双方约定条件开展外汇旅行支票代兑业务。收兑外汇旅行支票的手续及注意事项有：❶核查旅行支票的真伪，签字与初签是否相符，不符或无初签也无复签的支票不予收兑。❷以英镑、澳大利亚元等开具的旅行支票，应注意核查支票背面有无流通地区限制的文句或戳记，不属于我国收兑范围的不能收兑。❸发现有超过期限者，不能收兑。❹旅行支票一般为"不可转让"的支票，对于"可转让"的支票（如受让人是国内居民或企业）在确保安全收汇的情况下可融通办理。

人民币旅行支票只能在中国境内兑付，且不得转让。有效期限为6个月，过期的旅行支票不能兑付。在兑付人民币旅行支票时，也应首先核对其票样，鉴别其真伪，核对复签和初签是否相符，是否过期。审核无误，即可按票面足额兑付。

旅行支票面额必须一次兑完，不能部分兑取。已兑取的人民币，出境时，可凭外汇兑换证明将未用完的部分再兑成外汇携出或汇出。

3.收兑旅行信用证

旅行信用证是银行为便利旅游者出境旅游时沿途支付旅游费用而开出的、准许在一定金额及有效期内向汇出行指定的银行支付款项的一种信用证。

收兑旅行信用证，首先审核信用证的各项内容是否合乎要求，是否为信用证被指定的兑付行或收款人，开证行在信用证上的签字和在印鉴核对书上的签字是否与签字样本相符，信用证是否在有效期内并有足够的金额。经审核相符后，予以办理兑付款项。

旅行信用证与汇款、外钞、旅行支票的区别：

汇款，汇出行将一定金额汇至另外一个地点的汇入行，一次解付给收款人；采用旅行信用证，开证行保证支付一定的金额，可以指定数处兑付行，一次或分次支取，其未用完金额自动退还开证行。

外钞，是外汇现款，外钞遗失或被盗即告损失；旅行信用证是银行保证付款的凭证，也是支付一定金额的文件，只有受益人本人可以支取，他人拾得也很难冒领。

旅行支票，可以转让给他人，也可以支付旅游费用，而旅行信用证则只允许受益人一人使用，不能转让；旅行支票是定额有面值的票据，一次支用完毕，而旅行信用证则可以零、整支取。

所以，若从安全性来分析，旅行信用证第一，汇款第二，旅行支票第三，外钞则为第四；若从使用的灵活性来分析，则外钞第一，旅行支票第二，旅行信用证第三，汇款第四。

第三节 国际旅游服务营业收入的核算

国际旅游服务的营业收入是旅游企业为国际旅游者提供服务所取得的外汇收入。

一、营业收入的管理和核算原则

旅游服务营业收入有两种形式：一是现销收入；二是赊销收入。一般来说，国际旅游服务收入均为现销收入，而无赊销惯例（而国内旅游服务中，餐饮酒店业有赊销收入）。旅游服务营业收入的管理和核算应遵循以下原则：

（1）正确核算营业收入。旅游服务业采用权责发生制来核算营业收入，在劳务已提供并收讫价款或取得收取价款权利时确认营业收入的实现。

（2）及时办理结算。旅游服务业营业收入的取得有三种方式：❶预收制度，即在提供服务之前，预先收取全部或部分服务费；❷现收制度，即在为客人提供服务的同时收取服务费；❸事后结算制度，即在向客人提供服务以后，一次性或定期地进行结算。采用现收方式时要严格收银点的管理，做好记录，及时入账。对事后结算方式亦应要加强管理，及时办理结算。

（3）搞好日常管理。在营业收入规模较大的情况下，做好营业收入的日常管理工作对于提高营业收入质量至关重要。片面追求营业收入量的增加而忽略日常管理工作，会导致营业收入数量扩张的同时净现金流量日益萎缩，直接影响旅游服务效益的实现。

（4）提供相应档次的星级服务。由于旅游饭店的档次不同，其服务要求也有所不同，具体的规定见表12-1。

表 12-1 我国涉外旅游星级服务标准和结算规定

星级	结账服务时间	结账要求	外币兑换	信用卡服务
一星	总服务台24小时有工作人员待命提供结账服务	可分次结账	定时提供外币兑换服务	
二星	同上	同上	同上	
三星	同上	能提供简便、快速的结账服务	12小时提供外币兑换服务	可接受中国银行指定种类的信用卡
四星	同上	能提供一次性总账单结账服务（商品除外）	16小时提供外币兑换服务	同上
五星	同上	同上	18小时提供外币兑换服务	同上

表12-1所示的我国涉外旅游星级服务标准和结算规定，不是固定不变的，它将随着人民生活水平的提高和服务设施、手段的现代化而不断创新和改革，服务质量越来越高，更大限度地满足消费者日益增长的需要。

二、旅游产品销售价格的确定

旅游产品销售价格一般由购入成本和利润两部分组成，通常根据购入成本乘以外加毛利率来确定。旅游景点、旅游天数及提供的膳食标准、住宿、交通工具不同，其价格也不同。

（1）组团包价，是由组团社根据成团人数、等级、路线、时间和提供服务的质量等制定的价格，一般包括综合服务费、住宿费、餐饮费、车费、保险费、文娱活动费、城市间交通费和专项附加费等。

（2）半包价，是不包含午餐、晚餐费用的综合包价。

（3）小包价，仅包括住宿费、早餐费、保险费、接送服务费、国内城市间交通费及手续费。

（4）单项服务价格，是旅行社接受游客的委托，提供单项旅游服务的收费标准。每个单项服务的价格通常根据旅行社的购入成本加毛利确定，其中毛利的计算如下：

毛利=购入成本×毛利率

（5）特殊形式旅游的收费，是指旅行社开展的新婚旅游、生态旅游、森林旅游、体育旅游、学术交流旅游等特殊形式旅游的收费。

上述的五种旅游产品销售价格，只是简单举例，包含每种旅游产品销售价格计算的一般内容。实际上旅游产品的销售价格因不同景点、不同季节而相差悬殊。有时即使在同一景点、同一季节，其价格也常常调整和变动。

三、旅游服务营业收入的内容及分类

按为旅游者提供服务形式的不同，旅行社的营业收入可分为以下几类：

（1）组团外联收入，是指旅行社自组外联团向旅游者收取的住宿、用餐、交通、文娱活动费等收入。

（2）综合服务收入，是指接团社向组团社收取的包括市内交通费、导游翻译费、住宿费、用餐费、文娱活动费、杂费等费用在内的服务费。

（3）零星服务收入，是指旅行社承接零星散客旅游或承办委托服务事项所取得的收入，包括委托收入、导游接送收入、车费收入、托运服务费收入等。

（4）劳务收入，是指旅行社向其他旅行社提供当地或全程导游、翻译人员所取得的收入。

（5）票务收入，是指旅行社代办国际联运客票和国内客票的手续费收入。

（6）地游及加项收入，是指旅行社接待旅游者某地一日、二日游的小包价及为旅游者提供额外服务而取得的加项收入。

（7）其他服务收入，是指不属于以上各项的服务收入。

四、旅游服务营业收入的核算

根据制度规定，旅游业的营业收入应设置“主营业务收入”账户进行核算。为反映各项不同业务的收入，可在“主营业务收入”总账户下设置“组团外联收入”、“综合服务收入”、“零星服务收入”、“劳务收入”、“票务收入”、“地游及加项收入”和“其他服务收入”等二级账户进行明细核算。

组团社与接团社的营业收入内容相同，但其具体的核算却有所不同，分述如下：

1.组团社营业收入的核算

组团社在收费方式上通常采用包价方式，与旅游者一次结算费用。组团社营业收入核算程序一般是：

（1）由旅行社外联部寻找客源，对外提出报价单，与客源地旅行社磋商达成一致并签订协议，确定接待人数、时间、等级、服务内容、收费标准等。

（2）按协议下达内部各单位或部门执行，由各单位或部门按协议规定组团出游、为旅游团（者）做好服务。

（3）审核旅费结汇水单。旅费结汇水单是银行办妥汇款后，通知组团社入账的存款单据，按国际惯例，组团社应于出境15天前送达，财会部门对该单审核无误后，记入相应往来账户。

（4）审核接团社转来的结算账单。结算账单是旅游团（者）在境外的全部费用账单，在国外旅游团（者）旅游结束后，根据实际人数及旅游项目填制，由财会部门审核入账。结账单格式见小知识12-2。

小知识12-2

常见旅行社结算凭证

×××旅行社结账单

致 To:　　填发日期 Date:	编号 No:
国别/地区 Country/Area	旅游人数 Number of Tourists
旅游团（者）名称 Name of Group or Tourist	旅游等级 Tour Class
	旅游起讫日期 Tour Period
费用内容 Items	金额（美元）Amount（in USD）
1.包价 Package Rates 2.附加费用 Additional Charges	
应付我公司总数 The Sum Total Payable to X.G.S.T.	
已收到 Payment Received	
尚欠（余）款项 Balance Due to X.G.S.T.	
备注 Remarks	
银行账号及开户银行 Bank Account Number	

【例 12-1】中国A国际旅行社与新加坡B旅行社、马来西亚C旅行社、泰国D旅行社分别签订出境旅游协议，组织国内游客15人，每人收费CNY12 000，赴新马泰10日游，编号A9088团。包干费每地各CNY50 000，预付每地CNY30 000。A国际旅行社的旅游收入核算过程与分录如下：

（1）收取15人每人CNY12 000，共计CNY180 000参游费，其中，CNY50 000为现款，CNY130 000通过银行汇款：

借：库存现金　50 000
　　银行存款　130 000
　贷：应收账款——A9088团　180 000

（2）将现金存入银行时：

借：银行存款　50 000
　贷：库存现金　50 000

（3）按协议向B、C、D旅行社分别预付CNY30 000时：

借：应收账款——（新）B旅行社　30 000
　　　　　　——（马）C旅行社　30 000
　　　　　　——（泰）D旅行社　30 000
　贷：银行存款　90 000

（4）A9088团出境旅游结束返回时，首先将应收账款CNY180 000转入营业收入，并按协议规定收到包干结算账单三张（每张CNY50 000），分别汇付余款各CNY20 000时：

结转营业收入时：

借：应收账款——A9088团　180 000
　贷：主营业务收入——组团外联收入　180 000

向B、C、D旅行社付余款时：

借：应收账款——（新）B旅行社　20 000
　　　　　　——（马）C旅行社　20 000
　　　　　　——（泰）D旅行社　20 000
　贷：银行存款　60 000

（5）结转旅游成本时：

借：主营业务成本——A9088团　150 000
　贷：应收账款——（新）B旅行社　50 000
　　　　　　　——（马）C旅行社　50 000
　　　　　　　——（泰）D旅行社　50 000

（6）如果旅游协议为非包干方式，遇有超支或节余，进行退、补旅游费时，根据结算账单，通过银行办理。补付费用时，借记“主营业务成本”账户，贷记“银行存款”账户；退回节余时，借记“银行存款”账户，贷记“主营业务成本”账户。

❶当发生补付费用时：

借：主营业务成本
　贷：银行存款

❷当发生退回节余时：

借：银行存款

　贷：主营业务成本

（7）期末将“主营业务收入”和“主营业务成本”两账户的余额分别转入“本年利润”账户，结平收入和成本账户，分录如下：

借：主营业务收入	180 000	
贷：本年利润		180 000
借：本年利润	150 000	
贷：主营业务成本		150 000

2.接团社营业收入的核算

国际旅游服务中，接团社营业收入是根据与境外组团社的入境接待协议，为旅游者提供服务而向境外组团社收取的各项费用。国际旅行接待业务的一般程序是：

（1）根据协议，境外组团社确定入境时间、人数、服务项目等内容并通知接团社；接团社制订入境接待计划、活动日程表，分发到关联饭店、交通部门、旅游景点等接待单位。

（2）根据协议，结合入境团的特点和要求，配备全陪和地陪人员，随同游客做好全程服务。

（3）入境团结束旅游后，陪同人员需填制旅游团（者）费用结算报告表和费用拨款结算通知单，据以向组团社办理入境服务收入结算。

（4）按照与有关部门或单位的约定，定期向提供服务的宾馆、交通部门、旅游景点进行服务费用结算。业务量较多的旅行社，可以根据旅游团（者）费用拨款结算通知单汇总填写旅行社旅游费用汇总表进行核算。

接团社一般在向组团社发出旅游团（者）费用拨款结算通知单（格式见表12-2）时确认营业收入的实现。

表 12-2　旅游团（者）费用拨款结算通知单

年　月　日　　　　金额单位：元

<table>
<tr><td>计划号</td><td></td><td>国别</td><td></td><td>旅行社名称</td><td></td><td>人数</td><td></td></tr>
<tr><td>旅游团名</td><td colspan="3"></td><td>旅游团类型</td><td colspan="3"></td></tr>
<tr><td>旅游等级</td><td colspan="3"></td><td>全陪姓名</td><td colspan="3"></td></tr>
<tr><td>游客到离时间</td><td colspan="7"></td></tr>
<tr><td colspan="4" rowspan="2">项　目</td><td colspan="4">拨　款　结　算</td></tr>
<tr><td>天　数</td><td>单　价</td><td>人　数</td><td>金　额</td></tr>
<tr><td rowspan="12">旅游团综合服务费</td><td colspan="3">综合服务费</td><td></td><td></td><td></td><td></td></tr>
<tr><td colspan="3">住宿费</td><td></td><td></td><td></td><td></td></tr>
<tr><td colspan="3">午餐费</td><td></td><td></td><td></td><td></td></tr>
<tr><td colspan="3">晚餐费</td><td></td><td></td><td></td><td></td></tr>
<tr><td colspan="3"></td><td></td><td></td><td></td><td></td></tr>
<tr><td colspan="3">派出全程陪同劳务费</td><td></td><td></td><td></td><td></td></tr>
<tr><td rowspan="6">计划内加拨款</td><td colspan="2">游江费</td><td></td><td></td><td></td><td></td></tr>
<tr><td colspan="2">风味费</td><td></td><td></td><td></td><td></td></tr>
<tr><td colspan="2">特殊门票费</td><td></td><td></td><td></td><td></td></tr>
<tr><td colspan="2">附加费</td><td></td><td></td><td></td><td></td></tr>
<tr><td colspan="2">其他</td><td></td><td></td><td></td><td></td></tr>
<tr><td colspan="2">旅行团综合服务费合计</td><td></td><td></td><td></td><td></td></tr>
</table>

续表

项目			拨款结算			
			天数	单价	人数	金额
旅游者交通费		乘飞机去桂林				
		行李托运费				
全程陪同费用	交通费	乘汽车去周边地区				
	共餐费	（次）				
	住宿费					
	全程陪同费用合计					
拨款结算总计						

这里说明一点：在国际旅游行业的会计核算中，为简化账务处理，对外的应收和预收款可以合并在“应收账款”账户核算，将该账户视同结束性质的双重账户做账，虽与规定有悖但较适用。该账户的贷方反映按协议规定的收入数，借方反映实支费用数，两方的数字理论上应是一致的，但实际上不一定一致，如有差额，于每次接团任务完成后，贷方差额结转“主营业务收入”账户，即借记“应收账款”账户，贷记“主营业务收入”账户，借方差额结转“主营业务成本”账户，即借记“主营业务成本”，贷记“应收账款”账户。结平“应收账款”账户，以示服务的完成。

【例 12-2】假设中国B国际旅行社承办境外C国D旅行社组团编号为C8031团25人于202×年10月来华旅游观光，协议规定总价USD28 000，预收40%，计USD11 200，此项服务过程与会计处理如下：

（1）9月15日，B国际旅行社收到境外按协议结来C8031团的预付款USD11 200，汇率为USD1=CNY6.12，编制会计分录如下：

借：银行存款（USD11 200×6.12）　　68 544
　贷：应收账款——境外D旅行社　　68 544

（2）10月20日，C8031团旅游结束离境，随团人员填报的旅游日程表和旅游团费用结算通知单列示：综合服务费CNY125 000、劳务费CNY28 000、区间交通费CNY33 000、地游及加项费CNY15 560，总计CNY201 560，经审核无误，据以入账：

借：应收账款——境外D旅行社　　201 560
　贷：主营业务收入——综合服务收入　　125 000
　　　　　　　　——劳务收入　　28 000
　　　　　　　　——零星服务收入　　33 000
　　　　　　　　——地游及加项收入　　15 560

（3）同时，根据随团人员填报的C8031团在境内旅游支付各景点、住宿、餐饮、市内交通等各项总支出CNY185 000，审核无误，当即以支票向有关单位支付结清，编制会计分录如下：

借：主营业务成本——境外C8031团　　185 000

　贷：银行存款　　185 000

（4）10月21日，B旅行社收到境外D旅行社支付的余款USD16 800，汇率为USD1=CNY6.12，编制会计分录如下：

借：银行存款（USD16 800×6.12）　　102 816

　贷：应收账款——境外D旅行社　　102 816

（5）接团结束时，“应收账款——境外D旅行社”账户借方发生额CNY201 560，贷方发生额CNY171 360（USD28 000×6.12），借方差额为CNY30 200，应转入“主营业务成本”账户，编制会计分录如下：

借：主营业务成本　　30 200

　贷：应收账款——境外D旅行社　　30 200

（6）年终时结算时，将“主营业务收入”“主营业务成本”转入“本年利润”账户，结平收入和成本两账户，略。

补充阅读资料12-1

2021年中国旅游行业总收入、总人次及主要节假日旅游人次恢复情况

1.旅行收入

伴随我国居民生活水平的不断提升，居民参与旅游活动的欲望及支付能力均不断增强，加上便利的交通设施，潜在的旅游需求正不断地转化为现实的、有效的旅游需求。伴随我国旅游市场需求上升，中国旅游市场高速发展。根据文旅部数据，2019年中国国内旅游收入达57 251亿元，2020年受新冠肺炎疫情影响，中国国内旅游人次及旅游收入大幅下滑，2020年中国国内旅游收入为22 286亿元。最新数据显示2021年前三季度旅游总收入为2.37亿元，市场有所回暖，但相较于疫情前仍有差距。

2.旅游人次

疫情反复导致全年旅游市场恢复不及预期。国内旅游总人次26.89亿，同比增长39.1%，恢复到2019年同期的58.5%。主要由于跨省游、学生出行受到限制较多，省内周边短途游占比上升，人均支出也随之下降。整体看，今年旅游出行复苏程度不及年初预期，主要由于疫情反复/复杂程度超出市场预期。

就旅游人次结构而言，城镇居民相对农村居民可支配收入较高，且对于旅游的需求的认可程度更高，所以我国国内旅游人次中主要以城镇居民为主，根据最新数据显示，2021年前三季度中城镇居民占比旅游总人次的71.92%，对比2020年总人次占比有小幅度上升。

3.人均旅游消费

就人均旅游消费情况而言，随着疫情逐步结束，旅游产业逐步回暖，2021年前三季度，我国人均每次旅游消费879.68元，同比2020年同期增长17.5%。其中，城镇居民人均每次旅游消费990.17元，增长17.7%；农村居民人均每次旅游消费596.66元，增长18.1%。

4. 节假日旅游状况

根据节假日数据，可以发现2021年旅游行业的恢复进程要缓于此前预期，2021年五一/端午/中秋/国庆接待国内旅游人次分别恢复至疫前的103.2%/98.7%/87.2%/70.1%。五一假期是客流恢复程度的阶段高点，此后客流恢复程度回落，收入恢复亦较平淡。核心原因在于，当前疫情在局部地区时有反复（出现本土疫情的地区将暂停旅行社跨省游业务），且疫情管控整体仍较严格（例如，部分地区受学校管理规定影响，学生假期出游主要集中于本地周边），中远程旅游需求未得到充分释放。

5. 入境旅游

中国入境游客指的是中国港澳台和国外进入中国大陆（内地）的游客数量。根据国家统计局数据显示，中国入境游客数量持续上升，虽然2014年中国入境游客数量略有下降，但是随后自2015年起继续增长，到2019年我国入境游客数量达到14 530.78万人次，同比2018年上升2.9%。

就入境游客结构而言，2019年全年入境旅游人数月1.45亿人次，比上年同期增长2.9%。其中，外国人3 188万人次，增长4.4%，占比21.9%；香港同胞8 050万人次，增长1.4%，占比55.4%；澳门同胞2 679万人次，增长6.5%，占比18.4%；台湾同胞613万人次，与上年同期基本持平，占比4.2%。

资料来源　中国文化与旅游部华经产业研究院. 2021年中国旅游产业整体现状分析，疫情后市场恢复不及预期，相较疫情前仍有差距［EB/OL］.［2022-05-27］. https://xueqiu.com/1973934190/221107711.

第四节　国际旅游服务营业成本的核算

组团出境旅游和接团入境旅游的支出和耗费，均计入旅游服务营业成本，并与旅游服务营业收入相互配比核算，以考核旅游企业的经营成果。

一、营业成本的管理和核算原则

为保证旅游企业成本费用计算合理、利润核算准确，应遵循如下原则进行营业成本的有关会计处理：

（1）遵守成本费用开支范围。根据各项支出的不同用途，在规定的成本范围内列支相关成本账户，不得随意扩大开支范围。

（2）认真做好成本核算。旅游企业的营业收入必须以权责发生制为核算原则，区分各期负担的成本费用，保证各期收入与成本的正确配比及科学、合理。

（3）正确处理成本与质量的关系。旅游企业如果不考虑旅游产品的质量，而单纯以降低成本费用为目的，即使成本费用有了大幅度降低，但导致旅游产品质量下降，就会失去市场，得不偿失。

（4）旅游企业要建立健全成本管理责任制，将成本费用计划指标分解落实到有关部门和个人，并且与岗位责任制相结合，调动各部门、个人降低成本费用的积极性。只有人人关心成本的核算，成本费用才能真正得到有效控制。

二、营业成本的内容及分类

旅游经营企业为旅游者提供服务的支出可分为以下几类：

（1）组团外联成本，是各组团社组织的外联团按规定开支的住宿费、餐饮费、综合服务费、国内城市间交通费等。

（2）综合服务成本，是接待由组团社组织的包价旅游团（者）按规定开支的住宿费、餐饮费、车费、组团费和接团费等。

（3）零星服务成本，是接待零星散客委托代办事项等按规定开支的委托费、手续费、导游接送费、车费、托运服务费及其他支出。

（4）劳务成本，是非组团旅行社为组团社派出的翻译、导游人员参加全程陪同按规定开支的各项费用。

（5）票务成本，是各地旅行社代办国际联运客票和国内客票等按规定开支的各项手续费、退票费等。

（6）地游及加项成本，是各地旅行社接待的小包价旅游或因游客要求增加游览项目而按规定开支的综合服务费、超公里费、游江费和风味费等。

（7）其他服务成本，是不属于以上各项成本的支出。

三、营业成本的核算

组团社营业成本的核算和接团社营业成本的核算有所区别。

1.组团社营业成本的核算

组团社的营业成本由两部分构成：一部分是拨付支出，即拨付给接团社的综合服务费、住宿费、餐费、车费等支出，属于代收代付项目；另一部分是为组团而发生的外联费用和全陪人员的部分费用支出，属于组团社的服务性支出。

一般情况下，组团社是先收费后接待，接团社则是先接待后向组团社收费，这样，两者之间就形成了一个结算期。为实现营业收入与营业成本相互配比核算，一般采取按计划成本先行结转入账。

旅游企业的营业成本通过“主营业务成本”账户核算，其结构与登记方法与一般企业相同。在“主营业务成本”总账户下设置与“主营业务收入”相对应的二级账户，进行明细分类核算。

【例 12-3】中国B国际旅行社，在国内组织F0068团15人赴C国观光旅游。与C国旅行社签订协议的有关内容如下：

A.总价（USD2 000×15）USD30 000

B.预付（40%）USD12 000

C.余额（待结束时转来结算清单时支付）

D.结算方式（旅行支票）

根据旅行社组团服务费先收后支的原则，先向国内参团者按境外报价每人收取旅游费CNY15 000，共计CNY225 000，存入银行。

借：库存现金（银行存款）	225 000	
贷：主营业务收入		225 000

（1）按协议向C国旅行社预付40%费用时，以人民币购买USD12 000，汇率为USD1=CNY6.16，支付CNY73 920，分录如下：

借：应付账款——境外某旅行社　　73 920
　贷：银行存款　　73 920

（2）出国旅游团返回，境外旅行社转来结算清单的有关内容如下：

A.综合服务费 USD16 115

B.劳务费 USD5 595

C.区间交通费 USD5 200

D.加项费 USD3 090

总计 USD30 000

结算清单经审核无误，按当日汇率 USD1=CNY6.16 以人民币购 USD30 000，分录如下：

借：主营业务成本——综合服务成本（16 115×6.16）　　99 268.40
　　　　　　　　——劳务成本（5 595×6.16）　　34 465.20
　　　　　　　　——零星服务成本（5 200×6.16）　　32 032
　　　　　　　　——地游及加项成本（3 090×6.16）　　19 034.40
　贷：应付账款——境外某旅行社　　184 800

（3）向境外旅行社汇付余额60%，即 USD18 000，汇率为 USD1=CNY6.17：

借：应付账款——境外某旅行社（18 000×6.17）　　111 060
　贷：银行存款　　111 060

（4）有关境外发生的费用结清后，该团的"应付账款"账户贷方发生额为 CNY184 800，借方发生额为 CNY184 980（73 920+111 060），借方差额为 CNY180，转入"主营业务成本"账户，结平"应付账款"账户，以示该团的服务结束，分录如下：

借：主营业务成本——××　　180
　贷：应付账款——境外某旅行社　　180

如果协议规定双方按旅游的实际支出进行结算，组团方按转来的结算通知单的实际支出额调整有关"主营业务成本"账户，即补付旅游费时，借记"主营业务成本"账户，贷记"银行存款"账户；退回旅游费余额时，则借记"银行存款"账户，贷记"主营业务成本"账户。

2.接团社营业成本的核算

接团社的营业成本是旅游企业支付给为旅游团（者）提供服务的有关部门的实际支出，如对饭店、汽车出租公司、景点等接待单位的实际支出。

各接待单位是先提供服务而后与接团社办理结算，因此对于结算期较长的款项，接团社应按计划成本入账，具体核算方法与组团社相同，从略。

旅游企业在一定时期所发生的各项营业支出，不论是组团社的成本，还是接团社的成本，都要在会计核算上通过"主营业务成本"账户核算，借方登记各项营业支出，贷方登记期末转入"本年利润"账户的净支出，结转后该账户无余额。"主营业务成本"账户可根据管理上的需要采用不同的方法设置二级明细账户。

【例 12-4】B 国际旅行社接待的入境 C9032 团游览后离境，陪同人员交来旅游日程及收费表，按计划成本总计 CNY64 300，其中，宾馆、餐饮综合服务费 CNY42 000，劳务费 CNY14 000，地游及加项费 CNY8 300，审核后入账，分录如下：

借：主营业务成本——综合服务成本　42 000
　　　　　　　　——劳务成本　14 000
　　　　　　　　——地游及加项成本　8 300
　贷：应付账款（或银行存款）　64 300

日后接到接待单位的正式通知及收费单据，其中，综合服务费为CNY45 000，劳务费为CNY12 000，地游及加项费为CNY9 000，审核后做补充分录：

借：主营业务成本——综合服务成本　3 000
　　　　　　　　——劳务成本　2 000
　　　　　　　　——地游及加项成本　700
　贷：银行存款　1 700

该项旅游业务完成后，其“应付账款”账户余额转入“主营业务收入”或“主营业务成本”账户的处理与【例12-3】相同，从略。

小知识12-3

2022年第二季度全国星级饭店经营情况统计表

2022年第二季度，共有6 698家星级饭店的统计数据通过省级文化和旅游行政部门审核，数据汇总情况如下：

星级＼项目	数量（家）	营业收入（亿元）	餐饮收入比重（%）	客房收入比重（%）
合计	6 698	248.56	39.04	41.86
一星级	10	0.02	45.36	52.96
二星级	687	6.25	39.36	39.84
三星级	3 165	58.17	41.14	42.74
四星级	2 095	99.21	38.69	40.48
五星级	741	84.91	38.00	43.00

2022年第二季度全国星级饭店经营情况平均指标统计表

星级＼项目	平均房价（元/间夜）	平均出租率（%）	每间可供出租客房收入（元/间夜）	每间客房平摊营业收入（元/间）
合计	297.91	36.73	109.41	19 429.67
一星级	84.70	32.87	27.84	4 306.61
二星级	167.48	33.96	56.88	10 873.81
三星级	207.49	38.42	79.72	13 274.77
四星级	296.22	36.72	108.78	18 550.42
五星级	463.64	34.85	161.59	26 657.42

资料来源：佚名．2022年第二季度全国星级饭店统计调查报告［EB/OL］．［2022-08-26］．https://mp.weixin.qq.com/s?__biz=MzUxMDE2NTQ4Ng==&mid=2247565090&idx=4&sn=e9b8756fbad2c050817992073062d4a9&chksm=f90497a3ce731eb500ae8d54470b70016b2eb09cd6fdd6f9b128ba6115adbb51801c3641117b&scene=27.

本章小结

开展国际旅游服务，涉及境内外组团社和接团社两个方面，分前后两个阶段。组团社的营业成本就是接团社的营业收入；接团社的营业成本又是提供旅游服务的各部门（宾馆、酒店、汽车出租公司、景点等）的营业收入。

本章在叙述旅游业的性质及特点、管理原则的基础上，分别举例说明了组团社和接团社的会计处理过程和核算方法。

思考题

1.旅游服务业的经营性质和特点有哪些？

2.国际旅游服务业的经营管理原则、营业收入的确认和管理要求、营业成本的范围和管理要求是如何规定的？

3.简述国际旅游业外汇收兑的管理和收兑各种票、证、卡的手续。

4.简述国际旅游服务的产品销售价格种类、营业收入的内容和分类。

5.组团社和接团社营业收入的具体会计处理过程是怎样的？

6.国际旅游服务营业成本的内容是根据什么划分的？

7.组团社和接团社营业成本的具体会计处理过程和核算方法有何不同？

第十三章　短期融资与外汇借款的核算

学习目标

涉外企业在经营进出口货物、承包工程或劳务合作以及其他涉外业务过程中会发生资金短缺，需要利用融资和筹资渠道予以补充。通过本章学习，应当熟悉短期融资和外汇借款两种资金渠道的性质、特点以及有关规定；掌握各种短期融资和外汇借款的借入、计息与归还的会计处理程序和具体核算方法。

第一节　短期融资的核算

短期融资，又称贸易融资，是银行给予涉外经营企业的资金融通。随着银行贷款方式的演进，利用短期融资的企业日渐增多，银行为企业开办了许多种类的短期融资，供企业选择利用。

一、短期融资的对象和条件

短期融资的对象，是经营涉外经济业务的各类企业，如有进出口经营权的生产企业、流通企业和为进出口贸易服务的企业，以及有进出口经营权的其他形式的企业。办理短期融资的企业需具备以下条件：

（1）经主管部门依法登记注册，持有营业执照，具有企业法人资格。

（2）有一定比例的自有流动资金，实行独立经济核算，具有健全的会计制度和财务管理制度，并在银行开立基本账户或经特准的存款账户。

（3）经营正常，效益良好，有能力按时偿还借款，在银行统一授信和客户评级的结果达到贷款要求标准。

（4）能够提供可靠的还款、付息保证。

（5）能够提供有关合同、计划、协议、单证、报表等经济活动资料。

二、短期融资的种类及核算

由于进出口货物的形式和经营方式的不断创新，银行与企业的资金融通也日趋多元化。目前我国银行开办的短期融资有以下几种：

1.打包贷款

打包贷款，又称出口打包贷款或信用证打包贷款，是银行在出口方出口货物之前，凭出口方提供的进口方申请开立的银行信用证向出口方提供的用于出口的专项贷款。

打包贷款的贷款手续，依据出口方提供的境外即期信用证正本（限制由指定银行议付的除外）、国内销售合同（用于审核该项业务的盈利水平）、信用证软条款及开证行资信情况，逐笔审批贷款，签订贷款合同。期限以预计信用证收汇期限为基础，另加合理工作日。在办理打包贷款的同时，应在该行办理议付。

打包贷款可贷人民币，也可贷外币。因将来信用证议付要扣息、交货会有尾差等，贷款金额以信用证金额的70%~80%为限，最高不超过90%。有的还规定对出口有盈利的企业按外销价乘以换汇成本后的80%放贷，因为银行只贷给成本，不贷给利润。

打包贷款的利率一般比议付利率稍高，但仍小于流动资金贷款利率。计息期从放款日起至出运后交单日扣还为止，通常为3~4个月，最长不超过6个月。

【例 13-1】某进出口企业与国外进口方签订出口货物一批，总值CIF价USD50 000，在出口货物前接到进口方L/C远期，出口方持其向银行办理打包贷款，经银行审核同意按L/C的80%贷款，并扣收手续费USD200，贷款存入美元专户，分录如下：

打包贷款额=50 000×80%-200=USD39 800

借：银行存款——美元	USD39 800	
财务费用——手续费	USD200	
贷：短期借款		USD40 000

假设贷款期为60天，年利息率为7.2%，偿还贷款与利息时的分录如下：

本利合计额=40 000+40 000×7.2%÷360×60=USD40 480

借：短期借款	USD40 000	
财务费用——利息支出	USD480	
贷：银行存款——美元		USD40 480

2.出口押汇

出口押汇是银行对出口方提供的一种出口融资。其具体操作程序是：在出口方发运货物之后，将单据提交给银行；银行审核单证相符后，在开证行未对单证付款之前，先向出口方垫付货款，然后再凭全套单证向进口方收回融资贷款。这一融资行为又称“买票”。

出口押汇与出口打包贷款的区别表现在：❶融资的环节不同。出口打包贷款是在货物发出之前，出口押汇是在货物出运之后。❷融资金额不同。打包贷款的融资不是全部金额，出口押汇对单证金额全额融资。❸利息收取时间不同。出口打包贷款的利息是收回贷款时收取，出口押汇的利息是在办理押汇时预扣。

此外，在出口押汇融资中，开证行拒付、迟付、少付或扣款时，银行有权根据不同情况向出口方追索垫款、短收款、迟付利息及一切损失。对开证行的无理挑剔、拒付、少付或迟付，银行有义务协助出口方据理交涉，但因对条款理解不同而形成纠纷造成的损失，应由出口方负责；银行直接过失造成进口方拒付、迟付、少付或扣款的，应由银行承担责任。

【例 13-2】某进出口公司根据出口协议发运出口货物后，以出口全套单证总值FOB价USD30 000向银行申请出口押汇融资贷款。银行审核同意，扣收20天利息（年利率7.2%）和3‰的手续费，余款转入该出口公司存款人民币账户，汇率为USD1=CNY6.12，分录如下：

利息=30 000×7.2%÷360×20×6.12=CNY734.40

手续费=30 000×3‰×6.12=CNY550.80

借：银行存款——人民币	182 314.80	
财务费用——利息支出	734.40	
——手续费	550.80	
贷：短期借款（USD30 000×6.12）		183 600

此项出口押汇融资贷款在20天后偿还时，汇率为USD1=CNY6.11，分录如下：

借：短期借款（USD30 000×6.12）	183 600	
贷：银行存款（USD30 000×6.11）		183 300
财务费用——汇兑损益		300

3. 远期汇票贴现

远期信用证下汇票经银行承兑后，即可向贴现市场或银行贴现，与国内票据贴现相同。托收项下远期D/P和D/A远期汇票，经进口方承兑后同样可以贴现。但是远期信用证项下汇票的承兑人多是银行，其资金信誉高，容易获得贴现，而托收项下的远期汇票是商业承兑汇票，较难获得贴现。

在正常的远期承兑信用证中，原是出口方给予进口方以融资优惠，故贴现息和承兑费应由卖方负担，称为卖方远期信用证。但有时合同为即期付款，而买方因融资需要开出远期信用证，在信用证中注明可按照即期办法付款，其贴现息及承兑费归买方负担。这时出口方仍可在交单后立即取得全额货款，与即期信用证有同样效果，但在买方未做到期偿付前，卖方的连带责任还未终结。这种做法称为买方远期信用证，或假远期信用证。

【例13-3】某进出口集团以D/A180天汇票经进口方承兑后向银行办理远期汇票贴现，票面额为USD100 000，贴现利息率为10.8%，银行手续费为3‰，此项业务过程与分录如下：

（1）出口方收到经进口方承兑的远期汇票时：

借：应收票据——××客户	USD100 000	
贷：主营业务收入		USD100 000

同时，结转成本（略）。

（2）以承兑D/A180天汇票向银行贴现时：

贴现利息=100 000×10.8%÷360×180=USD5 400

贴现手续费=100 000×3‰=USD300

借：银行存款——美元	USD94 300	
财务费用——利息支出	USD5 400	
——手续费	USD300	
贷：应收票据——××客户		USD100 000

4. 保理账款

保理账款，即保付代理业务，也称承购应收账款业务或代理融通业务等。保理账款，是指在托收、赊账条件下的进出口货物价款由保理行以无追索权方式买断出口方对进口方的应收账款。所谓无追索权是应收账款卖断给保理行后，如日后进口方不能按期偿付账款，保理行将蒙受坏账损失，而不能向出口方追讨。目前国际市场竞争激烈，用D/P、D/A或O/A（赊销）方式时，出口方有被进口方收了货不付款的风险，如做了保理，即转嫁了风险。但如保理行只同意代办收账，用融资方式贷给款项而持有追索权，则保理行不承担坏账风险。保理行收取的手续费一般为销售账款的1%~2%，利息则按LIBOR另加1%~2%，按类似票据贴现方式收取。

可见，保理账款与远期贴现性质相同，但融资的对象不同，汇票贴现是由银行受纳办理，而保理账款则是由专门的代办应收款项的保理行经营。因保理账款是买断应收票据，承担拒付、迟付、少付的风险，所以其利息及手续费高于银行利息和手续费。企业融资应根据情况和需要斟酌而定。

保理账款与远期汇票贴现的账务处理相同，这里不再举例说明。

5.进口押汇

目前，一般不会发生进口押汇。但在进料加工业务中有时利用周转外汇进口原材料，到加工完成、产品出口时归还。这也是企业的一个新的筹资渠道。进口押汇一般不超过6个月，最多1年。借用时，通过“短期借款”账户核算。其借入、偿还、付息与上述账务处理相同，不再赘述。

此外，我国银行还办理信托收据借款和银行担保提货等种类的短期融资贷款。其做法虽有区别，但账务处理基本相同，不再一一举例。

补充阅读资料13-1

国家外汇管理局公布2022年6月末中国全口径外债数据

截至2022年6月末，我国全口径（含本外币）外债余额为176 910亿元人民币（等值26 360亿美元，不包括中国香港特区、中国澳门特区和中国台湾地区对外负债，下同）。

从期限结构看，中长期外债余额为80 910亿元人民币（等值12 056亿美元），占46%；短期外债余额为96 000亿元人民币（等值14 304亿美元），占54%。短期外债余额中，与贸易有关的信贷占38%。

从机构部门看，广义政府外债余额为30 465亿元人民币（等值4 539亿美元），占17%；中央银行外债余额为5 343亿元人民币（等值796亿美元），占3%；银行外债余额为76 194亿元人民币（等值11 353亿美元），占43%；其他部门（含直接投资：公司间贷款）外债余额为64 908亿元人民币（等值9671亿美元），占37%。

从债务工具看，贷款余额为28 289亿元人民币（等值4 215亿美元），占16%；贸易信贷与预付款余额为25 920亿元人民币（等值3 862亿美元），占15%；货币与存款余额为39 086亿元人民币（等值5 824亿美元），占22%；债务证券余额为52 691亿元人民币（等值7 851亿美元），占30%；特别提款权（SDR）分配为3 226亿元人民币（等值481亿美元），占2%；直接投资：公司间贷款债务余额为21 222亿元人民币（等值3 162亿美元），占12%；其他债务负债余额为6 476亿元人民币（等值965亿美元），占3%。

从币种结构看，本币外债余额为77 259亿元人民币（等值11 512亿美元），占44%；外币外债余额（含SDR分配）为99 651亿元人民币（等值14 848亿美元），占56%。在外币登记外债余额中，美元债务占85%，欧元债务占7%，港币债务占4%，日元债务占1%，特别提款权和其他外币外债合计占比为3%。

我国外债主要指标均在国际公认的安全线以内，外债风险总体可控。

资料来源 国家外汇管理局官网.

第二节 外汇借款的核算

外汇借款，以往多用于支持进出口货物的外贸企业。随着进出口经营权的放宽，工贸、技贸、农贸、军贸、地贸、边贸等公司的出现，“大外贸”格局形成，外汇借款的种类、方式也在不断变化。外汇借款是涉外经济活动中有关借款的总称。

一、外汇借款的种类

涉外企业向有外汇经营权的银行或金融机构申请取得的外汇借款，从银行角度称之为贷款。目前外汇银行办理的外汇贷款有现汇贷款、特种外汇贷款、买方信贷、政府贷款、混合贷款和国际银团贷款等，借款币种有美元、日元、英镑、港元、欧元等。买方信贷和政府贷款的项目还可以选择对方国家的货币。

现汇贷款是由有外汇经营权的银行，按照国家核准的外汇信贷计划和向国外借款计划，将从国际金融市场上筹措的外汇和在国内吸收的外汇存款用于发放企业的外汇贷款。外汇贷款中大部分是现汇贷款。

目前，由有外汇经营权的银行办理的现汇贷款有浮动利率贷款、优惠利率贷款、特优利率贷款、机电产品流动资金外汇贷款、对外承包外汇贷款、短期周转流动资金外汇贷款和外商投资企业外汇贷款等。

二、外汇借款的归还方式

外汇银行或金融机构对涉外企业的外汇借款执行“有借有还、谁借谁还”的原则，借款企业必须按借款合同规定的期限还本付息，借款到期借款单位无力偿还的，应由担保单位偿还。借款企业如在规定的期限内不能归还贷款本息，可向银行申请延期。未经批准的不能按期归还的本息，银行作为逾期贷款处理，并加收利息。外汇借款的偿还方式，主要有以下几种：

（1）用创汇收入直接偿还。创汇收入即企业经国家批准并经外汇管理部门审核的、在外汇指定银行开立外汇账户的不结汇的外汇收入。

（2）按贷款协议规定，用人民币向外汇银行购汇偿还。

（3）用偿债基金偿还。国家鼓励和支持各地区、各部门和外债较多的企业按债务余额的一定比例建立偿债基金，将国家批准的专项还贷出口收汇直接存入在外汇银行开立的现汇账户，专项用于归还外汇借款的本息。

三、外汇借款的特点

由上述外汇借款的种类和偿还方式可见，外汇借款相对人民币借款而言，具有以下特点：

（1）外汇借款必须用外汇偿还，并用外汇支付借款利息。

（2）外汇借款以美元作为借贷核算货币。如采用其他货币，需要按当日外汇牌价折成美元入账，特殊情况经银行批准也可以用其他货币作为借贷核算货币，但是，买方信贷原则上“借什么货币还什么货币”，并用相应的货币支付利息。

（3）外汇借款实行浮动利率和支付承担费的办法。银行的短期外汇贷款按浮动利率计收利息。企业按借款计划申请的外汇贷款未使用的，银行要收取一定的费用作为承担费，以弥补临时调度外汇的损失。

四、外汇借款的核算

涉外企业向外汇银行或金融机构申请的外汇借款品种虽多，但不外乎短期借款和长期借款两类。

1.短期外汇借款的核算

涉外企业从银行借入的偿还期在1年以内（含1年）或一个营业周期以内的外汇借

款，为短期外汇借款。

【例 13-4】某涉外企业按信贷合同向外汇银行借入USD100 000的短期借款，用以支付采购材料价款，汇率为USD1=CNY6.13，分录如下：

借：材料采购——某供应商	613 000	
贷：短期借款（USD100 000×6.13）		613 000

此项短期借款到期，以人民币购买（本利合计）USD100 500，汇率为USD1=CNY6.12，分录如下：

借：短期借款（USD100 000×6.13）	613 000	
财务费用——利息支出	3 060	
贷：银行存款（USD100 500×6.12）		615 060
财务费用——汇兑损益		1 000

2.长期外汇借款的核算

长期外汇借款，是涉外企业向银行或其他金融机构借入的偿还期限在1年以上的各种外币借款。长期借款利息支出和外币折算差额的列支，应区别不同对象和发生时间进行不同的账务处理。

涉外企业为反映和监督外汇长期借款的借入、应计利息和归还本息情况，应设置“长期借款”账户核算。其贷方登记长期借款本息的增加额；借方登记长期借款本息的减少额；期末贷方余额反映企业尚未偿还的长期借款本息。本账户应按借款单位、借款种类和不同的币种设置明细账户，进行明细核算。

【例 13-5】某涉外企业以人民币为记账本位币，依贷款协议从外汇银行借入3年期借款USD50 000，年利率为10%，每年计算一次复利，到期一次还本付息，该项借款的账务处理过程和分录如下：

❶借入借款时汇率为USD1=CNY6.13：

借：银行存款	306 500	
贷：长期借款（USD50 000×6.13）		306 500

❷第1年年末，计付借款利息时汇率为USD1=CNY6.12：

利息额=50 000×10%=USD5 000

借：财务费用——利息支出	30 600	
贷：长期借款（USD5 000×6.12）		30 600

❸第1年年末，按期末美元汇率调整长期借款账面人民币余额：

账面长期借款人民币余额=306 500+30 600=337 100（元）

按年终汇率调整后的人民币余额=（50 000+5 000）×6.12=336 600（元）

发生差额=337 100−336 600=500（元）

调整出现的借方余额500元，转入“汇兑损益”账户：

借：长期借款	500	
贷：财务费用——汇兑损益		500

❹第2年计付借款利息时汇率为USD1=CNY6.10：

利息额=55 000×10%=USD5 500

借：财务费用——利息支出	33 550	

　　贷：长期借款（USD5 500×6.10）　　33 550

❺第2年年末按期末汇率USD1=CNY6.10调整长期借款账面人民币余额：

账面人民币余额=370 150元

按年终汇率调整后人民币余额=（55 000+5 500）×6.10=369 050（元）

发生差额=370 150−369 050=1 100（元）

借：长期借款　　1 100

　　贷：财务费用——汇兑损益　　1 100

❻第3年年末计付利息时汇率为USD1=CNY6.05：

利息额=（50 000+5 000+5 500）×10%=USD6 050

借：财务费用——利息支出　　36 602.50

　　贷：长期借款（USD6 050×6.05）　　36 602.50

❼第3年年末按期末汇率USD1=CNY6.05调整长期借款人民币余额：

账面人民币余额=405 652.50元

按年终汇率调整后人民币余额=（50 000+5 000+5 500+6 050）×6.05=402 627.50（元）

发生差额=405 652.50−402 627.50=3 025（元）

借：长期借款　　3 025

　　贷：财务费用——汇兑损益　　3 025

❽长期借款3年期满归还时，本息共计USD66 550，当日汇率为USD1=CNY6.12，分录如下：

借：长期借款（USD66 550×6.05）　　402 627.50

　　财务费用——汇兑损益　　4 658.50

　　贷：银行存款（USD66 550×6.12）　　407 286

为便于计算复利和了解该项长期借款的核算过程，将上述【例13-5】中❶~❽的会计分录登入长期借款明细分类账（见表13-1）。

表13-1　　长期借款明细分类账

账户名　　202×年××月

摘要	借方			贷方			余额		
	$	汇率	¥	$	汇率	¥	$	汇率	¥
第1年❶				50 000	6.13	306 500	50 000		306 500
❷				5 000	6.12	30 600	55 000		337 100
❸			500				55 000	6.12	336 600
第2年❹				5 500	6.10	33 550	60 500		370 150
❺			1 100				60 500	6.10	369 050
第3年❻				6 050	6.05	36 602.50	66 550		405 652.5
❼			3 025				66 550		402 627.5
偿还❽	66 550		402 627.50						

【例13-6】某涉外企业以美元为记账本位币，根据协议向银行借入USD100 000，年利

率10%，期限3年，计算复利，第2年年末归还到期本息的50%，其余到期归还，建设项目于第2年完工交付使用。其会计处理过程及分录如下：

（1）借入款项时：

借：银行存款——美元　　USD100 000
　贷：长期借款——美元　　USD100 000

有关新建项目施工建设的账务处理参照企业财务会计的处理，此处从略。

（2）第1年年末，应计利息为USD10 000：

借：在建工程——购建支出　　USD10 000
　贷：长期借款——美元　　USD10 000

（3）第2年年末，应计利息为USD11 000：

借：在建工程——购建支出　　USD11 000
　贷：长期借款——美元　　USD11 000

（4）第2年年末，支付本息的50%：

121 000×50%=USD60 500

借：长期借款——美元　　USD60 500
　贷：银行存款——美元　　USD60 500

（5）第3年年末，应计利息为USD6 050：

借：财务费用——利息支出　　USD6 050
　贷：长期借款——美元　　USD6 050

（6）借款到期偿还时：

借：长期借款——美元　　USD66 550
　贷：银行存款——美元　　USD66 550

3.偿债基金的核算

涉外企业向外汇银行借入外汇借款后，经国家有关机构或外汇管理局批准，可在银行建立偿债基金专项账户，用以筹集和归还外汇借款。其来源包括经批准不予结汇的出口收入、经批准以人民币购入的外汇、从一般外汇存款账户转入的外汇等。

【例13-7】某涉外企业经批准用出口收汇建立偿债基金，出口收汇USD350 000，作为偿债基金，在“银行存款”账户下设置“偿债基金”专户单独进行核算。

（1）将出口收汇转入专户存储时：

借：银行存款——偿债基金　　USD350 000
　贷：应收账款（或主营业务收入）　　USD350 000

（2）经批准从美元存款现汇账户中划出USD200 000，转入专户存储，备用归还外汇借款：

借：银行存款——偿债基金　　USD200 000
　贷：银行存款——美元　　USD200 000

（3）以外汇基金归还前期外汇借款本金USD450 000、利息USD22 500：

借：长期借款（或短期借款）——美元　　USD450 000
　　财务费用——利息支出　　USD22 500
　贷：银行存款——偿债基金　　USD472 500

补充阅读资料 13-2

2021年全国利用外资规模再创新高

商务部13日发布数据显示：2021年全国实际使用外资金额11 493.6亿元人民币，同比增长14.9%，实现两位数增长，引资规模再创历史新高。

高技术产业和服务业引资增长较快。高技术产业实际使用外资同比增长17.1%，其中高技术制造业增长10.7%，高技术服务业增长19.2%。服务业实际使用外资金额9 064.9亿元人民币，同比增长16.7%。

“一带一路”沿线国家和东盟投资增长较快，实际投资同比分别增长29.4%和29%，高于全国引资增速。

东中西部引资全面增长，同比分别增长14.6%、20.5%和14.2%。

据介绍，围绕“稳住外贸外资基本盘”，商务部今年将从进一步扩大高水平对外开放、进一步推动开放平台建设、进一步加强外资企业和项目服务保障、进一步优化外商投资环境等方面入手，推动稳总量、优结构、提质量，更加积极有效利用外资。

资料来源 罗珊珊. 2021年全国利用外资规模再创新高［N］. 人民日报海外版，2022-01-14.

本章小结

短期融资和借款性质相同，均为涉外企业负债，是可利用的资金来源，可解燃眉之急，也都是有代价的，要偿还，还要付利息。当企业利润率高于利息率时，举债经营不失为良策。至于企业在何种情况下融资、何种条件下借款，要根据实际资金周转情况决定，在时间上能短者不宜长，在利息上趋低而避高。总而言之一句话，举债时要考虑企业自身的未来偿债能力。

思考题

1. 短期融资的含义、对象、条件、融资种类如何？
2. 各种短期融资的应用环境、要求条件、具体的程序和凭证手续如何？
3. 各种短期融资的借入、付息、归还程序和具体会计处理方法及异同如何？
4. 外汇借款的种类和借入、计息、归还的特点，以及各种外汇借款的会计处理和核算方法如何？
5. 长期外汇借款的复利计算方法和本息归还的账务处理方法如何？
6. 建立偿债基金的审批及偿债基金的来源、归还程序和核算方法如何？

第十四章　外汇风险及其规避的核算

学习目标

涉外经济活动，效益与风险并存。如何取其利而避其险，则大有文章。通过本章学习，应当熟悉外汇市场风险的形成、风险的种类以及可采取的各种规避措施；借鉴发达国家外汇风险的会计核算方法，探讨我国涉外企业外汇风险规避的核算。

第一节　外汇风险概述

涉外企业面临国内、国际两大市场，使用两种或两种以上货币，有关经济业务往来多数通过外汇结算，而不同货币之间的汇率又因诸多因素的影响而不断变化，必然给经营涉外经济业务的企业带来风险。

一、构成外汇风险的因素

构成外汇风险的因素，从大的方面而言，有政治因素、经济因素等；从外汇本身来说主要是涉外经济业务使用的本位币、外币和结算时间。当涉外企业以人民币为记账本位币，对进出口商品交易以人民币计价和结算时，不存在外汇风险。只有在使用外币计价和结算时，才会因汇率波动产生外汇风险，即外汇价值风险。如果在进出口商品交易中采用现收、现付方式结算，在汇率尚未变动时即已完成交易的全过程，则不会产生外汇风险。只有随时间推移，汇率发生变动，才会产生外汇风险，即外汇时间风险。

综上可见，对进出口企业以外币计价的资产或债务而言，时间越长，汇率波动的可能性越大，外汇风险也越大；时间越短，汇率波动的可能性相对越小，外汇风险也相对越小。开展外汇风险的会计管理，一方面，要改变以外币计价的资产或债务的时间结构，尽可能缩短外币债权债务的收取或偿付时间，降低外汇时间风险；另一方面，要及时将以外币计价的资产和债务转换为记账本位币或记账外币，消除外汇价值风险。

二、外汇风险的种类

涉外经济业务所使用的两种货币的比价（汇率）发生波动，会引起涉外企业以外币计价的资产和负债价值的上涨或下浮，即外汇风险。其结果，或是获得利益，或是遭受损失。因外汇汇率波动发生的外汇风险，可概括为三类：

1.交易风险

交易风险是指由于外汇汇率波动而引起以外币计价的应收资产与应付债务价值变化的风险。例如，进出口企业出口商品交易中以外币计价结算，从签订合同到交单结汇直至货款收回，以及进口商品交易中以外币计价结算，从签订合同直至对外承付货款的整个交易过程中，由汇率变动引起的外汇风险，均为交易风险。交易风险主要表现在以下方面：

❶以外币表示的借款或贷款；❷以外币表示的商品及劳务的赊账业务；❸尚未履行的期货外汇合约；❹以其他方式取得的外币债权或应承担的外币债务。交易风险通常也称为经营活动中的外汇风险，是企业最主要的外汇风险。

【例14-1】W涉外企业发生一项境外债权USD100 000，记入“应收账款”时，汇率为USD1=CNY6.14；实际收到款项时汇率为USD1=CNY6.12，其由于汇率变动而出现的非经营损失（或收益）情况如下：

应收时：人民币额=100 000×6.14=CNY614 000

实收时：人民币额=100 000×6.12=CNY612 000

由于汇率变动人民币发生损失：614 000-612 000=CNY2 000

如果应收时汇率为USD1=CNY6.12而实收时汇率为USD1=CNY6.14，则由于汇率变动而发生人民币收益2 000元。

2.折算风险

折算风险，又称会计风险或转换风险，是把不同外币金额按照一定的汇率折算为本国货币的过程中，由于交易发生日的汇率与折算日的汇率不一致，使会计账簿上有关项目的金额发生变动的风险。涉外企业的外币资产和外币负债项目在发生时是按照发生日的汇率入账的，但在编制财务报表时要对其中的某些项目用编表日汇率进行折算。当某项资产项目或负债项目的发生日汇率与编表日汇率不一致时，经过换算就会给企业带来财务账表上的损益，这种差异不是实际交割产生的，而是会计估价所产生的，并不影响企业当期的现金流量金额。

3.经济风险

经济风险是汇率变动对企业的营业量、价格、成本等产生影响，从而使企业的收入或支出发生变动的风险。经济风险涉及企业供、产、销各个方面，是相当复杂的，应由企业经营当局综合管理，通力防范。

第二节　外汇风险的规避

由于外汇风险产生的主要原因是汇率变动，预测汇率变动就成为外汇风险管理的重要内容。预测汇率变动主要是预测变动的方向、变动的时间和变动的幅度。汇率变动预测是一项十分复杂的工作，需要考虑多方面因素。具体地说，外汇风险表现在时间风险和价值风险两个方面。外汇风险管理，就是要针对风险创造一个与外汇流动方向相反、金额相同、时间相同的货币流动。

自20世纪70年代以来，世界金融市场汇率和利率变动频繁，外汇风险增大，为有效避免外汇风险，各种避险方法应运而生。以下介绍国际通用的外汇风险规避方法与我国涉外企业可以采用的外汇风险规避方法。

一、国际通用的外汇风险规避方法

1.利用远期外汇合同交易

远期外汇，又称期汇、期货外汇，是按期汇合同买卖的外汇。在交易时双方签订合同，规定买卖外汇的币种、数额、汇率和将来交割的日期。至交割日，双方按照合同规定，买方付款，卖方向买方交付外汇。为避免交易风险，企业可以与办理远期外汇交易的外汇银行签订一份合同，约定在将来某一时间按合同规定的远期汇率买卖外汇。利用远期外汇合同交易，不仅能保证企业在进出口业务中避免外汇损失，而且对证券投资、国外存款、直接投资等以外币表示的资产，以及从国外资本市场借入的外汇借款等以外币表示的负债，均有保值避险作用。

简言之，利用远期外汇合同交易，在外汇流入时创造一个外汇流出，在外汇流出时创造一个外汇流入，两者金额、时间相同，到交割日就自然抵销了外汇风险。

【例 14-2】A国甲公司出口一批货物，3个月后从B国乙公司获得50 000美元货款，为防止3个月后美元汇率的波动风险，A国甲公司与银行签订卖出50 000美元的3个月远期合同。假定签订远期合同时美元对B国货币的远期汇率为1∶3.5。3个月后，B国乙公司履行远期合同与银行进行交割，A国甲公司将收进的50 000美元按约定汇率售予银行，获得本国货币175 000元（50 000×3.5），假定交割时的即期汇率也是1∶3.5，则A国甲公司就没有发生外汇风险。

利用远期外汇合同交易法在办汇日签订远期外汇合同，把将要收进的外币，伴之以同等金额、相同时间的相同外币的流出。这样就消除了时间风险与货币风险，最后得到本币的流入。

2. 利用外汇期权交易

期权是在一定时期内按照一定外汇汇率买进或卖出一定数额外国货币的权利。利用外汇期权买入的是购买或卖出某项货币的权利，但又不承担相应义务，因此，是一种较好的避险方式。外汇期权可分为买进期权和卖出期权。

买进期权，是指购买外汇期权的一方有权在合同期满时或在此以前按规定的汇率购进一定数量的外币。卖出期权，是指购买外汇的一方有权在合同期满或在此以前按规定的汇率卖出一定数额的外币。对于期权合同的购入方来说，外汇期权相当于保险。

因为期权合同购入的是权利，而又不必承担义务，如果期权交易无利可图，则可放弃这种权利。比如，企业在购入期权后，外币汇率一直下跌，即市场利率低于协议价格，企业如果放弃此项合同，就可以避免外汇风险。对于期权合同的购买方来说，使用外币期权可以使保值成本成为确定的因素，不论汇率发生多大的变动，期权持有者的保值成本都不会超过期权的购买价格，即“期权费”。

3. 适当调整外汇受险金额

适当调整外汇受险金额，可以有效地达到避险目的。企业与境外分公司之间通常都会有各种资金往来，如材料采购、半成品转移、管理服务、资金筹措等，都会产生资金调度问题。企业通过提前或延缓支付的方式来调整外汇受险金额：当预测某种外币将贬值时，加速收款或延缓付款；当预测某种外币即将升值时，应推迟收款或加速付款。

比如，总公司在境外设一子公司，按照计划，该子公司将于6月份向母公司支付股息和红利。在4月份，总公司预计5月份美元将贬值，因此指示子公司将上述款项于4月份提前支付。这样，就会使总公司避免美元贬值带来的外汇风险。

4. 多元化经营

企业采取多元化投资可以有效分散风险，使不利影响相互抵销。正如人们常常告诫的“不要把鸡蛋全装在一个篮子里”。因此，涉外企业在生产安排、材料采购、产品销售、筹资、投资等方面，也应运用多元化经营，以达到避险目的。

二、国内企业可采用的外汇风险规避方法

国内企业可采用的外汇风险规避方法在有关专业教材均有详细阐述，此处简要介绍。

1.调整对外报价，把币值下浮风险计入价格

涉外企业如果无法在出口贸易中选用硬币、在进口贸易中选用软币，应把外汇风险因素考虑到价格之中，即根据预测的外汇贴水或升水适当提高出口商品的对外售价或降低进口商品的进口价格，以减轻外汇风险。对于远期付款或交货期较长的出口合同，还应把延长期加计在内，从而保证收汇少受损失。

2.利用银行押汇和贴现业务转移外汇风险

押汇在第十三章已述及，是出口企业以出口商品装运单据为抵押，向银行借入贷款的一种融资业务。贴现是指企业持未到期的票据向银行融通资金，银行扣取自贴现日至到期日的利息后，以票面余额付给企业。出口商品以即期信用证结算成交的，可在商品装船后取得货运单时开出汇票，连同即期信用证一并转让给外汇银行，以支付转让汇票日期到开证行付款日期的利息为代价从外汇银行提前取得货款；以远期信用证结算成交的，可持远期信用证及未到期跟单汇票到外汇银行申请贴现，以支付贴现息为代价提前取得货款。如此办理押汇和贴现，将应收的外汇贷款转变为现汇入账，将外汇风险转嫁给银行。

3.选用适当的国际结算方式

涉外企业收汇的原则是“安全、及时”，既可免遭汇率变动的损失，又可免遭外商拒付。因此，应根据出口业务情况，正确选用国际结算方式。一般说来，即期信用证结算方式最符合安全、及时收汇的原则；远期信用证结算方式可以安全收汇，但不及时，因而存在汇率变动风险；托收结算方式是最不安全的收汇方式，一般适用于合同金额尾数、佣金、运费等款项的结算，以及商业信誉好的公司的款项结算，或推销库存积压商品等情况。

4.积极运用外汇保值条款

外汇保值条款，是指成交合同规定以硬币计价，以软币支付，并明确记载签订合同时计价货币与支付货币的汇率；当执行合同时，如果支付货币贬值，按照原定汇率调整支付货币金额，可以使支付货币贬值的损失得到补偿。在实际执行中，外汇保值条款有三种类型：第一种是计价用硬币，支付用软币，支付时按计价货币与支付货币的现行汇率进行支付，以保证收入不致减少；第二种是计价与支付都用软币，但签订合同时明确该货币与另一硬币的比价，支付时如这一比价发生变化，则原货价按这一比价的变动幅度调整；第三种是确定一个软币与硬币的商定汇率，在支付时软币与硬币的比价超过商定汇率一定幅度时才对原货价进行调整。这三种外汇保值条款，涉外企业可根据业务具体情况选择运用。一般来说，第三种类型适用于交往有素的客户，以推进和发展双方长期的贸易合作关系。

5.掌握外币汇率的趋势，做好计价货币的选择

涉外企业应了解外汇行情，掌握外币汇率变化，在收汇业务中尽可能选择硬币或具有上浮趋势的货币作为计价货币；在付汇业务中尽可能选择软币或具有下浮趋势的货币作为计价货币。这样可以在收汇中避免因外币贬值而减少人民币收入，在付汇中避免因外币升值而增加成本。如果达不成协议，可以一半用硬币，一半用软币，多种货币搭配成交，使买卖双方平等互利，防止使用单一货币计价因汇率突变而遭受重大损失。

6.提前收付外汇或拖延收付外汇

提前收付外汇或拖延收付外汇，可以改变外汇风险的时间结构。对汇率可能上升的外汇，付汇时间尽可能提前，收汇时间尽可能拖延；对汇率可能下跌的外汇，付汇时间尽可能推迟，收汇时间尽可能提前。涉外企业通过选择适当的时机进行结汇，可以减少因汇率剧烈变化而受到的损失。

7.发展易货贸易业务

易货贸易是以同一种货币计价结算、双方进行等值商品交换的一种贸易方式。由于进出口均以同一种货币计价结算，债权债务又大致相等，因此汇率变动对交易双方均不会产生大的影响。

8.买卖远期外汇

买卖远期外汇，是指在国际金融市场上签订买卖外汇契约时只规定汇率、币别、金额、交割日，并不立即进行交割，到交割日再按事先定妥的汇率、币别、金额进行交割，从而起到保值作用。涉外企业通过与外汇银行签订远期外汇买卖合同，预先约定远期汇率和交割期限，把汇率风险的未知损失确定在已知的范围内，从而规避外汇风险。目前，银行代理企业办理远期外汇买卖的主要外币有美元、欧元、瑞士法郎、英镑、港币、日元、新加坡元等十余种主要货币。远期外汇买卖的期限为1个月、2个月、6个月和1年，1年以上的需要与外汇银行商洽确定。

小知识14-1

人民币对美元汇率大幅反弹：未来走势如何？会继续升值吗？

近期，人民币对美元汇率大幅反弹，呈现走强态势。中国外汇交易中心数据显示，11月11日，人民币对美元汇率中间价报7.1907，较前值调升515个基点；14日报7.0899，大幅调升1 008个基点，单日调升幅度创2005年7月23日以来最大；15日报7.0421，再次调升478点。

什么因素推动了人民币持续走强？展望未来，人民币汇率走势如何？企业如何应对汇率波动？

问：什么因素推动了人民币持续走强？

答：近期人民币汇率持续走强，一方面是因为国内经济韧性强、前景好，叠加前期稳汇率、稳预期政策逐步起效，市场信心持续提振；另一方面由于美联储放缓加息的预期上升，美元指数上行空间有限，也进一步减弱了人民币对美元的贬值压力。

具体而言，近期央行、外汇局上调企业和金融机构跨境融资宏观审慎调节参数等政策，叠加有关部门密集发声，引导人民币汇率预期，并通过全国外汇市场自律机制对跟风炒汇等行为进行引导和纠偏，一系列“稳汇率预期”组合拳发挥积极作用。此外，在美国10月CPI数据公布后，美股和黄金价格拉升，美元指数和美债收益率下调，市场对美联储12月份放缓加息节奏的预期有所增强。美元指数未来大幅上行空间或将有限，人民币对美元的贬值压力或进一步减弱。

问：展望未来，人民币汇率走势如何？

答：研判中长期人民币汇率走势，仍应聚焦经济基本面。经济稳则金融稳，经济强则货币强。决定汇率走势的根本因素是自身宏观基本面和市场基础。中国经济韧性强、长期向好的发展态势没有变，这是当前各方的共识。当前，中国国际收支结构稳健，经常账户保持合理规模顺差，人民币资产具有长期投资价值。尤其是近期我国经济总体延续恢复发展态势，在全球高通胀的背景下保持了物价的基本稳定，贸易顺差持续保持高位。随着宏观政策效果显现，经济基本盘将更加扎实。

我国有信心有能力保持人民币汇率在合理均衡水平上的基本稳定。我国坚持实施正常货币政策，政策空间充足，工具箱丰富。同时，人民币的趋势是明确的，人民币资产是安全的，未来世界对人民币的认可度会不断增强。近些年来，人民币经受住了多轮外部冲击的考验，货币当局积累了丰富的应对经验，能够有效管理市场预期，为汇率稳定提供坚实保障。

问：企业如何应对汇率波动？

答：近年来，市场主体更加理性成熟，“低买高卖”的汇率杠杆调节作用正常发挥，企业汇率避险意识明显增强，一定程度上降低了汇率波动造成的冲击。但也存在少数企业跟风“炒汇”、金融机构违规操作等现象。企业必须理性看待汇率，汇率的点位是测不准的，双向浮动是常态，不要赌人民币汇率单边升值或贬值，久赌必输。

从近年来走势看，人民币对美元双边汇率和美元指数没有一一对应关系，美元升值、人民币更强的情形也曾经出现过。在外汇市场上，供求始终起着决定性作用，外汇市场也有能力实现自主平衡。对市场主体而言，与其盲目猜测汇率涨跌，不如积极适应汇率双向波动的新常态，树立风险中性意识，建立财务纪律，管理好货币错配，对汇率敞口运用恰当金融工具进行适当管理，如此方能更好规避经营风险。

资料来源　佚名. 人民币对美元汇率大幅反弹：未来走势如何？会继续升值吗？[N]. 经济日报，2022-11-15.

第三节　外汇风险规避的核算

对我国企业会计而言，外汇风险及其规避的核算是改革开放后出现的新课题。2008年以来，人民币升值压力加大，市场汇率波动的不确定性增加。企业为规避汇率变动所带来的风险，经常在金融市场上运用外汇衍生产品交易进行对冲，从而规避汇率风险，降低交易成本。

一、应收、应付外汇账款套期保值核算

涉外企业将应收外汇账款、应付外汇账款利用远期期汇合同约定的交割期限和金额与受险的应收或应付账款的期限和金额相同，则应收或应付外汇账款因汇率变动而可能发生的汇兑损益可全部被期汇合同上的损益所抵销。也就是说，当应收或应付外汇账款被全部套期保值时，因汇率变动而可能招致的汇兑损益就可完全避免。

然而，规避外汇风险是需要付出一定代价的，该代价表现为即期汇率同远期汇率的差别，即升水或贴水。由于期汇合同中有些款项是以即期汇率表示的，而有些则是以远期汇

率表示的，如以应收账款进行套期保值时，应收合同约定款是以远期汇率表示的，而应付合同约定款则是以即期汇率表示的，其差异就表现为升水或贴水，即为规避外汇风险而花费的代价，它不同于期汇合同上交易的损益，因此，应将其单独予以反映，不作为汇兑损益，而将升水或贴水在合同有效期限内予以摊销。如前所述，在应收或应付账款被完全套期保值时，合同上的损益可相互抵销，但会计上应严格将其分开处理。

【例 14-3】我国某涉外企业向境外某国客户出口货物一批，FOB价总值USD100 000，出口结汇日为2021年12月1日，结算日约定为2022年1月30日，以美元结算。该涉外企业为避免汇率变动发生风险，立即与外汇银行签订一份金额为USD100 000的期汇合同，交割日为2022年1月30日。假设1美元的人民币汇率资料见表14-1。

表 14-1 美元对人民币汇价 单位：人民币元

汇　率	2021年12月1日	2×21年12月31日	2×22年1月30日
即期汇率	6.3800	6.3704	6.3610
30天的远期汇率	6.3700	6.3614	6.3510
60天的远期汇率	6.3700	6.3604	6.3310

此项出口销售的出口结汇、签订远期期汇合同、年终调整及最终结算的全过程会计处理和分录分别为：

（1）2021年12月1日，出口销售结汇时：

借：应收账款——客户（USD100 000×6.3800）　　638 000
　贷：主营业务收入　　638 000

（2）签订远期期汇合同时：

借：应收账款——某银行（100 000×6.3700）　　637 000
　期汇合同递延折价　　1 000
　贷：应付账款——某银行（USD100 000×6.3800）　　638 000

（3）2021年12月31日，应收账款按该日的即期汇率予以调整以反映汇率变动的影响。同样，应付合同约定款也应按即期汇率予以调整。

借：期汇合同递延损益（100 000×（6.3800−6.3704））　　960
　贷：应收账款——客户　　960
借：应付账款——某银行（100 000×（6.3800−6.3704））　　960
　贷：期汇合同递延损益　　960

同时，结转应摊销的期汇合同递延折价：

借：财务费用——折价费用（1 000×30÷60）　　500
　贷：期汇合同递延折价　　500

由于上述两项调整的期汇合同递延损益借贷金额相等且方向相反，因此对企业的影响正好抵销，唯一对当期收益能产生影响的只是期汇合同递延折价的摊销。

（4）2022年1月30日：

❶因汇率变动对汇兑损益产生的影响：

借：期汇合同递延损益（（6.3704−6.3610）×100 000）　　940

贷：应收账款——客户		940
借：应付账款——某银行	940	
贷：期汇合同递延损益		940

❷收到客户货款：

借：银行存款（USD100 000×6.3610）	636 100	
贷：应收账款——客户（638 000-940-960）		636 100

❸向银行支付美元和从银行收回人民币：

借：应付账款——某银行（638 000-940-960）	636 100	
贷：银行存款（USD100 000×6.3610）		636 100
借：银行存款（USD100 000×6.3700）	637 000	
贷：应收账款——某银行		637 000

❹将期汇合同递延折价余额计入本年损益：

借：财务费用	440	
贷：期汇合同递延折价（940-500）		440

经过结算后，结果是应收外汇账款上的汇兑损失为940元，而应付合同约定款上的汇兑收益也为940元，即在套期保值情况下，即期汇率的变动对当期损益不会产生影响。尽管如此，会计上还应将其分开处理。

从以上应收外汇账款这笔套期保值的账务处理过程中可以看出，该项应收外汇100 000美元（折算为638 000元人民币），为避免外汇风险，支付1 000元人民币的折价费，从而保证了在以后期间无论汇率如何发生变动，该涉外企业均可收到638 000元人民币。其中发生的1 000元人民币折价费，应在合同期限内予以摊销。

此外，对于应付外汇账款的套期保值，其会计处理程序与应收外汇账款相同，只是保值的对象不同。

在正常情况下，因为远期汇率通常要高于即期汇率，应付外汇账款的套期保值会产生一笔溢价。该项溢价应在合同期内予以摊销，从而也会减少合同期内的收益。

二、利用套期保值收益的核算

涉外企业与外汇银行签订套期保值合同，除可以避免外汇风险外，还可利用套期保值获取收益，即所谓的以投机为目的的套期保值。这种以投机为目的套期保值的最后盈亏结果取决于预先约定的远期汇率与合同到期日实际即期汇率的差额。

利用套期保值获取收益的具体方法是，在预测汇率变动趋势的情况下，利用签订期汇合同，从中谋取远期合同的利润，在国际金融市场上称为掉期交易，即在买进或卖出即期外汇的同时，卖出或买进远期外汇。例如，某企业经过分析认为日元对美元的汇价未来将有一定幅度的提高，就可先期抛售美元，立即签订远期合同购入一笔远期交割的日元，然后在远期合同到期时以所得的日元换取更多的美元。这种先买后卖的行为在投机市场上称为做多头或买空。反之，当预计日元对美元的汇价将会下跌时，则应先期在外汇市场上抛售日元，订立远期合同出售一笔于远期交割的日元，然后在远期合同到期时以所得的美元换取更多的日元。这种先卖后买的行为在投机市场上称为做空头或卖空。做多头时，应付账款是以本国货币固定的，应收账款则以外币计量；做空头时，应收账款是以本国货币固定的，而应付账款则以外币来计量。

为投机目的所做的套期保值是实际发生的交易活动，在会计核算中应正式反映，但其会计处理与前述情况下的套期保值有所不同，主要表现为期汇合同所约定的应收外汇账款或应付外汇账款均应以远期汇率进行反映，也就是说，在合同期内要确认因远期汇率变动而产生的汇兑损益。

【例 14-4】假设 A 国外汇经纪人预测 2 个月后美元对 B 国的货币汇率将升值，为了投机，于 2021 年 12 月 1 日，与外汇银行签订一项期汇合同，抛售一笔 60 天后（即 2020 年 1 月 30 日）交割的 B 国货币 100 000 单位。美元与 B 国货币的汇率资料见表 14-2。

表 14-2 美元对B国货币汇率

汇 率	2021 年 12 月 1 日	2021 年 12 月 31 日	2022 年 1 月 30 日
即期汇率	3.0750	3.0740	3.0685
30 天的远期汇率	3.0700	3.0695	3.0690
60 天的远期汇率	3.0700	3.0690	3.0680

这项投机期汇合同的签订、年终调整和结算日的会计处理过程和分录如下：

（1）签订期汇合同时，按远期汇率折算约定款，此时无实际性的交易，不考虑溢价或折价：

借：应收账款（100 000×3.0700）　　USD307 000
　贷：应付账款（100 000×3.0700）　　USD307 000

（2）2021 年 12 月 31 日，年终按 30 天远期汇率调整应付合同约定款时：

账面应付账款美元额=100 000×3.0700=USD307 000

调整后应付账款美元额=100 000×3.0695=USD306 950

发生汇兑收益=307 000-306 950=USD50

借：应付账款　　USD50
　贷：财务费用——汇兑损益　　USD50

（3）2022 年 1 月 30 日结算时：

❶按结算日的即期汇率向外汇银行交割 B 国货币 100 000 单位：

借：应付账款（100 000×3.0700-50）　　USD306 950
　贷：银行存款（100 000×3.0685）　　USD306 850
　　财务费用——汇兑损益　　USD100

❷向外汇银行收取应收合同约定款时：

借：银行存款（100 000×3.0700）　　USD307 000
　贷：应收账款　　USD307 000

上述投机套期保值的处理结果是，A 国外汇经纪人获得 150 美元收益，即汇兑损益账户贷方的两笔数合计。

三、两种目的远期合同的会计处理比较

在不同目的下实施的远期期汇套期保值的会计处理不同，见表 14-3。

表 14-3 两种目的期汇合同会计处理比较

类型内容	避免风险	投机获利
目的	抵销受险资产或负债的汇兑损益	赚取远期汇率和即期汇率的差额
确认	于各期确认汇兑损益，但受险资产上的汇兑损益与受险负债的汇兑损益正好抵销	根据远期汇率的变动情况，于各期确认汇兑损益
对升水或贴水的处理	溢价或折价需在合同期内摊销	不考虑
对收益的影响	收益影响为溢价或折价的摊销额（合同因汇率变动而产生的损益正好抵销）	所取得的收益等于所确认的汇兑损益

小知识 14-2

棕榈油的套期保值

棕榈油在国内完全是依赖进口的植物油品种，因此，国内棕榈油的消费完全依赖于贸易商进口棕榈油到国内销售。国内贸易商在采购棕榈油时，就面临着很大的不确定性。因此，在国内棕榈油期货推出之后，国内贸易商就可选择在国内卖出相应的棕榈油期货合约进行卖出保值。

2007年10月10日，国内某棕榈油贸易商，在国内棕榈油现货价格为8 270元/吨时与马来西亚的棕榈油供货商签订了1万吨11月船期的棕榈订货合同，棕榈油CNF价格为877美元，按照当日的汇率及关税可以计算出当日的棕榈油进口成本价在8 223元/吨，按照计算可以从此次进口中获得47元/吨的利润。由于从订货到装船运输再到国内港口的时间预计还要35天左右，如果价格下跌就会对进口利润产生很大的影响。于是，该贸易商于10月10日在国内棕榈油期货市场卖出12月棕榈油合约1 000手进行保值，成交均价为8 290元/吨。到11月15日，进口棕榈油到港卸货完备，该贸易商卖掉10 000吨棕榈油现货，价格为7 950元/吨；同时在期货市场上买入1 000手12月棕榈油合约进行平仓，成交均价为7 900元/吨。

通过此次保值，该贸易商规避了棕榈油市场下跌的风险，保住了该贸易商的47元/吨的进口利润并从期货市场额外获得了70万元赢利。但这里需要强调的是，卖出套期保值关键在于销售利润的锁定，其根本目的不在于赚多少钱，而在于价格下跌中实现自我保护。如果企业没有参与套期保值操作，一旦现货价格走低，他必须承担由此造成的损失。因此，卖出套期保值规避了现货价格变动的风险，锁定了未来的销售利润。

资料来源　佚名. 套期保值经典案例十个（节选）[EB/OL]. [2022-09-03]. https://baijiahao.baidu.com/s?id=1742808254701119139&wfr=spider&for=pc.

本章小结

由于国际社会诸多因素的影响，外汇的汇率波动在所难免，继而给涉外企业带来外汇风险。如何面对外汇风险并予以规避，是涉外会计的又一重要内容。本章介绍了多种方法供选择运用，并介绍了外汇风险规避的核算，但只是借鉴已有经验和有关资料的初步探讨。

思考题

1.规避外汇风险的方法有哪些？各种方法的适用条件如何？

2.在避免外汇风险的方法中，有哪些与融资渠道一致？

3.远期合同在不同目的下的会计程序和具体核算方法是怎样的？

第十五章 外币财务报表的折算

学习目标

外币财务报表折算是涉外企业会计的最后程序。外币财务报表是涉外企业信息的载体。通过本章学习，应当了解外币财务报表折算的目的和意义，掌握外币财务报表折算的汇率选择和折算损益的处理，熟悉国际常用的四种折算方法和我国对外币报表折算的具体规定，以及各种折算方法之间的异同和存在的缺陷，能够结合企业实际选择合适的折算方法。

第一节 外币财务报表折算概述

财务报表折算的目的，在于满足特定的需要。财务报表折算的方法，是将以非记账本位币表示的财务报表通过汇率折算为记账本位币或规定的货币表示的财务报表。可见，财务报表折算是以两种货币表示的同一财务报表间进行换算的一种程序和方法，其实是将以非记账本位币表示的财务报表，重新以记账本位币表示。

一、外币财务报表折算的意义

首先应明确什么是外币折算。外币折算主要涉及两个方面：一是外币业务的折合；二是外币报表的换算。

外币业务的折合是对企业经营过程中发生的以记账本位币以外的货币进行的交易的折合，如商品和劳务的进出口、国外先进技术和设备的引进、国际投资、在国际金融市场的信贷及其他融资活动等。由于外币交易是以外币计量的，因此需要将外币折合为记账本位币记账。

外币报表的换算是将以一种货币反映的财务报表换算成以另一种货币反映的财务报表。例如，为满足政府或国外报表使用者的需要，以及跨国公司财务信息的需要等，将以外币表述的财务报表换算为统一货币的报表，然后再进行合并。我国外商投资企业如以人民币以外的货币作为记账本位币，年度终了时必须将资产负债表、利润表换算为人民币报表，报送我国有关部门。

外币兑换与外币报表折算不同。外币报表折算并不涉及不同货币的实际交换，只是将财务报表各个项目的表述语言从一种货币单位转化为另一种货币单位。从理论上说，外币报表折算不应该影响资产、负债的计量基础，或收入与费用的确认时间，以及计量项目的属性。因此，外币报表折算的主要意义在于：

1.满足信息使用者的需要

在市场经济条件下，各行各类企业逐步跻身于世界经济大循环，参与国际市场竞争，而市场经济是信息经济，要求企业及时正确地提供有关信息，以满足国内、国外诸多与企业有利益关系方面的需要。一个参与世界经济大潮的现代企业，不可能只提供以一种货币编报的报表，而是要为不同的需求者编报以不同货币表示的报表，才能满足国内、国际有关利益方面的需要，中国的境外企业在向国内呈报时如此，外国在中国境内的企业也是如此。

2.为编制合并财务报表服务

一个大型的现代涉外企业，一般都下设几个、几十个、几百个甚至更多的独立法人核算单位，遍布在世界各国各地，其经营既要遵守驻在国的会计法规和惯例，又要执行国内的有关会计准则和制度。由于国情和社会经济制度及有关规定不同，以记账本位币为例，各国出于主权的考虑多以本国货币为记账本位币（不排除允许以本国货币以外的货币为记账本位币）。譬如我国境内某总公司分别在境外若干个国家、地区设有分公司或子公司，就可能有若干种以外币编制的财务报表，当若干种以外币表示的报表上报到境内总公司时，这些以不同货币表示的报表是无法汇总的。因此，我国规定，境外所属企业向国内呈报财务报表时，一律折算为美元计价编报，以便总公司将以美元表示的报表汇总，再折算为人民币报表对外披露。同理，涉外总公司设在境外的，其国内分支机构的财务报表也必须按规定如此办理，以便境外总公司汇总。所以，外币报表折算的第二层意义是为报表汇总服务。

二、外币财务报表折算汇率的选择

当前，世界上除欧盟内部各国之间存在固定汇率之外，普遍实行的是浮动汇率。浮动汇率的特征就是汇率受多种因素的制约和供求规律的影响不断发生变化，时而上升，时而下浮。因此，在会计核算中和报表编制上有现行汇率、历史汇率和平均汇率之分；在融资贷款和套期保值业务中有即期汇率、远期汇率和约定汇率之别；在期末调整外币账项时有账面汇率、期初汇率和期末汇率等。

由于汇率是变动的，有关方面报来报表的数字（无论使用何种货币计量）是固定的，显而易见，以变动的汇率折算固定的报表数字，其结果不可能完全一致。在不一致中，还存在偏差大小的问题，即偏差小者可能更接近实际，应尽量采用接近实际的汇率作为编制报表的折算汇率。因此，有关外币财务报表折算汇率的选择问题，在会计理论中有专题研究，在会计实务中也备受关注。

对涉外企业而言，折算报表时，是选择一个统一的汇率还是选择多个汇率作为折算汇率，是用历史汇率还是现行汇率或平均汇率作为折算汇率，是十分复杂的问题。因为选择不同折算汇率折算的结果不同，折算汇率的选择便成为外币报表折算的一个前提条件。

三、外币财务报表折算中的损益处理

前已述及，外币报表折算产生的损益不同于企业经营过程中发生的记账本位币与外币之间折合的损益，不能以汇兑损益处理。外币报表折算，并不涉及实际经济业务，没有具体的资金流动，只是把有关报表由一种货币报表折算为另一种货币报表，使其计量货币单位一致，以便汇总，全面反映涉外企业总体的财务状况和经营成果，衡量和评价涉外企业整体的经济实力和经营业绩，达到对内实施控制和管理、对外披露会计信息的目的。

会计核算中对于报表折算产生的损益，在理论研究和会计实践中存在不同见解。我国《企业会计准则第19号——外币折算》规定，外币报表折算的差额，在资产负债表的所有者权益项下单独列示。

第二节 外币财务报表折算方法

外币财务报表折算的方法取决于外币报表折算的目的，折算目的不同，采用的方法也有所差别。外币财务报表折算方法可以分为单一汇率法和多种汇率法两大类。前者主要以现行汇率对财务报表各项目进行折算，所以又称为现行汇率法；后者是以不同汇率分别对财务报表有关项目进行折算，同一份外币报表采用不同的折算方法，其结果不同。目前国际上常用的外币报表折算方法包括现行汇率法、流动与非流动项目法、货币性与非货币性项目法和时态法。我国企业会计准则规定的外币报表折算方法基本上属于现行汇率法。

一、外币报表折算的会计规定

在现行汇率法下，企业将境外经营的财务报表并入本企业财务报表时，应当按照下列规定折算：

1.利润表和所有者权益变动表的折算

（1）利润表中的收入和费用项目，采用交易发生日的即期汇率或即期汇率的近似汇率折算。

（2）所有者权益变动表中的“净利润”项目按折算后的利润表中该项目的数额列示。

（3）所有者权益变动表中的“年初未分配利润”项目以上一年折算后的期末“未分配利润”项目的数额列示。

（4）所有者权益变动表中的“提取盈余公积”项目采用当期平均汇率折算。

（5）所有者权益变动表中的“外币报表折算差额”项目为以记账本位币反映的净资产减去以记账本位币反映的实收资本、资本公积、其他综合收益、累计盈余公积及累计未分配利润后的余额。

2.资产负债表的折算

（1）外币报表中的所有资产和负债项目，采用资产负债表日的即期汇率折算。

（2）所有者权益类项目除“未分配利润”项目外，均按发生时的即期汇率折算。

（3）“未分配利润”项目以折算后的所有者权益变动表中该项目的年末余额数额列示。

（4）折算资产类项目与负债类项目和所有者权益类项目合计数的差额，作为折算差额在“未分配利润”项目后的“外币报表折算差额”中列示。

（5）年初数按上年折算后的资产负债表的数额列示。

二、外币报表折算的实例

【例 15-1】国内甲公司的记账本位币为人民币，该公司在境外有一子公司——乙公司，乙公司确定的记账本位币为美元。根据合同约定，甲公司拥有乙公司 70% 的股权，并能够对乙公司的财务和经营政策施加重大影响。甲公司采用当期平均汇率折算乙公司的利润表项目。乙公司的有关资料如下：

2×22 年 12 月 31 日的汇率为 1 美元=6.1 元人民币，2×22 年的平均汇率为 1 美元=6.2 元人民币，实收资本、资本公积发生日的即期汇率为 1 美元=8 元人民币，2×21 年 12 月 31 日的股本为 500 万美元，折算为人民币 4 000 万元；累计盈余公积为 50 万美元，折算为人民币 405 万元，累计未分配利润为 120 万美元，折算为人民币 972 万元，甲、乙公司均在年末提取盈余公积，乙公司当年提取的盈余公积为70万美元。

报表折算见表15-1、表15-2和表15-3。

表15-1 利润表

2×22年度　　单位：万元

项　目	期末数（美元）	折算汇率	折算为人民币金额
一、营业收入	2 000	6.2	12 400
减：营业成本	1 500	6.2	9 300
税金及附加	40	6.2	248
销售费用	20	6.2	124
管理费用	80	6.2	496
研发费用			
财务费用	10	6.2	62
加：其他收益			
投资收益（亏损以“-”号填列）			
其中：对联营企业和合营企业的投资收益			
公允价值变动收益（亏损以“-”号填列）	30	6.2	186
信用减值损失（亏损以“-”号填列）			
资产减值损失（亏损以“-”号填列）			
资产处置收益（亏损以“-”号填列）			
二、营业利润（亏损以“-”号填列）	380		2 356
加：营业外收入	40	6.2	248
减：营业外支出	20	6.2	124
三、利润总额（亏损总额以“-”号填列）	400		2 480
减：所得税费用（假设按30%税率）	120	6.2	744
四、净利润（净亏损以“-”号填列）	280		1 736
五、其他综合收益的税后净额			
六、综合收益总额	280		1 736
七、每股收益			

表 15-2

所有者权益变动表

2×22 年度　　单位：万元

项　目	本年金额												
	实收资本（或股本）			资本公积	减：库存股	其他综合收益	盈余公积			未分配利润		外币报表折算差额	所有者权益合计
	美元	折算汇率	人民币				美元	折算汇率	人民币	美元	人民币		
一、上年年末余额	500	8	4 000				50		405	120	972		5 377
加：会计政策变更													
前期差错更正													
其他													
二、本年年初余额	500	8	4 000				50		405	120	972		5 377
三、本年增减变动金额（减少以“-”号填列）													
（一）综合收益总额										280	1 736		1 736
（二）所有者投入和减少资本													
1.所有者投入的普通股													
2.其他权益工具持有者投入资本													
3.股份支付计入所有者权益的金额													
4.其他													
（三）利润分配													
1.提取盈余公积							70	6.2	434	-70	-434		
2.对所有者（或股东）的分配													
3.其他													
（四）所有者权益内部结转													
1.资本公积转增资本（或股本）													
2.盈余公积转增资本（或股本）													
3.盈余公积弥补亏损													
4.设定受益计划变动额结转留存收益													
5.其他综合收益结转留存收益													
6.其他													
（五）其他（外币报表折算差额）												-1 318	-1 318
四、本年年末余额	500	8	4 000				120		839	330	2 274	-1 318	5 795

表 15-3

资产负债表（简表）

2×22年12月31日

单位：万元

资　产	期末余额（美元）	折算汇率	折算为人民币金额	负债和股东权益	期末余额（美元）	折算汇率	折算为人民币金额
流动资产：				流动负债：			
货币资金	190	6.1	1 159	短期借款	45	6.1	274.5
应收账款	190	6.1	1 159	应付账款	285	6.1	1 738.5
存货	240	6.1	1 464	其他流动负债	110	6.1	671
其他流动资产	200	6.1	1 220	流动负债合计	440		2 684
流动资产合计	820		5 002	非流动负债：			
非流动资产：				长期借款	140	6.1	854
长期应收款	120	6.1	732	应付债券	80	6.1	488
固定资产	550	6.1	3 355	其他非流动负债	90	6.1	549
在建工程	80	6.1	488	非流动负债合计	310		1 891
无形资产	100	6.1	610	负债合计	750		4 575
其他非流动资产	30	6.1	183	股东权益：			
非流动资产合计	880		5 368	股本	500	8	4 000
				盈余公积	120		839
				未分配利润	330		2 274
				外币报表折算差额			-1 318
				股东权益合计	950		5 795
资产总计	1 700		10 370	负债和股东权益总计	1 700		10 370

本章小结

外币报表折算这一章需要理解和掌握两个问题：第一是选用何种汇率作为报表折算汇率；第二是外币报表折算发生的差额如何处理。

外币报表折算方法是对企业外币报表列示的各项资产、负债、所有者权益、收入、费用按何种汇率折算，以及所产生的外币报表折算损益差额处理的方法。同一份外币报表采用不同的折算方法，其结果不同。目前，国际上常用的外币报表折算方法有现行汇率法、流动性与非流动性项目法、货币性与非货币性项目法和时态法，我国现行制度规定的基本上属于现行汇率法。

思考题

1. 在现行汇率法下，对资产、负债、所有者权益、收入、费用按何种汇率折算？折算差额如何处理？

2. 我国企业会计准则对外币报表折算主要有哪些具体规定？

主要参考文献

［1］中国注册会计师协会．税法［M］．北京：财政经济出版社，2022.

［2］中国注册会计师协会．会计［M］．北京：财政经济出版社，2022.

［3］崔大巍．国际贸易实务：理实一体化教程［M］．2版．大连：东北财经大学出版社，2021.

［4］盖地．税务会计与纳税筹划［M］．15版．大连：东北财经大学出版社，2021.

［5］王玉红．施工企业会计［M］．6版．大连：东北财经大学出版社，2022.

［6］中华人民共和国财政部．企业会计准则2019［M］．上海：立信会计出版社，2019.

［7］企业会计准则编审委员会．企业会计准则及应用指南实务详解2021版［M］．北京：人民邮电出版社，2021.

［8］丁元霖．外贸会计［M］．4版．上海：立信会计出版社，2014.

［9］徐虹．旅游饭店财务管理［M］．5版．天津：南开大学出版社，2017.